CHRONIQUES ROMANES

DES

COMTES DE FOIX

COMPOSÉES AU XV° SIÈCLE

PAR

ARNAUD ESQUERRIER ET MIÉGEVILLE

ET PUBLIÉES POUR LA PREMIÈRE FOIS

PAR

FÉLIX PASQUIER	HENRI COURTEAULT
Archiviste de l'Ariège.	Archiviste aux Archives Nationales

Sous les auspices de la Société Ariégeoise des Sciences, Lettres et Arts.

FOIX	PARIS
GADRAT AÎNÉ	A. PICARD ET FILS
Libraire-Éditeur, rue de La Bistour.	Libraire-Éditeur, 82, rue Bonaparte.
TOULOUSE	**PAU**
ÉDOUARD PRIVAT	VEUVE LÉON RIBAUT
Libraire-Éditeur, 45, rue des Tourneurs.	Libraire-Éditeur, Rue Saint-Louis.

1895

LIBRAIRIE GADRAT AÎNÉ, A FOIX

M. COURTEAULT

Gaston IV, *comte de Foix, vicomte souverain de Béarn, prince de Navarre 1423-1472. Étude historique sur le Midi de la France et le Nord de l'Espagne au XVe siècle.*

Toulouse, E. Privat, 1895, 1 vol. gr. in-8°, faisant partie de la *Bibliothèque Méridionale* (2e série, tome III) .... 7 fr.

M. PASQUIER

Mémorial Historique contenant la narration des troubles et de ce qui est arrivé diversement de plus remarquable dans le Païs de Foix et diocèse de Pamiers depuis l'an de grâce 1490 jusqu'en 1640, par Jean-Jacques Delescazes, Foixien, jadis curé de Foix. — Tolose, Colomiez, MDCVLIV.

Ouvrage réédité sous les auspices de la Société Ariègeoise des Sciences, Lettres et Arts, avec une notice biographique, une table analytique, par M. Pasquier, et suivi d'un mémoire sur le meurtre de J.-J. Delescazes, par M. Doublet, professeur au lycée de Foix.

Foix, Pomiès, 1894, 1 vol. in-8° .... 4 fr.

Coutumes municipales de Foix sous Gaston Phœbus.

Toulouse, Privat, 1891, in-8° .... 2 fr.

Lettres de Louis XI relatives à sa politique en Catalogne de 1461 à 1473.

Paris, Picard, 1895, in-8° .... 2 fr. 50

Louis Dauphin, fils de Charles VII, et les routiers en Languedoc de 1439 à 1444.

Paris, Picard, 1895, in-8° .... 2 fr. 50

P. Baby, **Guide-Route du Baigneur et du Touriste dans le département de l'Ariège et en Andorre**, avec une carte de l'Ariège et de l'Andorre.

Foix, Gadrat Aîné, 1890, 1 vol. in-8 .... 2 fr.

VIENT DE PARAITRE

G. Doublet, ancien membre de l'École française d'Athènes, professeur de rhétorique au lycée de Foix :

Un prélat janséniste, F. de Caulet, réformateur des chapitres de Foix et de Pamiers, un volume in-8°, avec portrait, fac-similé et pièces justificatives .... 5 fr.

CHRONIQUES ROMANES

DES

COMTES DE FOIX

CHRONIQUES ROMANES

DES

COMTES DE FOIX

COMPOSÉES AU XV⁰ SIÈCLE

PAR

ARNAUD ESQUERRIER ET MIÉGEVILLE

ET PUBLIÉES POUR LA PREMIÈRE FOIS

PAR

FÉLIX PASQUIER	HENRI COURTEAULT
Archiviste de l'Ariège.	Archiviste aux Archives Nationales

Sous les auspices de la Société Ariégeoise des Sciences,
Lettres et Arts.

FOIX	**PARIS**
GADRAT AINÉ	A. PICARD ET FILS
Libraire-Editeur, rue de La Bistour.	Libraire-Editeur, 82, rue Bonaparte.
TOULOUSE	**PAU**
ÉDOUARD PRIVAT	VEUVE LÉON RIBAUT
Libraire-Editeur, 45, rue des Tourneurs.	Libraire-Editeur, Rue Saint-Louis.

1895

INTRODUCTION

L'ouvrage, que nous publions sous les auspices de la *Société Ariégeoise des Sciences, Lettres et Arts,* se divise en six parties :

I. Notices distinctes sur les chroniqueurs Arnaud Esquerrier et le cordelier Miégeville et sur le manuscrit 5404 du fonds français de la Bibliothèque Nationale.

II. Chronique romane d'Arnaud Esquerrier.

III. Études sur les limites et les chatellenies du comté de Foix.

La chronique d'Esquerrier se termine par une description du Pays de Foix. Nous avons groupé tous les renseignements que comporte l'explication de cet appendice, afin de faire connaître la géographie du comté au xive siècle et les divisions administratives qui ont, en partie, subsisté jusqu'à la Révolution.

IV. Chronique romane du cordelier Miégeville *(Mediavilla).*

V. Fragments de la chronique française des comtes de Foix, conservée dans le manuscrit 5404 du fonds Français de la Bibliothèque Nationale et rédigée d'après les chroniques d'Esquerrier et de Miégeville. Ces fragments et les deux chroniques, dont ils forment le complément, constituent une histoire des comtes de Foix, non interrompue depuis le xie jusqu'au xvie siècle.

VI. A la fin du volume se trouvent : 1º une table alphabétique des noms de lieux et de personnes ; 2º une double liste chronologique des comtes de Foix, l'une d'après Esquerrier, l'autre d'après D. Vaissète, pour corriger les erreurs de la première; 3º trois pièces justificatives en langue romane qui permettent d'établir l'orthographe, jusqu'ici controversée, du nom d'Arnaud Esquerrier.

F. PASQUIER. H. COURTEAULT.

NOTICE SUR ARNAUD ESQUERRIER

Une notice biographique sur Arnaud Esquerrier ne peut être qu'incomplète ; les documents où il est question de cet auteur sont rares et peu variés. On sait qu'il était notaire, procureur et trésorier général du comte Gaston IV dans le Pays de Foix ; c'est en ces qualités qu'il figure dans plusieurs actes officiels remontant au milieu du xve siècle.

Les écrivains qui ont fait des emprunts à sa chronique, qui ont invoqué son témoignage, ne sont même pas d'accord sur l'orthographe du nom. Les uns, comme Olhagaray, écrivent *Squerrer* (1) ; les autres l'appellent *Squarrier*, *Esquarrier* ou même *Esquirre* (2). La découverte de plusieurs chartes originales doit mettre fin à toute difficulté ; notre chroniqueur y signe d'une façon très lisible *Esquerrier* (3).

Quel est son pays d'origine ? Où est-il né ? On a le droit d'admettre qu'il était du Comté de Foix où il a longtemps résidé, où il a exercé des fonctions officielles. Le dialecte dont il a fait usage dans sa chronique est languedocien, car les gasconismes, que l'on trouve semés çà et là, sont imputables plutôt aux copistes qu'à l'auteur lui-même. Si l'on suppose, non sans vraisemblance, qu'il appartenait à un pays situé dans la vallée de l'Ariège, il est sans doute téméraire de préciser

---

(1) Olhagaray, *Histoire de Foix, Béarn et Navarre*, Paris, MDCIX. Préface, f° II v° et description du *Comté de Foix*, tableau hors texte.

(2) Buchon, *Recherches historiques sur la principauté française de Morée* (Paris, 1845, in-8°, t. I, p. 115, note 1).

(3) Voir plus bas pièces justificatives à la fin du volume, p. 187 et suiv.

quand on cherche à déterminer le lieu de naissance. Adolphe Garrigou prétend qu'Esquerrier était de Miglos (1), baronnie du Comté de Foix, située entre Vicdessos et Tarascon, dans la haute montagne, sur la frontière d'Andorre(2). Sur quelles données s'appuie cet érudit, à qui on est redevable des premiers travaux historiques sérieux entrepris dans ce siècle sur la région Ariégeoise ? Il ne cite aucun texte, n'invoque le témoignage d'aucun auteur, ne se réfère à aucune tradition. Nous nous contentons de rapporter simplement cette assertion, que le manque de renseignements empêche de contrôler (3).

Même obscurité sur la famille d'Arnaud Esquerrier, sur son éducation, sur la majeure partie des principaux actes de sa vie. En 1445, il apparaît pour la première fois ; à cette époque il remplit les fonctions de notaire et trésorier du comte de Foix, et, à ce titre, est requis par le prince lui-même d'intervenir dans une affaire où il importe de consulter les archives du pays ; il s'agissait d'en tirer les arguments nécessaires à la défense des intérêts de la maison de Foix.

Au commencement de l'année 1443, Charles VII, victorieux des Anglais, était à Toulouse (4) où il prolongeait son séjour dans l'intention d'imposer son autorité aux grands vassaux du Midi qui, se sentant loin de la Cour, étaient disposés à prendre des allures trop indépendantes. Le comte de Foix, Gaston IV, s'était montré, ainsi que son père Jean Ier, dévoué à la fortune de la France; en 1442, il avait aidé à chasser les Anglais de la Gascogne, contribué à la prise de Tartas, de

---

(1) Adolphe Garrigou, *Etudes Historiques sur l'ancien Pays de Foix*, Toulouse, 1846, introduction, p. IV et, dans le corps de l'ouvrage, p. 289.

(2) Aujourd'hui commune du canton de Tarascon, arrondissement de Foix.

(3) L'erreur d'A. Garrigou provient sans doute de ce que, dans la description du Comté de Foix, telle que la donne Olhagaray sur la feuille hors texte placée en tête de son ouvrage, les noms de Miglos et d'Esquerrier sont disposés de manière à faire naître quelque confusion. Mais Olhagaray ne dit pas que le chroniqueur fût de Miglos.

Il y a en outre, dans cette même feuille, une erreur au sujet de la date de la chronique; la composition en est fixée à 1466, bien que l'épître dédicatoire, reproduite dans le même tableau, soit de 1456. La contradiction provient sans doute d'une faute d'impression. Voici le passage d'Olhagaray :

« Miglos, maison fort ancienne audit Comté, a tenu non rang des quatre baronnies, mais bien de baron, dit Arnaud Esquerrier, en sa chronique de l'an 1466 que j'ai en mains, dédiée à Gaston, XVIe comte de Foix, par le commandement duquel il travailla, et qui a servi beaucoup à la postérité. »

Hist. de Foix.... : *description du Comté de Foix*, tableau hors texte. Voir plus bas, p. IX, n. 1.

(4) Voir *Annales du Midi*, juillet 1894, p 272-300, H. Courteault, *Un archiviste des comtes de Foix au quinzième siècle, le chroniqueur Michel du Bernis*, p. 281. Nous ferons de nombreux renvois à cette notice, où, à propos de Michel du Bernis, il est question d'Arnaud Esquerrier.

Saint-Sever, de Dax. Au siège de cette ville, il avait montré un tel courage que le roi, pour le récompenser, l'avait armé chevalier de sa main. Quand le comte vint à Toulouse, l'année suivante au mois d'avril, il s'empressa de rendre hommage à son suzerain; il y fut traité, non comme un allié qui a rendu bénévolement des services, mais comme un vassal qui s'est acquitté obligatoirement de ses devoirs féodaux. Le monarque lui présenta même divers griefs en le sommant de fournir des explications et de se disculper(1). Pourquoi, notamment, s'intitulait-il « comte par la grâce de Dieu », ce qui semblait révéler une idée d'indépendance et méconnaître la suprématie de la couronne ? Etait-il en mesure de prouver qu'il avait le droit de s'attribuer cette prérogative régalienne ?

Gaston IV répondit d'abord en invoquant la coutume et la tradition, en citant l'exemple de ses prédécesseurs, mais il n'apporta aucune pièce justificative à l'appui de sa défense (2). Ce n'était qu'un moyen dilatoire. Prévoyant que des questions lui seraient posées impérativement au nom du roi, le comte résolut, dès ce moment, de recourir à la science d'hommes versés dans la connaissance du droit féodal, habiles à consulter les parchemins. Il jugea bon de recourir aux titres de la maison de Foix; en cette occurrence, il se souvint de Michel du Bernis, notaire et procureur à Foix, qui avait classé les archives du château de cette ville sous le règne de son père Jean Ier et de son aïeul Archambaud de Grailly. Ce fut à ce fonctionnaire que Gaston IV confia le soin de rédiger un mémoire destiné à réfuter les prétentions royales et à maintenir les droits de la couronne comtale. Depuis 1429 (3), Michel du Bernis ne s'était plus occupé du dépôt, qui se ressentait de l'abandon où on l'avait laissé ; un nouveau classement des documents était indispensable ; la garde en était alors confiée au trésorier du Comté, Arnaud Esquerrier, qui avait dans ses attributions tout ce qui touchait au Domaine. Ce dernier prit l'initiative des démarches, afin de faciliter à Michel du Bernis la consultation des archives. Dans ce but il écrivit à l'évêque de Tarbes et à l'abbé de Pimbo (4), qui assistaient la comtesse Eléonore, régente des états de son mari, pendant que celui-ci résidait à la cour de France. Esquerrier exposait que le chartrier, *lo cartulari*, étant en désarroi, *mau desordenat*, on aurait besoin d'un homme capable pour le remettre en ordre ; il désignait Michel du Bernis comme susceptible de mener ce travail à bonne fin.

---

(1) H. Courteault, *op. cit.*, p. 282.
(2) *Id.*, p. 282-283.
(3) *Id.*, p. 282.
(4) *Id.*, p. 283.

Le 6 avril 1445 (1), le trésorier reçoit de la régente une lettre l'invitant à veiller au classement du dépôt et à s'adjoindre le notaire dans cette délicate besogne. L'année suivante, le 15 mai, le comte, qui était alors à Mont-de-Marsan, s'adresse directement à Bernis et à Esquerrier pour leur prescrire de rechercher à Foix ou ailleurs les titres établissant que ses prédécesseurs s'intitulaient régulièrement comtes « par la grâce de Dieu ». Gaston leur demande de lui faire connaître au plus tôt le résultat de leurs investigations, car le moment est venu de donner satisfaction au roi de France. Le jour de la Pentecôte (2), les deux officiers se rendent au château de Foix, et, dès le lendemain, se mettent à l'œuvre. Ils trouvent en grand nombre les textes démontrant que le titre, pris par les comtes de Foix avec la formule incriminée, n'était pas chose nouvelle. Michel du Bernis s'empresse de rédiger un mémoire, de l'appuyer de copies authentiques comme pièces justificatives et d'envoyer le tout à Gaston qui, devant la ferme attitude du roi, se résigne à abandonner sur ses prétentions (3). En intervenant dans cette discussion, Arnaud Esquerrier se mit en rapports constants avec l'homme qui connaissait le mieux l'histoire de la maison de Foix et était le plus familier avec les archives locales. Ce fut pour lui un moyen de s'initier à la consultation des titres et d'apprendre à en tirer parti (4). Dix ans plus tard le comte se rappellera les services de son trésorier, dont il a pu apprécier la compétence et le chargera officiellement d'être son historiographe (5).

Avant de faire œuvre de chroniqueur, Esquerrier va être appelé à s'acquitter d'une des plus importantes besognes qui puissent lui incomber en sa qualité de trésorier. Au printemps de 1446, la régente Éléonore prescrit d'entreprendre la réformation domaniale du Comté de Foix (6). Comme procureur, Michel du Bernis est tenu de prendre part à l'opération. Ce fut pour les deux officiers une occasion d'examiner les titres que les gens du pays exhibèrent pour la défense de leurs droits. Il ne s'agissait de rien moins pour les communautés

---

(1) *Id.*, p. 283, lettre de la régente à Arnaud Esquerrier.

(2) *Id.*, p. 297 : « Vistes las ditas letras, lasquoals foren presentades à mi sus nomat Miquel del Vernis per lodit thesaurer, lo dimenche de la festa de Penthecosta, et aqui meteix lendoma pugem au castel et visitem losdits archius diligentement et troberem so dejus que s'en sieg ; e no es pas cauza noela que los comtes de Foix, predecessors de mondit senyor, se sien intitulats *per la gracia de Diu* ».

(3) H. Courteault, *op. cit.*, p. 285.

(4) Nous voyons la présence d'Esquerrier aux archives du château de Foix mentionnée à deux reprises dans l'inventaire de Michel du Bernis aux dates du 14 janvier 1446 (Arch. des Basses-Pyrénées, E. 392, fol. 179 v°) et du 18 janvier de la même année (*ibid.*, fol. 160 v°).

(5) Voir plus bas, p. XXVI, l'épître dédicatoire à Gaston IV, datée du 11 mai 1456.

(6) Voir pièces justificatives n° 1, p. 187.

d'abord, pour les particuliers ensuite, que de déclarer ce qu'ils devaient au comte en nature, en argent, que de faire connaître le genre et l'époque des corvées (*manobras*) (1) auxquelles ils étaient astreints. Les reconnaissances se firent, village par village, sous la haute surveillance de ces deux fonctionnaires, et donnèrent lieu à un minutieux travail qui fut consigné sur des registres. Un seul a échappé à la destruction (2) et montre le genre des travaux auxquels se livrèrent les commissaires et le soin qu'ils apportèrent dans l'accomplissement de leur mandat.

Le 29 septembre 1450, sur l'ordre de Gaston IV, le trésorier donne mission aux consuls de Lézat de payer au monastère de cette ville, chaque année à la fête de Saint-Pierre et Saint-Paul, une somme de vingt-cinq sous de Morlaas. Les comtes de Foix étaient débiteurs de cette redevance à la mitre abbatiale de Lézat en vertu d'un paréage (3). Les bourgeois de Lézat étaient invités à déduire la somme sur l'albergue annuelle qu'ils devaient au comte. (4)

En 1453, la réformation du Comté de Foix n'était pas terminée ; en effet, aux archives de la tour ronde de Foix, existait un projet préparé par Esquerrier lui-même. Les opérations devaient s'effectuer dans le Donezan, fief voisin, mais distinct du Comté de Foix, et dans les localités d'Urs, Garanou, Luzenac, Unac, Axiat, Caussou, Sabenac, Vicdessos, Siguer et Lercoul (5), situées dans la haute vallée de l'Ariège (6). Les redevances, dues au comte par les habitants, devaient être consignées sur un registre.

Le 4 décembre 1454, Esquerrier écrit au comte de Foix pour lui donner divers avis sur les droits qu'il possédait dans certaines terres et l'entretenir de l'hommage que le comte de Comminges lui devait pour les fiefs du Volvestre (7).

Le 2 juillet 1454, à Foix on commence la construction de la grande arche du pont sur l'Ariège. Le comte tient à participer à une dépense à laquelle contribuaient, dans de larges proportions, l'abbé et la commune de Foix. Pour sa quote-part, il abandonne les droits

---

(1) Pièces justificatives, n° I, p. 187.
(2) Archives départementales de l'Ariège, série E : Réformation du Comté de Foix en 1446.
(3) Traité de paréage entre le comte Roger IV et Pierre de Dalbs, abbé de Lézat, le 1ᵉʳ décembre 1246. (*Histoire de Languedoc*, t. VIII, cc. 1068-1075, d'après le texte du cartulaire de Lézat.)
(4) Voir pièces justificatives n°ˢ II, p. 188 et III, p. 189.
(5) Urs, Garanou, Luzenac, Unac, Axiat, Caussou, Sabenac, qui étaient dans la châtellenie de Lordat, font maintenant partie du canton des Cabannes, arr. de Foix. Sabenac est une section de la commune de Caussou.
Siguer et Lercoul sont compris dans le canton de Vicdessos, arr. de Foix.
(6) Archives départementales de l'Ariège. Inventaire des archives de la tour ronde de Foix rédigé en 1760, t. I, p. 529, n° 158.
(7) *Ib.*, p. 265.

annuels d'aide *(adjuda)* qu'il percevait dans la ville de Foix et fait verser quatre cents écus par son trésorier (1).

A cette occasion Esquerrier se nomme dans la chronique, encore le fait-il sous forme indirecte et incidemment (2). En cette circonstance, il est encore cité comme exerçant les fonctions de trésorier, dont nous l'avons trouvé investi depuis 1445. Il avait sans doute remplacé Jean Traversier qui occupait la charge sous Jean Ier. Au mois de mai 1444, Gaston IV avait fait saisir les biens de cet agent pour un reliquat de comptes s'élevant à 2421 florins (3) et l'avait même fait emprisonner au château de Foix. Deux ans après, le comte eut pitié d'un vieux serviteur de son père, le fit relâcher et lui accorda la levée du séquestre mis sur ses biens (4).

En 1456, dans l'épître dédicatoire qu'il adresse à Gaston IV à propos de la chronique, Esquerrier signe en s'intitulant simplement procureur du Comté. Il avait dû, nous ignorons pour quel motif et à quel moment, être privé de sa notairie ; la trésorerie lui avait été aussi enlevée. Dans sa lettre, il se contente de réclamer la restitution de l'office de notaire (5) ; peu après il obtint satisfaction. Nous voyons en effet, dans des instructions données par Gaston IV à Jean de Roquefort, juge-mage du Pays de Foix, pour un voyage que fit cet officier dans les domaines du comte et en Espagne, l'ordre de pourvoir Arnaud Esquerrier de la notairie ordinaire de Foix. Il devait aussi, en collaboration avec le trésorier du Comté, être chargé de procéder à la réformation des feux demandée par les Etats de Foix (6).

La dernière mention que nous possédons d'Arnaud Esquerrier est du 19 avril 1459 ; à cette date il devait de nouveau remplir les fonctions de trésorier, car on le voit recevoir de Gaston IV l'ordre de délivrer à Jean de Roquefort 1100 écus sur 4300 votés par les Etats de Foix (7).

La chronique s'arrête en 1461 à la mort du roi Charles VII. N'est-il pas vraisemblable d'admettre qu'Esquerrier a dû disparaître à cette

---

(1) *Mémorial historique de J.-J. Delescazes*. Ed. Pomiès, p. 121-122, et plus bas la *Chronique d'Esquerrier*, p. 75. Au sujet de l'époque, les deux auteurs sont en désaccord : l'un fait commencer les travaux en 1446, l'autre en 1454 ; cette dernière date paraît plus exacte et concorde avec les événements qui eurent lieu en même temps que la construction. N'y aurait-il pas eu une faute d'impression dans la date donnée par le *Mémorial*?

(2) Voir plus bas *Chronique d'Esquerrier*, p. 75.

(3) Arch. dép. de l'Ariège, inventaire cité, t. I, p. 91, N° 203 et 117, N° 8.

(4) *Ibid.* p. 117, n° 8.

(5) Voir plus bas l'épître dédicatoire, p. XXVI.

(6) Bibl. Nat. *Collection Doat*, vol. 218, fol. 88 r°. *Collection du Languedoc*, vol. 89, fol. 259.

(7) Arch. dép. de l'Ariège: Inventaire cité, t. I, p. 18. N° 37.

époque? Il ne survécut sans doute pas à Gaston IV, qui mourut en juillet 1472 ; sans quoi il aurait tenu à honneur de continuer une chronique entreprise par ordre de ce prince (1). A en juger par l'épître dédicatoire, la chronique qu'il présentait au comte devait être rédigée en 1456 ; l'auteur a dû ajouter ensuite le récit des évènements de 1456 à 1461.

Tels sont les faits ou plutôt les simples mentions que nous avons pu recueillir de divers côtés et grouper de façon à montrer, autant que l'ont permis leur sécheresse et leur concision, ce que fut le chroniqueur Arnaud Esquerrier ; il nous reste à faire sommairement connaître son œuvre.

II

La chronique d'Esquerrier fut rédigée après celle de Bernis, qui composa la sienne en 1445, lorsqu'il eut terminé le classement des archives du château de Foix. C'était la comtesse Éléonore, ainsi que nous l'avons vu plus haut, qui avait confié à ce notaire le soin de remettre en ordre ce dépôt. Placée en tête de l'inventaire (2), la chronique en forme l'introduction (3) ; le récit s'arrête à 1444. L'auteur n'a pas mis à profit les matériaux qu'il avait sous la main et dont il devait donner l'analyse dans l'inventaire. La chronique n'était pour lui qu'un accessoire ; il a désiré, ainsi qu'il le déclare (4), rappeler la mémoire des princes de la maison de Foix, et, suivant l'expression de Marca (5), « mettre en ordre leurs noms », résultat auquel il n'est pas toujours parvenu.

Esquerrier, en devenant l'historiographe des comtes de Foix, agit par ordre, défère aux prescriptions formelles de Gaston qui veut faire de lui son chroniqueur officiel. Dans l'épître dédicatoire qu'il adresse au prince pour lui soumettre son œuvre (6), l'auteur lui rappelle qu'il s'est empressé de donner satisfaction à son désir. Pour montrer à son illustre protecteur que le travail n'a pas été entrepris à la légère, le chroniqueur tient à indiquer les sources où il a été puiser ses renseignements : les archives du château de Foix ont été mises largement à contribution ; ce n'est pas le seul dépôt qui ait été fouillé. Le résul-

---

(1) Voir plus haut p. IV n. 3, ce que nous disons au sujet de l'erreur commise par Olhagaray, au sujet des dates contradictoires concernant la composition de la chronique.
(2) Arch. des Basses-Pyrénées E 392 ; elle remplit les 26 premiers feuillets.
(3) H. Courteault, op. cit. p. 285.
(4) Buchon, Panthéon littéraire, Choix de chroniques. Chronique des comtes de Foix, Paris, 1839, p. 574.
(5) Marca, Histoire du Béarn, Ed. Dubarat, p. VII.
(6) Voir plus bas, p. XXVI, cette épître dédicatoire.

tat aurait été bien plus complet si l'auteur avait pu consulter Bigorre, héraut d'armes du comte. « Qu'il vous plaise, ajoute Esquerrier (1), lui mander, quand il passera dans le pays, de me donner ses avis sur cette matière. » Le livre est écrit pour faire connaître les exploits des prédécesseurs du comte Gaston ; « quant à vos prouesses, dit-il, j'ai fait de mon mieux pour en perpétuer le souvenir ; du reste, si mon récit n'avait pas votre agrément, veuillez m'excuser (2). »

C'est bien le langage d'un écrivain soumis au prince, dont il entreprend par ordre de raconter l'histoire, ainsi que celle de sa maison. Aussi ne soyons pas surpris si, dans Esquerrier comme dans Bernis, nous ne trouvons pas certains faits qui ne sont pas précisément à l'honneur des princes et des princesses de la famille de Foix. Ainsi rien sur la fin de Jeanne d'Artois, femme de Gaston Ier, dont la vie ne fut pas toujours édifiante ; rien non plus sur la mort tragique du fils de Gaston Phœbus.

La chronique d'Esquerrier, au point de vue des sources, diffère sensiblement de l'œuvre de Michel du Bernis. Le premier s'appuie principalement sur des documents trouvés dans le château de Foix et n'hésite pas à en invoquer le témoignage ; le second consulte l'épître adressée à Gaston Phœbus par Honoré Bonet, prieur de Selonnet en Provence, auteur de l'*Arbre des Batailles* (3). Dans cette épître, aujourd'hui perdue, Honoré Bonet a tracé sommairement la biographie de onze comtes, prédécesseurs de Gaston Phœbus. Michel du Bernis s'est contenté de suivre les errements de son devancier, à qui il emprunte des tirades poétiques pour en faire suivre ou en entremêler ses notices (4). Honoré Bonet, médiocrement renseigné, ne cite point de documents et se contente presque toujours de vagues panégyriques. Aussi, dans les passages où son récit mérite d'être utilisé, un contrôle sévère s'impose à l'historien. C'est à une autorité de ce genre que Bernis a demandé ses informations ; la critique, que l'on formule contre le modèle, s'applique également à l'imitateur.

Tout autre est la méthode d'Esquerrier, qui a, comme Bernis, consacré à chaque comte une notice distincte.

La chronique s'ouvre d'abord par une sorte d'introduction où est raconté le martyre de saint Volusien, patron de la ville de Foix. L'auteur fait ensuite une incursion dans l'histoire générale et emprunte à la légende carolingienne le récit de divers évènements, tels que le

(1) Voir plus bas, p. XXVI, l'épitre dédicatoire.
(2) *Ibid.*
(3) H. Courteault, *op cit.* p. 287.
(4) *Ibid.* p. 287.

siège de Narbonne, la défaite des Sarrasins. Esquerrier a le mérite de ne pas attribuer une origine trop fabuleuse à ses héros ; il montre que les comtes de Foix, issus de la maison de Carcassonne, sont alliés aux comtes de Toulouse. Viennent ensuite les notices consacrées à chaque comte et qui ne sont interrompues qu'au moment où le comte Roger-Bernard III épouse l'héritière des Moncade. Ce fut un grand évènement pour la maison de Foix que cette union avec Marguerite de Béarn. A la mort de son père, cette princesse devint l'héritière du Béarn, du Bigorre, du Marsan et de fiefs importants en Catalogne. Cette succession était convoitée par sa sœur Mathe, femme du comte d'Armagnac. C'est à cette occasion que commence la rivalité entre la maison de Foix, devenue l'une des plus puissantes du Sud-Ouest, et la maison d'Armagnac qui, jusqu'à la disparition de son dernier représentant au xve siècle, ne cesse de revendiquer ses droits. La lutte dure deux siècles et demi et donne lieu à de nombreux épisodes, sur lesquels le chroniqueur des comtes de Foix s'est complaisamment étendu au cours de son récit. Afin de remonter aux origines de la lutte et d'en expliquer la cause, Esquerrier consacre un chapitre à la maison de Moncade, dont il raconte les débuts légendaires ; et, comme il convient à un chroniqueur officiel, il cherche à établir que c'était justice si Marguerite fut préférée à Mathe.

Dans chaque notice, on trouve autre chose que des assertions vagues, des mentions sommaires ; le ton n'est pas celui du panégyrique. Les évènements sont relatés avec le nom des personnages qui y ont pris part ; les localités, dont le nom véritable est parfois défiguré, sont indiquées ; les détails généalogiques s'y pressent ; les dates, plus ou moins exactes, n'y font pas défaut. La citation de documents, le renvoi aux sources témoignent des recherches faites par l'auteur en vue d'établir son œuvre sur des bases solides ; c'est une preuve qu'il n'a pas eu toujours recours aux travaux de seconde main, qu'il a préféré consulter des textes originaux.

Pour les faits d'histoire générale, la source principale à laquelle Esquerrier a puisé, ce sont les *Grandes Chroniques* ; son récit du procès des Templiers n'en est qu'une traduction littérale. Pour les évènements des premiers siècles, il semble avoir eu recours à des traditions légendaires ; c'est ainsi qu'il s'est manifestement inspiré du roman de *Philomena* pour tout ce qui touche à l'épopée carolingienne. Chose singulière ! il ne paraît pas avoir connu la chronique de son contemporain Michel de Bernis ; sur aucun point on ne peut découvrir entre les deux ouvrages la moindre ressemblance ; aucun des deux auteurs ne fait allusion à l'œuvre de l'autre. Esquerrier, cependant, n'ignorait pas l'épître d'Honoré Bonet ; il en cite plusieurs passages concernant la bataille de Launac (1).

Si, pour les règnes des premiers comtes, Esquerrier est plus complet, plus précis que Bernis, il devient moins prolixe en ce qui a trait à Gaston Phœbus, dont il révèle cependant certaines particularités, notamment les épisodes de la lutte avec le duc de Berry. Il ne s'attarde pas à narrer les faits et gestes de Mathieu de Castelbon, d'Archambaud de Grailly. Jean Ier a joué un rôle important ; le chroniqueur lui consacre à peine quelques lignes. Serviteur dévoué de Gaston IV, c'est à ce prince qu'il réserve la partie la plus soignée et la plus développée de son ouvrage.

Michel du Bernis interrompt son récit en 1444 ; Esquerrier reprend l'œuvre abandonnée et reste le seul annaliste de la maison de Foix jusqu'en 1461, époque où il termine son récit en annonçant la mort du roi de France Charles VII. Chargé de fonctions publiques, il raconte les événements auxquels il a été mêlé par les devoirs de sa charge, ou dont tout au moins il a été le spectateur. Pour l'époque de Gaston IV, sa chronique est parfois une source historique de premier ordre, on y trouve la mention de faits dont on chercherait vainement ailleurs la trace. C'est ainsi qu'il est le seul à parler de l'alliance conclue entre les comtes de Foix et d'Armagnac en 1454 ; il est vrai qu'il commet une erreur de date en la plaçant en 1452. Il entre dans des détails assez précis sur le voyage de Gaston IV à Barcelone en 1455, sur son expédition en Navarre en 1456. Nous lui devons enfin le récit le plus complet du célèbre banquet donné à Tours, en 1458, par Gaston IV aux ambassadeurs envoyés en France par le roi Ladislas de Hongrie (2) ; sur ce point, sa relation mérite d'être rapprochée de celle que donne le chroniqueur bourguignon Georges Chastellain (3).

Les mérites d'Arnaud Esquerrier ne doivent pas nous cacher ses défauts. Quoique l'auteur, plus hardi que Michel du Bernis (4), ait essayé de débrouiller l'histoire de la maison de Foix, presque ignorée de son temps, même à la cour des comtes, et d'utiliser dans ce but les archives du château de Foix, on doit reconnaître que souvent la critique lui fait défaut. « Il s'est perdu dans l'amas des documents qu'il a « consultés et n'est même pas arrivé à retrouver la chronologie exacte « des comtes de Foix ; à coté des détails les plus précis, on rencontre « dans sa chronique les erreurs les plus grossières, les anachronismes, « les confusions les plus étranges » (5). Les exemples ne sont pas dif-

---

(1) Voir plus bas la *Chronique d'Esquerrier*, p. 57, 58, 59.
(2) Ib., p. 79-83.
(3) Voir l'édition de Kervyn de Lettenhove, t. III, p. 368-377.
(4) H. Courteault, op. cit. p. 286.
(5) Id. p. 285.

ficiles à donner. Dans la série des premiers comtes, il n'est pas aisé de se reconnaître ; quand il est question d'un Roger ; on ne sait pas toujours duquel il s'agit (1). De trois comtes de ce nom, l'auteur en supprime un ; il fait mourir en Terre Sainte un autre qui n'a jamais quitté la France. Quelques anachronismes sont par trop flagrants : c'est en 1360, sous Gaston Phœbus, qu'il place le procès des Templiers, sur lequel il donne des détails étendus, comme si l'évènement était particulier au Pays de Foix (2). Pour les crimes imputés aux chevaliers, il se fait l'écho de l'opinion des contemporains ; et, à ce sujet, il n'hésite pas à faire un emprunt aux *Grandes Chroniques de France* (3). Les digressions de ce genre au sujet sont d'ailleurs rares ; et, quand il a recours à des ouvrages étrangers, il évite d'en traduire de trop longs extraits. Il n'a pas toujours une très exacte notion des lieux où se passent les événements ; sans se rendre compte de la position, il envoie Gaston Phœbus en Prusse combattre les Sarrasins (4).

Si la chronique de Michel du Bernis est restée à peu près inconnue depuis le xve siècle jusqu'au moment où Buchon l'a publiée (5), celle d'Arnaud Esquerrier, qui suivant l'expression d'Olhagaray (6), a servi beaucoup à la postérité, et plus tard celle de Miégeville, ont eu la vogue et ont successivement été traduites, citées par les érudits des xvie et xviie siècles ; elles étaient devenues des textes presque officiels. Les consuls de Foix les avaient fait transcrire sur un registre de l'hôtel-de-ville (7). Les historiens fuxéens ont suivi pas à pas dans leurs moindres errements les deux chroniqueurs. Le rôle des uns et des autres a été ainsi défini par Marca :

« L'histoire de ces comtes a esté dressée premièrement en langage Béarnois par Médiavilla, natif de Béarn, cordelier au couvent de Morlaas, qui avoit esté nourri près de Pierre II, cardinal de Foix. Celui-ci avoit travaillé sur les mémoires d'un Arnaud Squerrier et de Michel Bernis, qui avoient mis en ordre les noms des comtes sur les titres de la maison dont ils avoient fait l'inventaire. La Perrière, qui ensuite a voulu entreprendre ce travail, accorde qu'il s'est servi des mémoires du cordelier de Morlaas ; ce que la conférence de l'un avec l'autre m'a fait voir estre véritable, tellement que la narration de La Perrière n'est pas plus fournie que celle de Médiavilla, excepté de quelques digres-

---

(1) Voir plus bas la chronique d'Esquerrier, p. 15.
(2) Ib. p. 54.
(3) Ib. p. 54.
(4) Ib. p. 52.
(5) H. Courteault, op. cit. p. 289.
(6) Op. cit. *Description du Comté de Foix*, tableau hors texte.
(7) H. Courteault, op. cit., p. 291.

sions qu'il fait sur l'histoire de France. Bertrand Elie publie son histoire en latin, où il semble n'avoir eu autre dessein que de tourner fidèlement en cette langue ce que La Perrière venoit de publier en françois. Pour Olhagaray, qui estoit de sa profession ministre de la Religion Prétendue Reformée, il n'a point eu raison de retoucher cette histoire que pour embarrasser de quelques sentences vulgaires les récits de La Perrière et d'Elie, et d'y ajouter les troubles arrivés pour le fait de la religion... » (1)

Pour ne parler que de la chronique d'Esquerrier, il peut paraître singulier que, malgré la réputation, malgré l'autorité dont elle n'a cessé de jouir, elle n'ait pas été imprimée, alors que La Perrière, Bertrand Elie trouvaient des éditeurs. Ce qui prouve bien que cette chronique fut traduite en français et transcrite sur les registres de l'hôtel de ville de Foix, c'est la note suivante que place Doat dans le volume 165 de sa collection (2) :

« Extrait et collationné d'un petit livre de papier couver* de parchemin, intitulé *Mémorial des estatuts de la ville de Foix*.

« Extrait d'un livre vieux, trouvé aux archives de l'hostel de ville de Foix au diocèze de Pamiers, par l'ordre et en la présence de Messire Jean de Doat, conseiller du Roy en ses conseils, président en la chambre des Comptes de Navarre et commissaire député, par lettres patentes de Sa Majesté du premier avril et vingt troisième octobre derniers, pour faire rechercher des titres concernans les droits de la Couronne, etc. Fait à Foix le vingtiesme janvier mil six cens soixante-huit. »

DE DOAT, CAPOT. »

Il existait évidemment des traductions différentes d'Esquerrier ; car, dans ses *Recherches historiques sur la principauté françoise de Morée* (3), Buchon cite un passage qui ne ressemble pas sur certains points au passage correspondant du texte de Doat.

Il a été fait de la traduction de Doat une publication partielle dans des conditions singulières. A. Garrigou, dans ses *Études sur le Pays de Foix* (4), la donne sans se douter qu'il s'agit de l'œuvre d'Esquerrier ; et, à quelques pages de distance (5), il reproduit, en les attribuant à ce chroniqueur, l'épître dédicatoire à Gaston IV et la

---

(1) Marca, *Hist. de Béarn*, éd. Dubarat, *avertissement au lecteur*, p. VII-VIII.
(2) Du fol. 89 v° au fol. 152 r°. La note est à la suite de la traduction, fol. 152.
(3) T. I, p. 115, note 1.
(4) P. 291-319.
(5) P. 324 et 324-329.

description géographique du Comté de Foix. En outre, il ne fait commencer sa publication qu'au règne de Charlemagne, omettant la partie antérieure où il est question du martyre de saint Volusien; il s'arrête à la mort de Gaston Phœbus, laissant supposer que l'ouvrage ne se poursuit pas plus loin. C'est une erreur ; le récit se continue jusqu'à la mort de Charles VII.

De l'œuvre d'Arnaud Esquerrier on ne connaissait plus que la copie plus ou moins correcte de la traduction, telle qu'elle se trouve dans le registre 165 de la collection Doat, et dont l'original conservé à l'hôtel de ville de Foix était perdu. Qu'était devenu le manuscrit roman faisant partie en même temps de ce dépôt ? C'était sans doute à cette version qu'avaient eu recours Olhagaray (1), J.-J. Delescazes (2), le Père Delacoudre (3). Celui-ci est le dernier qui ait fait mention de ce document comme l'ayant consulté lui-même ; depuis cette époque, on ne peut en suivre la trace.

III

Par suite d'heureuses circonstances, un manuscrit complet de la chronique romane d'Esquerrier a été récemment retrouvé. C'est à Pamiers, vers la fin de 1891, que la découverte eut lieu ; on en est redevable à un membre de la *Société Ariégeoise des Sciences, Lettres et Arts*, M. Paul-Emile de Serres de Pontaut(4), habitant de Pamiers, qui s'occupait d'histoire locale.

Le manuscrit consiste en un cahier de papier, petit in-4º, 0m25 sur 0m18, 88 pages (5), à 29 lignes en moyenne ; l'écriture est du milieu du XVIIe siècle ; en tête, se trouve une note d'une écriture plus moderne indiquant que c'est la chronique d'Esquerrier (6).

En 1892, dans les premières séances de la *Société Ariégeoise* (7), M. de Serres soumit le cahier à l'examen de ses collègues. Cette communication donna lieu à des études qui eurent pour résultat de

---

(1) *Op. cit.*
(2) *Mémorial historique*, éd. Pomiés, p. 81 et 122.
(3) *Vie de saint Volusien, évêque de Tours et martyr, patron de la ville de Foix*, Limoges, Meilhac, 1722 in-12 ; Foix, éd. Pomiés 1893, in-8, p. 40, 41, 59, 61.
(4) M. de Serres est mort au mois de novembre 1892. Voir le *Bulletin de la Société Ariégeoise*, t. IV, p. 247.
(5) Les deux premières pages et la dernière ne sont pas numérotées.
(6) Voir plus bas cette note, p. XVIII.
(7) *Bulletin de la Société Ariégeoise*. T. IV, p. 198-200.

faire constater l'authenticité et la correction du texte. En outre, cette découverte en amena une autre ; elle permit de démontrer qu'un fragment de chronique romane, conservé aux archives départementales de l'Ariège et dont l'auteur était inconnu, provenait d'un manuscrit de la chronique d'Esquerrier. C'est un fascicule in-4º de 20 feuillets à 24 lignes, 0m28 sur 0m18, qui comprend la partie de la chronique s'étendant du sixième comte, à partir de l'hommage prêté au roi de France en 1229, jusqu'à la bataille de Launac sous Gaston Phœbus en 1362 (1). L'écriture, aux formes contournées, dénote le milieu du xvıe siècle (2).

Ce sont les seuls textes romans qui existent de la chronique d'Esquerrier, dont la traduction, ainsi que nous l'avons dit plus haut, n'a été publiée qu'incomplètement par A. Garrigou, comme l'œuvre d'un anonyme (3). La mise en lumière d'une chronique encore inédite, dont les historiens de la région Pyrénéenne ont signalé l'importance en y faisant de nombreux emprunts, ne pouvait qu'être profitable aux travaux d'érudition, devenus de plus en plus en honneur depuis quelque temps dans notre pays.

(1) Voir plus bas le texte d'Esquerrier de la page 27, ligne 7', à la page 60, ligne 6.; il n'y a aucune interruption dans les deux versions.

(2) Les variantes les plus notables entre les deux manuscrits sont les suivantes :

P. 27, l. 9, *entre* renda *et* la resta *il y a* contadora per bon arbitre.

P. 27, l. 10, *au lieu de* que se trobara et assignara *il y a* se trobara, li assignara.

P. 28, *au lieu de* désobéissen, *il y a* désobédien.

P. 34, l. 14, *au lieu de* Iretges, *il y a* Turcs.

P. 40, l. 14, *au lieu de* emesses, *il y a* encesses. Ce mot, qui vient du bas latin *incensum* (Ducange, *Glossaire*, t. III, p. 792), signifie *impôts, revenus*.

P. 43, l. 5, *au lieu de* Lassada, *il y a* Lasserada, ce qui est le terme exact, la localité s'appelant *Lusserade*.

P. 45, l. 11, *au lieu de* cremar, *il y a* armar. *Cremar* est plus conforme au sens.

P. 46, l. 7, *au lieu de* cremats, *il y a* armats.

P. 49, l. 18, *au lieu de* Larroqua, *il y a* Sarroqua.

P. 58, l. 8, *au lieu de* Bilsera, *il y a* Bilhera (Bilhère, cne du cton de Laruns, arr. d'Oloron, Basses-Pyrénées.)

Dans le fragment de ce manuscrit (fol. XII rº), à propos de la descendance du comte Gaston I, en marge, se trouve une annotation en écriture du commencement du xviie siècle : » Loup estet le légitime et non Gaston I ». Au bas de la page, la note se continue pour indiquer dans quel but le chroniqueur officiel a fait de Gaston un fils legitime : « escript en faveur de la secode race, qui régnoit lorsque ce livre feust escript et où l'on n'oza parler de Ferdinande, la première femme et légitime, et non ceste segonde qu'il avoit voulu espouser du vivant de Ferdinande, mère de Loup. Le mariage de la segonde feut défendu par le pape et Loup déclaré le seul légitime. » Cf. chronique ci-dessous, p. 44.

Au fol. 15 vº, parmi les chevaliers non barons, convoqués par le comte Gaston II en 1308 pour la guerre de Guyenne, après le nom de Roger de Foix, se trouve la mention écrite de la même main que les notes précédentes : *fils naturel du comte*. Cf. chr. ci-dessous, p. 50.

(3) Voir plus haut p. XIV.

Un éditeur de Foix, M. Gadrat aîné, sous les auspices de la *Société Ariégeoise des Sciences, Lettres et Arts*, s'est chargé de publier la chronique d'Esquerrier, en y joignant, pour la compléter, la chronique romane de Miégeville et quelques passages d'une chronique française anonyme.

En ce qui concerne Esquerrier, nous avons suivi fidèlement le manuscrit du XVIIe siècle, trouvé par M. P.-É. de Serres de Pontaut, qui, sauf quelques légères variantes, est identique au fragment conservé aux archives départementales de l'Ariège. C'est une preuve que notre texte aurait été pris sur une version datant au moins du XVIe siècle. Nous n'avons rien changé au fond; lorsqu'une modification nous a paru nécessaire, nous l'indiquons en note.

IV

Tout en acceptant en principe le système adopté par les scribes des XVIe et XVIIe siècles, nous avons cru devoir fixer l'orthographe trop variable de quelques mots et des finales muettes. Les copistes ne se piquaient pas de logique; à quelques lignes d'intervalle, ils ne se gênaient pas pour écrire un même mot de façons différentes: ainsi l'article masculin au singulier est tantôt *lo*, tantôt *le*; la terminaison féminine est indifféremment *a*, *e*, *o*, villa, ville, villo (1). En pareil cas, il nous a semblé à propos de ne pas reproduire les erreurs des copistes et nous avons choisi la forme la plus généralement admise et la plus conforme au génie dialectal.

Arnaud Esquerrier, comme Michel du Bernis, son contemporain, et comme plus tard, Miégeville, ont employé l'idiome languedocien; quelques gasconismes, éparpillés çà et là, échappés sans doute à l'inattention d'un scribe, n'enlèvent pas à l'ouvrage son caractère d'unité linguistique.

Au moyen-âge, parmi les productions en langue romane, les œuvres en prose sont plus rares que celles en vers; on ne peut guère citer dans la région du Sud-Ouest qu'une chronique, c'est celle de la guerre des Albigeois, publiée par Dom Vaissète dans l'*Histoire du Languedoc* (2).

---

(1) La finale *o*, très rare dans le manuscrit du XVIe siècle, devient très fréquente dans celui du XVIIe siècle : c'est à cette époque que, dans l'orthographe des dialectes méridionaux, on cherche à figurer la prononciation; tel est le système du poète Goudelin dans le *Ramelet Moundi*, Toulouse, 1617.

(2) Édition Privat, t. VIII, cc 1-206.

Les chartes ne suffisent pas à révéler toutes les ressources de la langue ; aussi une publication comme celle de nos chroniques semble-t-elle de nature à intéresser les philologues sous le rapport lexicographique et grammatical.

Au point de vue littéraire, nous n'avons pas à insister sur la valeur de la chronique d'Esquerrier ; elle a les qualités et les défauts inhérents à ce genre de composition. C'est une nomenclature de faits uniformément énumérés ; à peine parfois si le ton s'anime, si l'attention est stimulée ; cependant on trouve de ci de là des réflexions, des observations, des anecdotes qui font diversion à la monotonie du récit. Pour les portraits des personnages, le type est toujours le même : les épithètes seules varient. Le style est clair, correct ; construite régulièrement, la phrase presquejamais n'offre de difficulté à l'interprétation du sens. Inférieur à Michel du Bernis, qui cherche à ne pas rester toujours un simple annaliste, Arnaud Esquerrier s'élève au dessus de Miégeville.

Nous avons renoncé à donner une édition critique des chroniques, c'est-à-dire à rectifier ou à compléter, toutes les fois qu'il y avait lieu, le récit des auteurs d'après les documents ou d'après d'autres ouvrages : autant aurait valu entreprendre l'histoire ou plutôt les annales des comtes de Foix. Nous nous sommes contentés de donner un texte aussi correct, aussi intelligible que possible ; dans ce but nous n'avons pas épargné les notes destinées à relever les plus grosses erreurs, à rétablir sommairement les faits, à renvoyer aux sources et à fournir des renseignements succincts sur les localités et les personnes.

NOTE EN TÊTE DU MANUSCRIT D'ESQUERRIER DU XVIIe SIÈCLE (1)

« Ce cahier contient la chronique manuscrite, dressée par Arnaud Squerrier *(sic)*, en langue vulgaire en l'année 1458, où il a rapporté l'histoire des comtes de Foix, qu'il a tirée des titres de cette maison dont il avait fait l'inventaire. Cette chronique est souvent citée par M. de Marca dans son *Histoire de Béarn* et par le P. Lacoudre dans

---

(1) Cette note figure en tête de ce manuscrit, sur le recto de la feuille qui sert de couverture ; l'écriture en est plus moderne que celle du texte.

son *histoire de Saint Volusien.* Ce manuscrit a servi de mémoire au cordelier Médiavilla, qui est le premier qui ait écrit l'histoire des comtes de Foix en langue béarnaise.

C'est Olhagaray qui nous apprend que le manuscrit est d'Arnaud Esquerrier, dans le morceau qu'il cite au commencement de son histoire de Foix contenant les limites de cette province. Ce même morceau se trouve à la fin de ce cahier (1), de même que la liste des seize chatellenies, et une lettre du même Esquerrier écrite de Foix, le 11 mai 1456, *à très haut et puchant prince Gaston, 16ᵉ comte de Foix,* où il signe *Arnaud Squerrer, vostre procuraire en lou Comtat de Foix.*

Notez que cette lettre est en langue vulgaire ; dans ce même cahier, *page 63,* son nom est différemment écrit : il y a *Escarrier* ; tant il est vrai que rien n'est tant sujet aux variations que les noms propres. »

---

(1) Cette lettre n'est pas dans le manuscrit, malgré cette affirmation.

NOTICE SUR MIÉGEVILLE

Si les documents contemporains ne permettent de reconstituer que très imparfaitement la biographie d'Arnaud Esquerrier, ils laissent dans une obscurité plus complète encore le personnage de son imitateur Médiavilla ou Miégeville. Tout ce que nous savons de ce dernier, c'est Marca qui nous l'apprend dans un passage de l'*Avertissement au lecteur* qui précède son *Histoire de Béarn*, passage déjà cité plus haut (1); il nous dit que Médiavilla était natif de Béarn, qu'il fut cordelier au couvent de Morlaas et qu'il avait été « nourri » auprès de Pierre II, cardinal de Foix; Marca ajoute que Miégeville avait travaillé sur les mémoires d'Arnaud Esquerrier et de Miégeville. Bien que Marca soit le seul historien qui désigne nommément notre chroniqueur, d'autres, avant lui, avaient eu connaissance de son œuvre; et il s'agit à coup sûr de Miégeville dans les lignes suivantes détachées de la préface des *Annalles de Foix* de Guillaume de La Perrière : « A pré-
« sent et de peu de jours en ça est venu entre nos mains ung vieux et
« antique livre escript en parchemin, auquel jadiz ung religieux cor-
« delier (homme beaulcoup plus pourveu de bon zèle et vouloir que
« de sçavoir) avoit accumulé et recueilly les vies et gestes des comptes
« de Foix. Il escripvist sa dicte hystoyre des comptes de Foix en sa
« langue originelle vulgaire, biarnoise, barbare, rude et mal polie, et
« si avoit erré grandement aux dates et computations des temps de sa

(1) Voir plus haut la *notice d'Esquerrier*, p. XIII-XIV.

« dicte hystoire, mectant le plus souvent (jouxte le commun pro-
« verbe) charrue devant les beufz, semant plusieurs contrarietez, ren-
« dant le lecteur en inevitable contradiction et total desespoir de par-
« venir à la verité et purité hystorialle. » Et La Perrière ajoute que
l'ouvrage du cordelier s'arrêtait à la mort de François-Phœbus et lui
avait été communiqué par maître Bernard Capus de Mazères, syndic
général du Comté de Foix.

Bertrand Hélie, qui fit paraître son *Historia comitum Fuxen-
sium* un an après la publication des *Annalles* de La Perrière, a-t-il
entendu parler d'un manuscrit de Miégeville dans le passage
suivant de sa préface : « In manus nostras forte incidit quidam pul-
verulentus peneque tenuis erosus libellus » ? C'est probable ; car La
Perrière et Hélie ont évidemment puisé à une source commune.

Nous avons vainement cherché ailleurs des renseignements sur le
contemporain d'Esquerrier. Le nom de Médiavilla n'est pas rare en
Béarn aux xve et xvie siècles ; aucune des mentions qu'on en relève ne
se rapporte au religieux de Morlaas, et il est impossible de fixer par
quelques dates sa biographie. Tout ce que l'on peut affirmer avec
vraisemblance, c'est que Miégeville vivait dans la seconde moitié du
xve siècle, qu'il s'attacha à la fortune du cardinal Pierre de Foix le
Jeune, troisième fils de Gaston IV, qu'il dut le suivre en Italie, qu'il
lui survécut et qu'il écrivit sa chronique dans les premières années
du xvie siècle.

Le texte de l'œuvre historique de Miégeville ne nous est pas parvenu en entier et la seule partie vraiment originale, — la dernière, —
manque au manuscrit que nous avons découvert. Miégeville, nous dit
Marca, s'inspira des travaux antérieurs de Michel du Bernis et d'Arnaud Esquerrier ; sa chronique est faite sur le modèle des leurs ;
comme eux, il a consacré à chacun des comtes de Foix une biographie
plus ou moins détaillée. A Michel du Bernis, il a emprunté les parties
rimées qui précèdent chaque biographie, en les remaniant parfois
assez maladroitement ; à partir de Gaston Phœbus, du Bernis ne
donnant plus de vers, il faut considérer comme l'œuvre originale de
Miégeville ceux qui se rapportent aux comtes qui ont suivi. C'est là,
semble-t-il, tout ce que du Bernis a fourni à son successeur. Le fonds
même du récit de Miégeville est emprunté à Esquerrier dont il s'est
borné à condenser le récit, en ajoutant de ci de là quelques détails
nouveaux que nous avons pris soin de signaler en note. La chronique,
dans l'état où elle subsiste aujourd'hui, s'arrête brusquement à l'année 1440 ; la biographie du comte Gaston IV n'occupe que quelques
lignes. Mais nous savons par La Perrière que Miégeville avait pour-
suivi son travail jusqu'à la mort de François Phœbus survenue en

1483. Il y a même tout lieu de croire que la chronique se terminait par une biographie détaillée du cardinal Pierre de Foix le Jeune ; on verra plus loin les motifs à l'appui de cette hypothèse.

Les deux chroniques d'Esquerrier et de Miégeville offrent de si grandes ressemblances, l'une est si fortement inspirée de l'autre qu'il est difficile de dire laquelle des deux a eu le plus de vogue auprès des écrivains postérieurs. Il en est un cependant à qui doit être réservée une mention spéciale et qui a exclusivement utilisé le texte de Miégeville : c'est Guillaume de Catel qui, dans ses *Mémoires de l'Histoire du Languedoc* (1), a consacré à la biographie des comtes de Foix un important chapitre. Il a eu, nous dit-il, pour unique source d'informations un manuscrit qu'il possédait et qui renfermait une « histoire des comtes de Foix en langage du pays ». Malheureusement Catel ne nomme point l'auteur de cette histoire ; il devait ignorer son nom ; il ne l'appelle jamais que « l'historien gascon, mon historien gascon. » Cet historien, ajoute-t-il, avait mis, comme titre ou sommaire au commencement de la vie de chaque comte, quelques vers contenant un abrégé des principaux événements de cette vie ». On reconnaît là le procédé de Michel du Bernis ; mais il suffit de rapprocher les vers de ce dernier chroniqueur de ceux publiés par Catel d'après le manuscrit en sa possession pour constater de notables différences ; on voit au contraire immédiatement que les parties rimées, conservées par Catel, sont identiques à celles de la chronique de Miégeville, et, si on pousse plus loin l'examen, on s'aperçoit également que les biographies des comtes de Foix, données par l'historien toulousain, sont la traduction littérale de celles que nous publions sous le nom de Miégeville. C'est donc bien un manuscrit de notre auteur que Catel avait entre les mains (2).

Il est très regrettable que l'œuvre de Miégeville ne nous soit pas parvenue dans son intégrité ; la dernière partie, consacrée à François Phœbus et au cardinal Pierre, devait être entièrement originale et nous eût permis d'établir avec plus d'équité la valeur historique de notre chronique et d'apprécier si la sentence sévère de La Perrière ne devait pas être réformée (3).

Il est donc malaisé de porter un jugement sur l'œuvre de Miégeville ; pour la partie qui en subsiste, elle n'est guère qu'un reflet de

---

(1) Tolose, Arnaud Colomiez, 1633, 1 vol. in-fol., liv. IV, pp. 678 et suiv.

(2) Catel ne cite pas le préambule de Miégeville relatif à l'origine de la maison de Foix, et la biographie du premier comte est plus développée que dans la chronique ; il ne commence à la suivre qu'à partir du second comte.

Cf. la *Chronique* de Miégeville, p. 119-122.

(3) Voir plus haut, p. XX-XXI.

celle d'Esquerrier ; on y retrouve presque les mêmes erreurs, la même chronologie défectueuse ; le récit, plus concis, est plus sec, dépourvu de toute note personnelle ; Esquerrier peut encore compter comme un chroniqueur ; Miégeville n'est qu'un annaliste. Si cependant il a paru bon de publier le fragment qui nous reste de lui, quelque médiocre qu'en soit la valeur historique, c'est qu'il rectifie et complète sur quelques points les données fournies par Esquerrier ; c'est aussi qu'il nous offre une partie rimée qu'on ne trouve point dans son modèle ; c'est enfin que le texte qui s'est conservé, quoique n'étant pas le manuscrit original, est cependant beaucoup plus pur, beaucoup moins altéré que celui d'Esquerrier et que la langue de Miégeville présente avec celle de son prédécesseur des variantes dialectales, dues à l'origine béarnaise du chroniqueur, qui ne manquent pas d'intérêt.

Le texte de la chronique de Miégeville est conservé dans le manuscrit 3920 du fonds français de la Bibliothèque Nationale ; ce manuscrit faisait jadis partie de la bibliothèque du président de Mesmes et y portait le n° 559. Le texte que nous publions s'étend du folio 6 au folio 23 et constitue un mince cahier qui semble avoir été détaché d'un manuscrit plus considérable et inséré, comme par hasard, dans le manuscrit 3920, au milieu de pièces n'offrant aucun rapport avec notre chronique méridionale. Ce manuscrit 3920 est en effet un recueil de pièces distinctes, sans lien entre elles, se rattachant aux sujets les plus divers et presque toutes postérieures par la date et l'écriture à la chronique de Miégeville. L'écriture du cahier est du XVIe siècle ; elle est soignée et les premières lettres des noms des comtes, en tête de chaque biographie, sont très ornées. La copie, qui ne doit point dériver immédiatement de l'original, est assez fautive et l'orthographe de certains mots a dû être altérée par un scribe peu au courant des formes méridionales.

Il est heureusement permis de la rectifier dans une certaine mesure, grâce à une autre copie conservée dans le volume 102 de la collection Du Chesne, à la Bibliothèque Nationale, de la page 227 à la page 241 ; cette copie est souvent plus correcte que celle du manuscrit 3920, quoiqu'elles doivent procéder toutes deux d'un même manuscrit ; en effet, dans le texte de la collection Du Chesne, le récit s'arrête brusquement au même endroit que dans le 3920 et on ne remarque qu'une variante assez notable. A la fin de la copie de Du Chesne, on lit la note suivante : « Ce présent livre a esté copié et tiré sur son propre original d'un vieux livre escrit en lettre fort ancienne en propres termes, mots et langage. Escrit 1586, à Lézat. »

NOTICE SUR LE MANUSCRIT 5404

DU FONDS FRANÇAIS DE LA BIBLIOTHÈQUE NATIONALE

Le manuscrit 5404 du fonds français de la Bibliothèque Nationale renferme le texte d'une chronique française des comtes de Foix, qui présente d'étroits rapports avec les chroniques méridionales d'Esquerrier et de Miégeville et dont il importe de dire ici quelques mots. L'auteur en est inconnu et tout ce que l'on peut dire, c'est qu'il s'est très fortement inspiré de nos deux chroniques romanes. Cette chronique a été souvent utilisée ; dans sa *Bibliothèque historique de la France* (1), le P. Lelong en signale deux exemplaires, dont l'un appartenait à la bibliothèque du président de Mesmes, l'autre à celle de Baluze qui l'avait catalogué sous le nº 419. C'est sous ce nº 419 que cette chronique est citée par D. Vaissète (2), et c'est ce manuscrit de Baluze qui, après avoir porté dans la Bibliothèque du Roi la cote 9864^2, est aujourd'hui le nº 5404 du fonds français de la Bibliothèque Nationale ; le nº 419 est encore inscrit sur un des feuillets de garde. Le manuscrit, écrit d'une écriture très régulière du XVIᵉ siècle, se compose de 42 pages in-4º ; les pages 18-19 manquent.

Bien des erreurs ont été commises au sujet de ce manuscrit que Buchon mentionne dans l'*Introduction* du volume du *Panthéon littéraire* (3) où il a publié la chronique de Michel du Bernis. A. Garrigou déclare qu'il est impossible de vérifier si c'est bien là le manuscrit 419 de Baluze (4) ; mais la chose n'est pas douteuse, ce numéro, on l'a vu, se retrouve encore sur un des premiers feuillets. Les éditeurs de la nouvelle édition de l'*Histoire de Languedoc* le citent à différentes reprises dans leurs notes comme étant la chronique de Miguel del Verms (*alias* Michel du Bernis) (5). Il est aussi porté sous le nom de ce chroniqueur dans le catalogue des manuscrits français de la Bibliothèque Nationale. En réalité, la chronique du ms. 5404 n'a rien de commun avec celle de Michel du Bernis ; son auteur, quel qu'il soit, s'est inspiré uniquement des travaux antérieurs d'Esquerrier et de Miégeville.

---

(1) T. III, p. 537, nº 37914.
(2) Voir t. XI de l'édit. Privat, *passim*.
(3) P. XLI.
(4) *Études historiques sur l'ancien pays de Foix*, t. I, p. 230.
(5) Voir notamment édit. Privat, t. X, p. 119 note.

Ce qui rend cette chronique particulièrement intéressante, c'est qu'on y trouve la partie correspondante à la fin de la chronique de Miégeville qui a disparu ; c'est cette partie que nous avons cru devoir éditer pour compléter l'ensemble de notre publication. Cette dernière partie a une grande valeur historique, car elle représente ce qu'il devait y avoir d'original dans Miégeville : on y trouve en effet toute une biographie du cardinal Pierre de Foix le Jeune, à partir du moment où il alla en Italie pour accompagner sa sœur, fiancée au marquis de Montferrat; cette partie de notre chronique confirme et complète les renseignements épars dans le *Journal* de Burchard (1). On sait que Miégeville s'était attaché à la fortune du jeune cardinal de Foix, et nous ne doutons pas, à la précision des détails que donne la chronique du ms. 5404, qu'il n'ait accompagné le prélat en Italie.

Les pages 18 et 19 manquent au ms. 5404; mais il est permis d'y suppléer en partie, grâce à une copie de la chronique qui se retrouve dans le volume 48 de la collection Du Chesne, du fol. 301 au fol. 319. Cette copie de Du Chesne a été faite d'après un manuscrit de la bibliothèque d'Auguste Galland et est plus complète que le ms. 5404 ; elle donne un préambule qui n'existe pas dans ce ms., ainsi qu'en témoigne la note suivante inscrite en tête: « Cette chronique est conservée en écriture plus ancienne dans le manuscrit du Roi 9864^2, ancienne bibliothèque Baluze 419. Dans le manuscrit de Baluze, le préambule de celui-ci a été omis. » Les variantes que nous avons relevées dans la copie de Du Chesne sont assez nombreuses, mais peu importantes. Elle nous a été d'un grand secours pour suppléer, sinon complètement, du moins en partie, à l'absence des pages 18-19 du ms. 5404 (2).

---

(1) Joannis Burchardi, *Diarium sive rerum Urbanarum commentarii (1483-1506)*, publ. par Thuasne (Paris, 1883, 2 vol. in-8°).
(2) Cf. ci-dessous, p. 149, note 1.

LETTRE DE DÉDICACE A GASTON IV

MISE PAR ARNAUD ESQUERRIER EN TÊTE DE SA CHRONIQUE (1)

Foix, 11 mai 1456.

A tres aut et puxant prince Gaston, XVIe comte de Foix.

Tres aut et puxant prince et mon tres redobtable senhor, mossenhor lo comte de Foix et de Begorra, tan humilment com [podi] me recommandi [à] vostra auta senhoria, à laqual placia saber com, per mandament [per] vos à mi feyt ab vostra letra, que vos a plagut tremetre no a goayres, vos tremetessi la copia de las causas que io he metut en escriut de vostres nobles feytz. Aixi, mon tres redobtable senhor, vos tremeti lo present libre, loqual io he feyt et procurat et treyt ab gran diligentia [tant] de vostre Cartulari que de autras partz, al temps que era Bernad thesaurer de vostre comtat de Foix. Las proessas de vostres predecessors et aixi ben he metut en memoria las vostras, aixi ben qu'he podut. E per melhor besonhar que vostra coronica fos en bon renc, voleri aber parlat ab Begorra, vostre heraut ; alqual vos placia mandar que, quand passe de part dessa, que me done cosseilh sus aquestas causas.

Et si res y a que no sia à vostre bon plaser, vos placia me perdonar et aber en grat lo bon voler de vostre humil subject.

Mossenhor, lo offici que d'autra begada me abetz donat, sabetz que baque ; sia vostra bona merce deu me restituir.

---

(1) Cette lettre a été publié par Olhagaray, *op. cit.*, (tableau en tête de son ouvrage); par Castillon d'Aspet, *Histoire du Comté de Foix*, t. II, p. 440 ; par A. Garrigou, *Etudes historiques sur l'ancien pays de Foix*, t. I, p. 324.
Ces trois textes présentent un certain nombre de différences : celui d'Olhagaray paraît être le meilleur, mais il est encore fort altéré, surtout au point de vue orthographique. Olhagaray était Béarnais ; c'est dans le dialecte de son pays qu'il a essayé de reproduire l'épître. A côté des formes béarnaises qui dominent, on retrouve des terminaisons purement languedociennes, ce qui semble indiquer que le texte primitif était en languedocien et qu'Olhagaray en a donné une traduction incorrecte. Aussi avons-nous essayé de donner un texte plus pur et qui se rapprochât avec plus de vraisemblance de la rédaction primitive et fût en rapport avec l'orthographe du texte de la chronique.
A. Garrigou et Castillon ont dû suivre le texte d'Olhagaray.

Tres aut et puxant prince et mon tres redobtable senhor, lo Sant Esperit vos tengua en sa goarda.

Escriut à Foix, lo XI de may, l'an MCCCCLVI.

Lo vostre humil servidor et sosmes,

Arnaud ESQUERRIER,
Vostre procurayre en lo Comtat de Foix.

CHRONIQUE D'ARNAUD ESQUERRIER

Et (1) per so que lo presen libre ez de las ordonnansas et costumas de la villa de Foix autrejadas per los seignors comtes, que soun estatz sa enrier en lo Comtat de Foix, et aussi bén dels priviletges que los seignors reys de Fransa, de bouna memoria, an autrejat alsdits seignors comtes et lours festines (2) del Comtat de Foix, cum pus largamen se apparesa en lo presen libre.

Ez aqueste lo comensamen et lo preambul del presen libre.

Et (3), per so que ez rasou que las causas primeras et santificadas en lo presen libre sian metudas per eternal memoria, es à saber cum lo glorios martyr Mosseignor Sant Volzia es bengut en la villa de Foix. Loqual glorios sant ez patro de la gleisa et villa de Foix, que ez

---

(1) En tête, et de la même écriture que le manuscrit, on lit le titre suivant : *Recueil des choses plus remarquables tirées d'un grand livre manuscript en langage vulgaire, meslé de castillan et de catalan, fait en l'an 1458, comme s'ensuit.*

(2) *Festines*, ce mot ne signifie rien ; il devrait y avoir *subjects*, ainsi que l'indique le sens de la phrase.

(3) A partir de ce paragraphe, une partie du texte de la chronique a déjà été imprimée dans la *Vie de Saint Volusien* par le P. de La Coudre (pp. 104-108), dont nous avons parlé dans l'*Introduction*. Cette version présente seulement quelques variantes orthographiques, et aussi plusieurs fautes de lecture, qui ne sont point dans notre manuscrit.

La *Vie de Saint Volusien* a été rééditée par la maison Pomiès, Foix, 1893.

cap et tiltre principal de la seignoria de Mosseignors los comtes de Foix, de aquels que sa enrier soun estatz, et dels presens, et dels que en lo temps advenir succedaran.

Lo glorios martyr Mosseignor Sant Volzia (1) foc de noble generacio de la ciutat de Roma et fil de un senador de Roma et del linatge dels Orcis. Et espirat de la gracia del Sant Esprit, segon sas canoniguas (2) et legenda, laissec sos parens et amycs et s'en anec predican la fe crestiana en lo realme de Fransa, entro que foc à Tors en Torena. Et per so que ez à saber cum lo glorios martyr foc archevesque de la ciutat de Tors, et sa successio, et que foc premier archevesque.

Ez assaber (3) que Sant Gatia foc lo premier archevesque de Tors et commensec de sezer l'an de Nostre Seignor Diu CCLX et seguec L ans. Lo segond archevesque foc Sant Lidoris, que seguec XXXIII ans. Lo ters foc Sant Marty, que seguec XXXVI ans, IV mezes, XVII jorns, et clausec sos jorns l'an de Nostre Seignor CCCLXXIX, en l'atge de LXXVI ans. Lo quart foc Sant Bres, que seguec XLVII ans. Lo quint foc Sant Ostochi, que seguec XLVII ans. Lo sies foc Sant Perpetuus, que seguec XXX ans (4). Lo septiesme foc Sant Voluzia, que commensec de sezer l'an de Nostre Seignor DXI et seguec VII ans et dos mezes (5). En aquel temps regnava un malvat rey iretge que se appelava Alaricus, rey dels Gots et dels Ariats, seignorian Tolosa et lo pays, perseguia et aucisia tots los Crestias que podia trobar ab sas gens d'armas et iretges de sa companhia. Et

---

(1) *Volzia* est plus conforme aux règles de formation que *Voluzia*. A Foix, on dit *Boulsia*.

(2) Partout on trouve *canoniguas*; le même mot est aussi reproduit par La Coudre, Miégeville écrit *coronicas*.

(3) Dans le manuscrit, en marge, se trouve une annotation d'une écriture postérieure au texte et donnant la succession des premiers évêques de Tours.

(4) Le chroniqueur semble avoir emprunté la succession des évêques de Tours, qui précédèrent Saint Volusien, à l'*Historia Francorum* de Grégoire de Tours. Les dates et les chiffres qu'il donne à leur sujet sont absolument les mêmes que celles qu'on trouve dans Grégoire de Tours, livre X (cf. édit. Arndt et Krusch, dans les *Monumenta Germaniæ, Scriptores rerum Merovingicarum*, Hanovre, 1884-85, in-4°, t. I, p. 443-446.) Sur la série des évêques de Tours antérieurs à Saint Volusien, Saint Gatien, Saint Lidoire, Saint Martin, Saint Brice, Saint Eustochius, Saint Perpet, voir aussi *Gallia Christiana*, t. XIV, col. 4 à 15.

(5) Saint Volusien devint évêque, non point en 511, mais en 491 (cf. *Gallia, loc. cit.*; *Acta Sanctorum*, t. II de janvier, pp. 558-559.)

fec grans mals en lo realme de Fransa, prenguec et destrusic la ciutat de Tors en Torena et s'en menec pres et ligat lo glorios archevesque Sant Volzia entro à Tolosa.

Clodovic, lo cinquiesme rey crestia de Fransa, perseguec aqueste malvat rey Alaric et lo jetec de touta Fransa entro à Tolosa oun toutjorn plavia sang. Et aquy lo rey de Fransa auciguec (1) lo rey dels Gots et la major partida de sas gens. Et los autres, que escapar poguian, fugin et s'en meneguen pres et ligat lo glorios Sant Volzia per lo passar en las Espanas. Et entre Pamias et Varilhas, al loc de Cor[o]gna (2) appelat Villapeyrouza (3), lo descapiten et aqui lo fen passar martyr. Et las lansas de aquels que lo descapiten tornen aybres de freysse (4) touts verts, ainsy que encara se mostra al meteys loc, que despeys ensa nou soun poguts morir per la vertut divina. Et apres, la neyt seguen, per denonciacio de l'angel trametut per Diu, foc denonciat à doas santas monyas, santa Julia et santa Juliana, à la gleysa de Sant Johan de Verges, que anessan à la villa de Foix, al poble crestia et als clercs et capelas, que portessan lo cos sant sevelir à la gleisa de Foix. Et ainsy ac fen; oun aguen contradiccion ab los de Pamias. Et foc metut sus una carreta, laqual tiravan dos biaus, et lo porten à la gleysa de Foix miraculosamen. Las roquas se parten; las rodas de la carreta s'en intravan per la roqua, et los peds dels biaus, cum claramen se mostra dejos Foix, en lo gran camy, en las roquas del Pas de las Latras; la riviera se eysseguec et fec camy. Redec veser als orbs, redec als contrafeyts et indemoniats sanitat, et [fec] infinits autres miragles, que serian long à comptar, que soun escripts en sa legenda; laqual fec Sant Gregory (5) que, apres lu (6), foc archevesque et apres

---

(1) Dans La Coudre, on trouve cette variante : *ayant aucigut*, avec une ponctuation différente.

(2) Dans le manuscrit, on lit *Corgna*, mot qui n'est pas donné par Doat.

(3) On ne peut identifier ces deux noms de lieux avec des localités actuellement existantes ; d'après le P. de La Coudre *(op. cit.* p. 66), *Villepeyrouse* doit être identifié avec Varilhes entre Foix et Pamiers ; le terrain en est, paraît-il, couvert de cailloux. Mais d'après le texte, il semble bien que Varilhes et Villepeyrouse étaient deux localités distinctes. Quant au lieu appelé *Corogna* ou *Couronne*, il devait être, continue La Coudre, ainsi dénommé « à cause qu'il domine en rond sur un petit terrain plat et uni. »

(4) Doat traduit *freysse* par fresne.

(5) Il s'agit de Grégoire de Tours, dont Esquerrier fait à tort un pape.

(6) Tantôt on trouve *li* ou *ly*, tantôt et même aussi fréquemment *lu*.

papa en Roma. Et lo glorios Sant Volzia se repausec en la gleisa de Foix l'an de Nostre Seignor Diu DXIX ; et laqual gleisa es fondada à la honor de Sant Nazary, que foc martyr per Nero, emperur (1) Roman, dins lo temps que « foc Sant Pey, apostoul, et Sant Paul prenguen martyri (2). »

Sant Agosty commensec l'ordre et regla, don lo conven et religioses del monastier de Foix prenen l'abit regular, lo premier an de son avesquat, que foc l'an de Nostre Seignor Jesus Christ CCCXLVI, et moric l'an de Nostre Seignor CCCCXXXVI, atjat de LXXVI ans, et de son avesquat lo XL ans (3), en la ciutat d'Afriqua.

Et en l'an de Nostre Seignor CCCXV sant Antony, monge, floric ; et, en aquel an meteys, sant Atanasy, que fec lo *quicunque vult salvus esse*, et sant Hierominus florin (4).

Et en l'an de Nostre Seignor CCCLXXV moric lo pros rey Artus de Bretanha, que tants et merveilhoses feyts conquestec, et en aquel an meteys nasquec Merly (5).

Dels seignors temporals, que per labets seignoriavan lo castel et villa de Foix, no se troba sinou ainsy cum avan auzirets. Empero lo regen de la gleisa et monastier de Foix se titulava archiprestre de Savartes.

Et per apres se troba en lo cartulary de Foix un transcript de carta antigua, feyta l'an de Nostre Seignor DCCCXLII : *creatoris cuncta-*

---

(1) *Emperur*, forme moderne, imputable sans doute à une faute du scribe; ailleurs on trouve : *emperador*.

(2) A partir de : *que foc* jusqu'à *martyri*, le passage entre guillemets fait défaut dans le manuscrit et a été rétabli ici d'après La Coudre, qui arrête sa citation à cet endroit.

(3) Doat : *quarante-quatre*.

(4) Ces diverses dates sont erronées. Saint Augustin, né en 354, ne peut avoir fondé en 346 son ordre religieux; il est mort en 430. Saint Antoine a vécu de 251 à 356 ; Saint Athanase de 276 à 376 ; Saint Jérôme de 331 à 420.

(5) Doat ajoute : « Qui parla incontinent après avoir esté né et feut fils de la fille du roi des Mets, religieuse en l'église de Saint-Pierre en la cité de Elia Ermodi. »

Roi des Mets est une altération pour *roi des Démètes* ; les Démètes étaient un peuple du pays de Galles au temps de la domination Romaine. Merlin passait en effet pour fils d'une religieuse, fille du roi des Démètes. (Cf. un article de M. d'Arbois de Jubainville, dans la *Revue des questions historiques*, 1868. t. V, p. 561 et suiv.). Nous ignorons à quelle source notre chroniqueur a puisé les détails qui se trouvent aussi bien dans ce paragraphe que dans les deux précédents et qui sont si étrangers à son sujet.

rum, contenen (1) que, al temps de Dagobert, rey de Fransa, seignorian touta Guyana, Galia, et ainsy meteys regin l'empery, et Ramon, comte de Tolosa, seignorian, Hugo papa estan, touta la gleisa oriental (2) [era aixi] perturbada (3) que, en tot lo Comtat de Tolosa, à tard (4) se trobava, fora los forts, maisous, homes que y habitessan. Car touts los homes et las fennas eran morts per un vescomte, que se apelava Benaduc (5) ; loqual era de gran linatge et toutjorn s'effor-

---

(1) Nous trouvons ici la première mention précise d'un document consulté par le chroniqueur. Ce document est d'ailleurs fabriqué et porte la marque d'une fabrication grossière, ainsi qu'il est facile de s'en convaincre par la date qu'il porte ; il est daté *du palais de Latran, l'an 842, indiction IX, sous le règne de Dagobert et le pontificat du pape Calixte*. D'après D. Vaissète, cet acte était inséré dans le cartulaire de l'abbaye de Lézat, qui forme aujourd'hui le ms. lat. 9189 de la Bibl. Nat ; nous ne l'y avons point retrouvé. Il est vrai que le manuscrit est actuellement privé de ses dix-neuf premiers feuillets. En revanche, une analyse de ce faux diplôme du IX° siècle se trouve dans le registre E. 391, des Arch. des Basses-Pyrénées, fol. 267. Cet acte, tout faux qu'il soit, renferme un fonds de vérité, ainsi que l'a prouvé D. Vaissète, dans une note de l'*Histoire de Languedoc* (Cf. édit. Privat, t. IV, note 23, p. 126 et suiv. : *Sur l'époque et les circonstances de la fondation des abbayes de Lézat et de Saint-Pierre de la Court ou du Mas-Garnier*). Il serait trop long de rapporter ici les faits auxquels le récit du chroniqueur, emprunté à cette fausse charte, fait allusion ; nous ne pouvons que renvoyer à la note très claire et très précise de D. Vaissète qui, en faisant la lumière sur la fondation des abbayes de Lézat et du Mas-Garnier, facilite l'intelligence du récit un peu obscur d'Esquerrier.

(2) *Oriental*, évidemment, mieux vaudrait *occidental*. Mais le texte de l'acte, résumé dans le registre E. 391, f° 267, r° (*Arch. des Basses-Pyrénées*) et que le chroniqueur a copié, porte *oriental*. Les deux mots entre crochets *era aixi*, que nous rétablissons, ont été omis par le chroniqueur.

(3) *A tard*, à peine.

(4) Le texte de cette phrase, peu compréhensible, a dû être altéré par le copiste ; en voici la traduction française, de Doat : « En ce temps-là, Dagobert, roy de France, ayant sous son pouvoir et authorité toute la Guienne, les Gaules, toute la France et mesme l'empire, Raymond estant comte de Tholose, et Hugo estant pape, toute l'Eglise orientale étoit de telle façon troublée que, en tout le comté de Tholose, se trouvoient rarement, horsmis aux forteresses ou maisons, hommes qui y habitassent, veu que hommes et femmes avoient esté tués par un vicomte appelé Bénaduc de grande extraction, qui tous jours tachoit de captiver tous ses voisins et parens, tellement que, ung jour, combattant avec ses ennemis, il fut mis en pièces et laissa un fils appelé Aton ; lequel obtint la victoire de ses ennemis par le secours du comte de Tholose. Lesquels tous deux, ne pouvant avoir des enfans, conviennent de bastir chacun un monastère et couvent ; d'où ledit Aton édifia le monastère de Lézat et le comte de Tholose édifia le monastère de Saint-Pierre-de-Cruse, proche la Garonne. »

(5) *Benaduc*, Benoit.

sava de soubsmettre touts sous vezis et parens. Ainsy cum, un jorn, aqueste batalhava ab sos ennemics, foc tout pessejat per sos ennemics; et revenguec de lu un fil, que se appelava Ato, loqual aguec victoria de sos ennemics ab l'adjuda del Comte de Tolosa. Losquals, vejen que no podian aver enfans, se van inventar que fessan sengles monastiers ab dos convens; et ainsy ac fen. Lodit Ato ediffiquec lo monastier de Lezat, et lo comte de Tolosa ediffiquec le monastier de Sant-Pey de Rasa (1), prop de la Garona. Et apres lodit Ato prenguec l'abit.

Et se troba en las canoniguas dels papas que foc una fenna d'Anglaterra que, per siensa estan à l'abit de jovensel, per granda siensa que avia, foc elegida per papa Johan, apres Leo papa. Et per un son familhar foc emprenhada et, cum anes[sa] de Sant Peyre à Latran, foc angustiada et enfantec à la gleisa de Sant Clemen, et aqui moric (2).

Encara ez rasou que, en la presen libre, se fassa mencio dels seignors reys de Fransa, nom per nom, entro al jorn presen, mil quatre cens cinquanta hoeit : Fermont, Clodio, Merovic, Childeric, que soun descenduts del linatge dels Troyas. Et comensec de regnar lo premier, so es Fermont, l'an de l'Incarnacion de Jesus-Christ CCCCXX.

Aquestes soun los reys chrestias : lo premier Clovis, que comensec à regnar l'an de l'Incarnacion de Jesus Christ CCCCLXXXIV; Thierry, Theodobert, Theodovald, Clodomir, Childebert, Clotayre, Chilpery, Aubert, Sigibert, Gontran, Childebert, Thierry, Clotayre, Childeric, Clovis, Thierry, Childebert, Dagobert, Clotayre, Chilpery, Thierry, Childeric (3).

Carles Martel, que dec las franquesas als Bearnes, ez sevelit en cos

---

(1) Ce nom a été altéré; Doat donne : *Saint-Pierre-de-Cruse*, ce qui ne vaut pas mieux; il s'agit de l'abbaye de Saint-Pierre-de-Lacourt ou du Mas-Garnier-sur-Garonne (Haute-Garonne). Le texte du manuscrit E. 39, donne *Sant Pey de Curte*, qui est la bonne leçon.

(2) C'est entre Léon IV, pape de 847 à 855, et Benoit III, pape de 855 à 858, qu'on place la prétendue papesse Jeanne dont parle ici Esquerrier, qui adopte cette fable avancée par quelques chroniqueurs des xiiie et xive siècles.

(3) Voici comment Doat établit la liste : Clovis I, Childebert, Clotaire I, Charibert ou Aubert, Chilpéric I, Clotaire II, Dagobert, Clovis II, Clotaire III, Childéric II, Théodoric ou Thierry, Clovis III, Childebert II, Dagobert II, Clotaire IV, Chilpéric II, Théodoric II ou Thierri, Childéric III.

et arma al suplici d'Infern, seguen las canoniguas dels papas, per so que avia ostat à la gleisa los delmes.

Carles Magnes, Loys Debonayre, Loys lo Beuyt, Carles l'emperador, Eude, Carles lo Simple, Larif (1) del linatge de Borgonha (2), Lotayre, Loys, Hugues Capet, Robert, Henry, Phelip lo premier, Loys, Loys, Phelip Auguste, Loys, Sant Loys, Phelip, Phelip lo Bel, Loys, Johan, Phelip, Carles.

Johan Lamanta (3), que foc pres per lo prince de Galla.

Carles que comensec à regnar l'an mil.... CXXII (4).

Et per so ez raso que touts los seignors comtes de Foix, que soun estats, sian metuts apres ainsy, cum s'ensiec.

Los priviletges (5), que los seignors reys de Fransa an donats als seignors comtes de Foix et à sos subjects, se enseguiran apres la subsequensa dels seignors comtes de Foix.

Seguen se las istorias et canoniguas dels principis, don los seignors comtes de Foix soun descenduts, et las valors et proesas, ainsy que per avan ausirets :

Sieg se (6) la istoria de Carles Magnes, rey de Fransa, (7) empera-

---

(1) Il s'agit sans doute de Raoul, le seul roi qui, à cette époque, fut d'origine Bourguignonne.

(2) Doat donne une liste des Carolingiens plus complète.

(3) *Lamanta*, ce mot n'a pas de sens. Il s'agit de Jean-le-Bon.

(4) Lacune dans le texte et dans la traduction de Doat. Il doit s'agir ici de Charles VII; le copiste a sans doute omis par mégarde les noms de Charles V et Charles VI, qui auraient dû prendre place entre ceux de Jean-le-Bon et Charles VII, le roi régnant en 1458 (on a vu plus haut que le chroniqueur voulait donner la liste des rois de France jusqu'en 1458, p. 6.) On pourrait donc compléter ainsi la date : mil [CCC]CXXII.

(5) Malgré la promesse faite, on ne trouve pas les priviléges annoncés. A en juger par la traduction de Doat, il est probable que le chroniqueur n'en a pas fait mention.

(6) Au lieu de *sieg se*, il serait plus clair de mettre *lieg se* en. Doat donne : *il se lit ès histoires*.

(7) Cette histoire de Charlemagne, à laquelle le chroniqueur dit avoir emprunté ce qui suit, n'est autre chose que le roman bien connu de *Philomena*, composé au XIII° siècle et qui n'est qu'un tissu de légendes. (Voir à ce sujet un article de Raynouard dans le *Journal des Savants*, novembre 1824, p 668 et suiv. et l'*Histoire littéraire de la France*, t. VII, *avertissement*). Une traduction latine de ce roman a été publiée par S. Ciampi sous le titre *Gesta Caroli Magni ad Carcassonam et Narbonam*. (Florence, 1823, in-8°). Catel (*Mémoires de l'Histoire de Languedoc*, p. 620-621) avait déjà signalé la ressemblance entre

dor de Roma, que conquestec à la fe crestiana Carcassonna, Narbonna, Alamanha, Rossilho, Catalonha, Arago, Urgel, Espagna, et infinits autres pays ; et comensec à regnar l'an de Nostre Seignor DCCLXXX et regnec XLVII ans. Et tenen lo sety à la ciutat de Narbonna, apres que Carcassonna foc conquestat, d'autres grans seignors demandavan Narbonna al rey ; et Carles Magnes, vesen asso, no la volguec donar à negun sinou en aquel que be aguera (1) meritat. Et entertemps Aymeric, fil de Arnaud de Bellanda, nebot de Geraud de Viana, de noble generacio, que avia cavalgat et gazanhat Barsalona et Irlanda (2), lo rey Carles Magnes, de sa bona plasensa, ly donec la tersa part de Narbonna ; l'autra tersa part donec à Mosseignor Thomas, un dels armitats de la Grassa, que foc lo premier archevesque de Narbonna, et ly donec dex avesques suffragans ; et l'autra tersa part donec al rey dels Juzieus, que eran en la ciutat de Narbonna, loqual era del linatge de David, et per causa que los Juzieus ly fen gazanhar la ciutat. Et mandec que d'aquy avant on appelles aqueste seignor Mosseignor Aymeric de Narbonna. Et pus, en outre, ly donec (3) Bezes, Agates et lo port de la mar, Magalona, Uzes et Nemes, Arles, Avigno, Auratz, (4) (Viana era de son oncle), Valencia, Lacdoves, Castres, Tolosa, Albeges, Carcassonna, Razes, Enna, Empura, Cocolibourna, Gerona, Barsalona, et Tarragona.
« Et ainsy auras vingt-quatre realmes de Sarrazis ; per Narbonna,

---

lo récit du *Philomena* et celui de notre chroniqueur. Il suffit de se reporter à la traduction latine de ce roman, publiée par Ciampi, pour constater les emprunts presque textuels que lui a faits Esquerrier (voir notamment dans l'édition Ciampi pp. 83, 84, 102, 103, 104, 111).

(1) *Aguera*, forme gasconne.

(2) Au lieu d'*Irlanda*, que l'on trouve dans le manuscrit, il faut lire *Ilerda*, ainsi que l'indique *Philomena* : « Et iste Aymericus equitaverat apud Barchinonam et usque Ylerdam et multa lucratus fuerat ». Il s'agit de la ville de Lérida en Catalogne.

(3) Voici dans quel ordre Doat donne le nom des villes : « Béziers, Agde, le Port de la Mer, Magalone, Uzès, Nismes, Arles, Avignon, Aure, Vienne, qui estoit de son oncle, Valence, Lodève, Cahors, Toulouse, Albigeois, Carcassonne, Rasès, Enna, Empuries, Cocoliberum, Géronne, Barcelone et Tarragonne. »

(4) *Auratz*, Aure, est sans doute Orange. On trouve dans le *Philomena* Auratinensem. *Enna* veut sans doute dire Elne. *Cocolibourna* (dans Philomena, *Caucolibrium*) est Colioure.

diguec Carles Magnes à Aymeric de Narbonna, seras duc et per Tolosa seras comte, et per las autras ciutats seras marques (1) ».

De lasqualas causas Mosseignor Aymeric redec gracias de genols en terra à Carles Magnes. Et apres Mosseignor Aymeric de Narbonna, ab l'espasa, auciguec lo rey Borreilh, que era frayre de la reyna Oriunda, molher del rey Matrandus, rey de Narbonna, et auciguec lo Almanor de Cordoba en batailha, et infinidas autras armas fec, que assy serian longas à espliguar.

Mosseignor Aymeric aguec dos fils : Torsonus et Roger. Torsonus foc duc de Narbonna, comte de Tolosa, d'Albiges et de Avigno. Et Roger foc comte de Carcassonna, Bezes, Barsalona, Gerona et Ampura, et seignor dels Foixens ; retenguec l'homenatge al comte de Tolosa (2).

Et de Roger, comte de Carcassonna son descenduts los comtes de Foix, que apres ausirets per nom, cum ez estat lor comensamen, laissan lor prolixitat (3) de aquels que son venguts apres Roger entro Mosseignor Roger, que foc payre de Mosseignor Bernard, comte de Foix, lo premier dels autres seignors comtes, que son estats en denneg, (4) no son point assy per la prolixitat.

En l'an de Nostre Seignor Diu DCCCCLXVI, en lo mes de Febrier, regnan Leotar, rey de Fransa, lo dixiesme an de son regne, Mosseignor Arnaud, comte de Carcassonna, et Madona Arsenda, sa molher, donen (5) à Roger, lor fil, lo Castel Penent qu'es entre Foix et Amplaing.

(1) Il a dû y avoir une interversion de phrases qui nuit à l'intelligence du texte. On peut rétablir la vraie leçon, aussi bien d'après le roman de *Philomena* que d'après la traduction française de la chronique par Doat, que voici : Et ainsi dit Charlemagne à Aymeric : « tu auras vingt-quatre royaumes de Sarrazins et tu seras duc de Narbonne, comte de Tholose et seras marquis pour les autres cités. »

(2) Sur cette prétendue origine des comtes de Carcassonne, cf. Catel, *op. cit* p. 620-621.

(3) Ce mot, répété sans doute par suite d'une erreur de transcription, ne se comprend pas ici; *posteritat* conviendrait mieux.

(4) *Denneg*, ce mot, qui n'a pas de sens et résulte d'une erreur de copiste, rend obscure la fin de la phrase.

(5) La date de l'acte auquel se réfère ici le chroniqueur n'est point absolument sûre. L'existence d'un comte Arnaud, qui semble avoir été le chef de la maison des comtes de Carcassonne de la deuxième race, est bien prouvée par plusieurs actes, ainsi que celle de sa femme Arsinde (Cf. D. Vaissète, édit. Prival, t. IV, note 21. p. 109 et suiv.). Mais cet Arnaud, qui vivait certainement en 944 et 949 d'après D. Vaissète (*ibid.* t. V, *chartes et diplômes*, nos LXXIII et LXXVIII), était probablement déjà décédé à la fin de l'année 957, car, dès cette époque, nous voyons sa veuve et son fils Roger procéder à un acte de vente,

Item, apres en l'an DCCCCLXXIV, Mosseignor Arnaud, comte de Carcassonna, et Madona Arsenda, sa molher, donen al glorios martyr Sant Volzia la gleisa de Amplaing (1).

Item, en apres, Mosseignor Roger, lor fil et heritier (2), succedec [en] lo comtat de Carcassonna, Bezes, Barsalona, Foix, et las autras seignorias dessus. Mosseignor Roger aguec per molher Madona Aladays (3). Et un jorn, estan en lo castel de Foix, so ez en l'an DCCCCLXXXVII, regnan lo premier Loys de Fransa, donen al glorios martyr Sant Volzia (4) la villa de Savignac, Perlas, Sencirac, Verdu, Prayols, Planissolas, Ferrieras (5).

Item, en l'an MXII, regnan Robert, rey de Fransa, Mosseignor Roger, comte de Carcassonna, et Madona Aladays, sa molher, estan en lo cas-

---

sans qu'il soit plus question du comte Arnaud (ibid. n° LXXIX). Marca, qui parle de cette donation faite par Arnaud à son fils Roger, *(Histoire de Béarn,* p. 695) la rapporte à l'année 971, confondant sans doute avec la donation dont parle ensuite Esquerrier et dont bénéficia l'abbaye de Saint-Volusien. Nous n'oserions affirmer, comme le fait D. Vaissète, qu'en 957 Arnaud était déjà mort, car nous n'avons point de preuve décisive pour établir que son fils Roger lui avait succédé dès cette époque. En réalité, Roger n'apparaît comme comte de Carcassonne qu'en 970, et il n'est point impossible qu'Arnaud fût encore vivant en 966. Esquerrier date l'acte dont il parle de la dixième année du règne de Lothaire ; il n'y aurait là qu'une faible erreur, puisque Lothaire devint roi à la fin de 954. Mais ce qu'il y a de certain, c'est que la donation, dont parle ensuite Esquerrier et qui aurait été faite en 974 à l'abbaye de Saint-Volusien par le même comte Arnaud et sa femme, ne put avoir lieu à cette époque : Arnaud était mort depuis au moins quatre ans. Catel *(op. cit.* p. 626) le fait vivre jusqu'en 994 ; Marca a réfuté cette opinion.

(1) *Amplaing,* Ariège, arr. Foix, c°° Tarascon-sur-Ariège.; *Castel-Penent,* même commune (Voir page 11, note 5).

(2) Arnaud et Arsinde n'eurent pas qu'un fils ; D. Vaissète a prouvé (t. IV, note 21, *loc. cit.)* qu'outre Roger ils eurent encore deux fils, nommés Eudes et Raimond.

(3) Nous ignorons à qu'elle maison appartenait Adélaïde, femme de Roger ; Marca *(Histoire de Béarn,* p. 697) prétend qu'elle était sœur de Baudouin, sire de Pons en Saintonge ; mais cette identification ne paraît point sûre (Cf. D. Vaissète, t. IV, *loc. cit.).*

(4) Cet acte ne nous est connu que par Esquerrier ; Marca le rapporte à l'année 988 (p. 696).

(5) *Savignac,* Ariège, arr. Foix, c°°. Ax. *Perles-et-Castelet,* ibid.. *Verdun,* arr. Foix, c°° des Cabannes. *Prayols,* arr. et c°° Foix. *Ferrières,* ibid.. *Sencirac,* aujourd'hui *Saint-Cirac,* section de la commune de Soula, c°° de Foix. Sencirac est une faute ; car ce village est sous le vocable d'un saint Cyrac appelé, en dialecte local, *Sant Ciragou,* et dont on célèbre la fête le 6 août par une procession. *Planissoles,* faubourg de Foix sur l'Arget, en amont.

tel de Foix, donen (1) al glorios martyr Sant Volzia la villa de Vernejol (2), ab la gleisa de Sant Marty, la villa de Verdu, la villa de Ferrieras ab sos delmes.

Mossen Roger, comte de Carcasonna, aguec de Madona Aladays, sa molher, tres fils: lo premier aguec nom Ramon, lo segond Bernard, lo ters, Peyre. Et fec son testamen et sa darriera volontat l'an de l'Incarnacio de Nostre-Seignor MLXII, ainsy cum pus à pla appar per lo testamen que ez als archifs del castel de Foix (3). Et laissec à Ramond son premier fil lo comtat de Carcassonna ab sos aloys (4) et seignorias, et foc comte de Barsalona et de Carcassonna. Et à Bernard, son segond fil, et à Madona Aladays, maire de Bernard, laissec la viguaria de Savartes ab lo Castel Penent, que ara se appela colh de Barry (5). Loqual castel foc derrouit per una comtessa, que foc de Catalonnha; et autres mals fec en las plassas dels gentilshomes del comtat (6), per so que no ly fen honor à son retorn, car no ly appartenian. Et apres laissec à Bernard et à Madona Aladays, sa maire, lo vescomtat de Cozerans et la maytat de Volvestre, et lo castel de Foix ab sa terra Foixenca, et Dalmazanes et Podagues et Arnagues (7) et lo bosc de Borbonna

(1) Comme le précédent, cet acte ne se trouve mentionné que dans notre chronique.

(2) *Vernajoul*, Ariége, arr. et c^{ⁿᵉ} de Foix; *Saint-Martin-de-Caralp*, ibidem.

(3) La date de ce testament est manifestement fausse et, comme le remarque D. Vaissète *(loc. cit.)*, a dû être ajoutée après coup par quelque copiste ignorant. On trouve cet acte mentionné avec cette date dans l'*Inventaire* de Michel du Bernis qui se trouve aux Arch. des Basses-Pyrénées (E 392, fol. 304 v°). Il a été publié par Catel (*op. cit.* p. 627) et Marca (p. 709). D. Vaissète (*loc. cit.*) a surabondamment prouvé l'inexactitude de cette date. En réalité, il est probable que le comte Roger dut faire ce testament en 1002, au moment d'entreprendre le voyage de Rome. Dans tous les cas, il ne pouvait être encore vivant en 1062 (puisqu'il était né avant 949) et on ne le trouve plus mentionné après 1012: il est probable qu'il dut mourir vers cette époque. On peut remarquer aussi que le fils aîné de Roger, Raimond, qui est désigné dans le testament comme devant hériter du comté de Carcassonne, était déjà mort en 1011 (Cf. un acte publié par D. Vaissète, t. V, n° CXLIV) ; le testament est donc au moins antérieur à cette date.

(4) *Aloys*, alleux, terres allodiales.

(5) *Castel-Penent, Col de Barry*. Le col de Barry se trouve sur l'Ariège entre les limites des communes d'Amplaing et de Montouliou. Le château de Castel-Penent était bâti sur les rochers qui dominent la rivière sur le côté droit.

(6) Nous ignorons à quel événement il est fait ici allusion.

(7) Le Volvestre était le pays situé entre le Volp et l'Arize ; le Daumazanais paraît avoir compris primitivement tout le pays à l'ouest de la Lèze et jusqu'à la Garonne, mais il se réduisit plus tard au canton actuel du Mas-d'Azil et à quelques communes de celui du

entre l'Hers (1) et l'Arieja. Et à Peyre (2) son ters fil donec l'abbadia de la Grassa (3) ab gran cop de autras rendas ecclesiastiquas, contengudas en la carta del testamen.

Item Mosseignor Ramond, comte de Carcassonna et de Barsalona, aguec debat ab Mosseignor Ramond, comte de Tolosa, que era lo segond de aquels que appelen Ramond en lo comtat de Tolosa, et per causa que lo comte de Tolosa demandava al comte de Carcassonna et de Barsalona que ly fes homatge (4) per lo castel de Laurac (5). Apres foc tractat accord per lo moyen de Mosseignor Bernard (6), comte de Foix, frayre del comte de Carcassonna et de Barsalona, ab lo comte de Tolosa, que (7) lo comte de Tolosa donec al comte de Carcassonna et

---

Fossat. Il faut sans doute reconnaître dans le Podaguais (appelé *Podagenense* dans le testament de Roger) le pays appelé Potamianais, qui comprenait la majeure partie du territoire entre la Lèze et l'Ariège. L'Arnagués, dont parle Esquerrier, est l'Agarnaguais qui comprenait le pays entre l'Ariège et l'Hers, et devait s'étendre aussi jusqu'à Pamiers. (Cf. A. Molinier, note sur la *Géographie du Languedoc*, dans le t. XII de l'édit. Privat, pp. 196-198).

(1) *Boulbonne*, Haute-Garonne, c⁽ᵉ⁾ de Cintegabelle, arr. Muret. C'était le siège d'une abbaye où étaient ensevelis les comtes de Foix. Sous le nom de Boulbonne, on désignait aussi la plaine s'étendant jusqu'aux portes de Pamiers sur les deux rives de l'Ariège.

(2) Ce troisième fils de Roger comte de Carcassonne, Pierre, n'est autre que Pierre-Roger, évêque de Gérone dès 1010 (Cf. *Marca Hispanica*, pp. 423, 442, 444, 1083, 1053).

(3) *La Grasse*, Aude, arr. Carcassonne, ch.-l. de cant.

(4) Sur cet événement, voir D. Vaissète, t. III, p. 374. Esquerrier, qui a certainement vu l'acte dont il s'agit ici, commet une erreur assez étrange: le comte de Toulouse en 1071 n'était pas un Raimond, mais bien Guillaume IV. Le comte de Barcelone Raimond venait de faire l'acquisition des domaines de la maison de Carcassonne, qui comprenaient le pays de Lauragais ; le comte de Toulouse lui réclama aussitôt l'hommage pour ce dernier pays. Après quelques difficultés, auxquelles notre chroniqueur fait allusion, survint l'accord dont il analyse les principales dispositions.

(5) *Laurac*, capitale du Lauragais, Aude, arr. de Carcassonne, c⁽ᵉ⁾ de Fanjeaux.

(6) Le comte de Foix fut bien présent à l'acte passé entre les comtes de Toulouse et de Barcelone : mais c'était le comte Roger II et non Bernard, comme le dit Esquerrier, qui a commis ici une de ces confusions dont il est coutumier. L'acte, dont le chroniqueur donne exactement la date (7 septembre 1071, VII *idus septembris*) se trouve aujourd'hui aux Arch. nationales, J. 879, n° 8; il a été publié une première fois, d'une façon incomplète et sous une fausse date (1090), par d'Achery, *Spicilegium*, édit. de 1723, t. III, p. 417. D. Vaissète (t. IV, note 40, p. 191-192) a prouvé que cet accord n'avait pu avoir lieu qu'en 1071, et l'a publié in-extenso (t. V, c. 588).

(7) Pour rendre le sens plus clair, au lieu du simple mot *que*, il faudrait : *per loqual accord lo comte de Tolosa*.

de Barsalona lo castel de Laurac am dex mille meix (1) de moneda Barsalonesa, en l'an MLXXI, [lo] septe jorn de septembre, ainsy cum appar per los estrumens sagelats, que soun al cartulary del castel de Foix, en la caissa de Carcassonna.

LO PREMIER COMTE DE FOIX

Mossen Bernard foc fil de Mossen Roger, comte de Carcassonna et de Barsalona, et foc marit de dona Beatrix de Bezes, (2) et foc feyt lo premier comte de Foix per la man del comte Ramond de Tolosa et duc de Narbonna, en l'an de Nostre Seignor Diu MLXII ; car de per davan era appelat seignor dels Foixens (3). Et foc tres bon cavalier, valen et ardit, et, en son atge de quaranta ans, foc feyt lo premier comte de Foix.

Et apres, en l'an regnan Nostre Seignor Jesus Christ, so era l'an que l'on contava mil XCV, estan lo premier rey Phelip de Fransa, aquel an se intitulec: *regnan Jesus Christ;* car, segon las canonigas de Fransa

---

(1) Ce mot *meix* serait difficile à comprendre, s'il ne nous était expliqué par le texte même de l'acte. On lit en effet dans l'original : *decem millia mcs monete Barchinone*. Esquerrier a lu *meix*, qui ne veut rien dire ; l'abréviation *mcs* doit être lue *mancusos*. Le comte de Toulouse céda au comte de Barcelone le château de Laurac et ses dépendances moyennant dix mille mancuses ; c'était une monnaie d'or qu'on frappait à Barcelone et qui était la plus usitée au xi° siècle dans toute cette région du nord de l'Espagne. (Cf. Du Cange, *Glossarium mediæ et infimæ latinitatis*, Verbo *mancusa*).

(2) La femme de Bernard, premier comte de Foix, ne s'appelait point Béatrix de Béziers, ainsi que le dit Esquerrier, dont l'erreur a été reproduite par Catel et Marca ; elle s'appelait Garsinde, ainsi que le prouve un acte publié par D. Vaissète (t. V, n° CLXXI) et était très probablement sœur et héritière de Garcie, comte de Bigorre, qui mourut vers 1032. Garsinde apporta lo comté de Bigorre à son mari Bernard, qu'on trouve aussi appelé Bernard-Roger (*Bernardus Rogerii*) (D. Vaissète, t. V, n° CLXXVII). Bernard et Garsinde eurent deux fils, Roger et Bernard, et ce dernier hérita du comté de Bigorre (D. Vaissète, t. IV, *note 22 déjà citée*).

(3) Au sujet de cette prétendue érection du comté de Foix par le comte de Toulouse en faveur de Bernard, voir la réfutation que Marca en a faite (p. 713). Il est à peine besoin de faire remarquer que cette date de 1062 donnée par Esquerrier est fausse. Le comte Bernard, qui paraît avoir succédé à son père vers 1012, était mort avant 1050, puisque Pierre, évêque de Gérone, son frère, conclut *après sa mort* un accord avec son neveu Roger, fils de ce même Bernard (D. Vaissète, t. V, n° CLXX) ; or l'évêque Pierre était mort en 1050.

papa Urba venguec en Fransa et excomenguec lo rey Phelip et tout son realme per l'espas de un an, per so que avia laissada sa molher Berta, qu'era filha del comte Baudoyn de Flandras (1); de laqual dona avia dos fils, et tenia autra fenna appelada Bertrada, comtessa de Angers. Per so foc à lu estremada aquela gracia que nou se mettes en sos titols, ni notaris publicqs nou metessan en las cartas ny estrumens « *regnan lo rey Phelip*», sinou « *regnan Jesus Christ*. » Et per so ez à saber que aquel an ez lo que se intitulava : *regnan Jesus Christ*. Et asso ly foc estremat per causa de l'excomenge et, apres tornec ab sa molher Berta et foc absolut et tornec en sa gracia, ainsy cum se troba en las canonigas de Fransa.

Et apres lodit Mossen Bernat, comte de Foix, lo medeys an, donec (2) al martyr Sant Volzia la gleisa de Garano, Cos, Campredou, (3) Cadirac, Ferrieras, la gleisa de Serras, ab sos delmes, et la villa de Sant Johan de Verges ab sos delmes et premissas. Et aqueste Mossen Bernard aguec un fil, appelat Roger, de Madona Beatrix, sa molher.

Aquel an, Godofre de Bouilhon, duc de Loreina, conquestec la Terra Santa de Jerusalem et foc cap et governador de la conquesta; et foren ab luy sos dos frays Ostacy et Baudoyn, et ab els Ancelain de Richemond, Baudouyn, lo comte de Ribamont, Robert, lo comte de Flandras, Esteve, lo comte de Blois, Huc lo Gran, frayre de Phelip, rey de Fransa, lo comte de Vermandoys, Robert, lo duc de Normandia, fray de Guilhem,

---

(1) Le copiste a dû passer ici quelques mots ; il faut rétablir le texte ainsi que l'indique la traduction Dont : «.. qui étoit fille de Baudoin, comte d'Hollande et sœur de Robert, comte de Flandres ».

(2) Cet acte de donation à Saint Volusien de Foix ne nous est connu que par la chronique. D. Vaissète le considère comme faux (t. IV, *note citée*), sous prétexte qu'il aurait été donné par le comte Bernard et *Béatrix de Béziers*, sa femme, et que, comme on l'a déjà vu, la femme de Bernard ne s'appelait point Béatrix. Mais dans le texte d'Esquerrier, il n'est nullement dit que Béatrix prit part à cette donation ; l'objection n'a donc plus de valeur. Quant à la date de 1095, que donne Esquerrier, elle est certainement erronée, puisque Bernard ne vivait plus à cette époque ; mais, comme dans l'acte de 1062, dont nous avons parlé plus haut, elle a pu être ajoutée après coup.

(3) *Garanou*, Ariège, arr. Foix, c^{ne} des Cabannes ; *Cos*, arr. et c^{ne} Foix. *Campredon*, commune de Bompas, cⁿ Tarascon-sur-Ariège, arr. Foix. *Cadirac*, hameau de la banlieue de Foix.

lo rey d'Anglaterra, lo comte Ramond de Tolosa et de Sant Gely, duc de Narbonna, Bernard, lo comte de Foix, Richemond, lo duc de Pulha, et l'autre son frayre, fil de Robert (1) Guiscard lo Normand, [que] la Pulha et Calabria conquestec, Arpin de Borgas, que aquela ciutat vendec à Phelip, lo rey, per anar outramar ab d'autres valens princes, que tants et merveilloses feits firen en la Terra Santa et prengueren Jerusalem et mantas autras ciutats et reys Sarrazis, que se fen (2) crestias. Et en l'an de Nostre Seignor Diu mil XCIX foc presa la ciutat de Jerusalem, et Godofre de Bouilhon foc elegit rey et regnec un an; et Baudoyn, son fray, regnec apres lu dex hoeit ans en Jerusalem.

Et aqueste bon comte Mossen Bernard moric en la Terra Santa l'an mil XCVI davan la ciutat de Damieta (3) et foc comte trenta dos ans.

LO SEGOND COMTE DE FOIX

Mossen Roger foc lo segond comte de Foix, fil de Mossen Bernard et de Madona Beatrix de Bezes, foc marit de Madona Arsenda (4) et foc feyt comte de Foix l'an mil XCVI, regnan lo premier

(1) Esquerrier a commis des erreurs en donnant l'énumération de ces seigneurs.

(2) A deux lignes d'intervalle, on trouve, pour la 3ᵉ personne du parfait défini de l'indicatif, *firen* et *fen*.

(3) Cette participation du comte Bernard à la première croisade est de pure invention ; Bernard, nous l'avons dit, était déjà mort en 1050 ; il semble même qu'il le fût en 1036 (D. Vaissète, t. IV, *note citée*, nº 18).

(4) On ne trouve nulle part que le comte Roger, qui fut Roger 1ᵉʳ de Foix, ait épousé une femme du nom d'Arsinde, ainsi que le dit Esquerrier. Le vrai nom de la femme de Roger 1ᵉʳ nous est donné par une lettre écrite vers 1060 par ce comte à Hugues, abbé de Cluny ; elle s'appelait Amica (D. Vaissète, t. V, nº CCXIV).

D'ailleurs Esquerrier a fait de telles confusions dans la chronologie des premiers comtes de Foix qu'il est presque impossible de s'y reconnaître et qu'il y a des endroits où l'on ne sait s'il parle de Roger 1ᵉʳ, de Roger II ou de Roger III. Trompé par ce nom de Roger, qui fut commun à ces trois princes, il a cru qu'il n'y avait eu entre Bernard, premier comte de Foix, et Roger-Bernard 1ᵉʳ, qui pour lui est le 4ᵉ comte, que deux comtes du nom de Roger. En réalité il y en eut trois. D. Vaissète, le premier, a établi d'une façon sûre la succession de ces premiers princes de la maison de Foix ; la voici brièvement résumée : 1º Bernard, comte vers 1012, mort avant 1050 et peut-être avant 1036 ; 2º Roger 1ᵉʳ, mort sans enfants avant 1067 ; 3º Pierre ou Pierre-Bernard, frère de Roger 1ᵉʳ, qui est resté inconnu d'Esquerrier ; 4º Roger II, fils de Pierre et neveu de Roger 1ᵉʳ ; ce Roger II était comte dès 1017 ; il

rey Phelip, rey de Fransa ; et foc notable cavalier, valen et ardit, conquestec Carcassonna et apres restituec lo comtat de Carcassonna à Madona Mengard, vescomtessa de Bezes, sa cosina germana, et à Bernard Ato son fil (1). Et fen pactes que, sy demoressan sens enfans de leyal matrimoni, Mossen Roger laissaria à Madona Mengard, sa cousina, vescomtessa de Bezes et à Bernard Ato, son fil, aprop sa mort, Foix, Fredelas qu'es jos lo castel de Pamias, Lordat, Castel Penent, lo castel de Du, lo castel de Mirapeys (2), et las honors que avia en lo comtat de Comenge et en Cozerans, exceptat so que ja era siu en lo pays de Carcasses, Arsens et Layrac, Fontia (3), ab lors terminis à la carta contenguts, que demoressan al dit Mossen Roger, per ne fa sas volentats ; aussy ben demores (4) lo vescomtat de Bezes à Mossen Roger, comte de Foix, ab lo comtat de Carcassonna. Asso foc feyt XX kalendas de may, l'an mil XCVII.

Aqueste Mossen Roger, comte de Foix, fec translatar lo cos de Mosseignor Sant Antony de Lezat et portec los osses en son mantel, el meteys, devan touta la processio ecclesiastiqual, al monastier de Lezat. Et apres, en l'an mil CXI, en la quarta feria de genier, fec

épousa Sicarde, puis Stéphanie. Roger II, qui vivait en 1111, ne semble être mort qu'entre 1121 et 1125 ; 5° Roger III, fils de Roger II et de Stéphanie, épousa Chimène et mourut entre 1145 et 1149 ; 6° Roger-Bernard 1ᵉʳ, fils de Roger III et de Chimène ; c'est celui qui pour Esquerrier fut le 4ᵉ comte.

(1) Ce qu'Esquerrier va raconter ici est vrai ; mais ce sont des évènements qui eurent lieu sous Roger II. Ce prince, au moment de partir pour la Terre Sainte, conclut en effet avec Ermengarde, vicomtesse de Béziers, sa cousine, et le vicomte Bernard-Aton, son fils, l'accord qu'Esquerrier analyse assez exactement (Cf. D. Vaissète, t. III, pp. 477-478). La date de l'acte a été quelque peu altérée par le chroniqueur ou peut-être par le copiste du manuscrit. Cet acte fut passé en 1095 (et non 1097), le 10 des calendes de mai (22 avril) ; la chronique donne le 20 des calendes, qui n'a jamais existé ; il faut voir là évidemment une erreur du copiste. Cet accord a été publié par D. Vaissète, t. V, c. 736 ; on en trouve une copie dans la collection Doat, vol. 165, fol. 240.

(2) *Frédélas* est l'ancien nom de Pamiers. *Lordat*, Ariège, arr. Foix, cⁿᵉ des Cabannes. *Dun*, arr. Pamiers, cⁿᵉ Mirepoix ; *Mirepoix*, ch. l. de cant. arr. de Pamiers.

(3) *Arzens-et-Corneille*, Aude, arr. Carcassonne, cⁿᵉ Montréal ; — *Alairac*. ibid. *Fontiès-d'Aude*, Aude, arr. Carcassonne, cⁿᵉ Capendu.

(4) Doat dit : *la comtesse mourant ;* alors il faudrait dans le texte suppléer ces mots : *la comtessa morien*, qui auraient été omis par le copiste ; il faudrait également ajouter *son fil*. Le texte, ainsi rétabli, serait : *aussy ben demoures, la comtessa morien et son fil, lo vescomtat*. C'est seulement à la suite de la disparition de ce fils que le comte de Foix doit recueillir l'héritage.

translatar lo cos de Sant Volzia, que repausava prop del castel de Foix (1); on foren Mossen Amiel, avesque de Tholosa, Mossen Ramon, avesque de Barbasta (2), Mossen Roger, comte de Foix, et tropes autres del pays, clercs et capellas et infinidas gens de longas terras et proensas, et ab gran gauch et ab gran gloria. Et, per la gracia et espiracio de Diu, agut coseilh, apres porten las reliquas ab gran gloria à la gleisa de Montgausy, on fec infinits miragles, entre altres, quand lo pausen à la peyra *bolthorar* (3), un home que era orb et contreict, passec dejos lo cos sant, crobec la besio et la sanitat del cos. Diverses autres orbs, paleficats et endemoniats croben la sanitat, cum plus à ple es contengut en la siua legenda. Et apres, à la nouvela basiliqua en la prop (4) la gleisa de Foix, que era fondada en la honor del glorios Sant Nazary, honorablemen foc repausat et colloquat. Et Mossen Roger et dona Arsenda, sa molher, donen à Sant Volzia la villa de Ganac (5) ab [certs] cazals (6) de Amplaing.

Et aguec un fil de Madona Arsenda, que se appelec Roger; et aqueste bon comte foc à la presa de la ciutat de Jérusalem (7), moric l'an mil CXI, et foc comte quinze ans.

---

(1) Cette translation ne nous est connue que par Esquerrier; elle eut lieu le mercredi 18 janvier 1111; cet évènement se rapporte encore à Roger II. Ce passage de la chronique a été publié par La Coudre, *Vie de Saint Volusien*, pp. 109-110. Cf. aussi D. Vaissète, t. III, p. 595.

(2) Amélius du Puy, évêque de Toulouse et Raimond, évêque de Balbastro en Aragon (Voir sur ce dernier, D. Vaissète, t. III, p. 597).

(3) *Bolthorar*, mot incompréhensible; il y a sans doute une erreur de transcription; Doat traduit: pierre de l'autel; en ce cas il faudrait *del autar*. D'après La Coudre, ce serait le nom d'une pierre où l'on plaça la châsse du saint. Cette opinion est au moins bizarre.

(4) Sens obscur; Doat traduit: en la prochaine église de Foix.

(5) *Ganac*, arr. et canton de Foix.

(6) Dans le manuscrit, on lit *sobs*, qui n'a pas de sens; nous proposons *certs* d'après Doat qui traduit: *avec certains jardins*.

(7) Il s'agit encore ici de Roger II, qui prit part en effet à la première croisade, mais il ne mourut pas en 1111, ainsi que nous l'avons dit plus haut, mais entre 1121 et 1125.

LO TERS COMTE DE FOIX

Mossen Roger, fil de Mossen Roger et de Madona Arsenda, foc lo ters comte de Foix et foc marit de Madona Estifana (1). Et foc feyt comte de Foix l'an mil CXI, regnan Pascal papa, et Loys, rey de Fransa, et foc seignor de las marcas de la bassa Proensa (2). Et foc tres que (3) valen en armas et tropas causas conquestec en sa vida. Aquel an fec lo pariatge ab l'abbat de Sant Antoni de Pamias, et l'abbat lu donec lo castel de Pamias à lu et als sieus (4). Et Mossen Roger donec al conven de Sant Antoni, per cascun an, à la festá del glorios sant, mietj muech (5) de net formen, un muech de bon vi et una vacca grassa et quatre porcs ou quatre sols. Et los canonges deven tenir lo castel del soleilh levan entro al soleilh colguat et lo deven rendre al comte de Foix ou à sos comes, liberalamen, cascun an. Et aussy ben Mossen Roger donec al dit conven la villa de Fredelas per los damnatges que sos ancestres, comtes de Foix et de Carcassonna, lor avian donats. Et aussy ben donec à sant Volzia de Foix alcuns cazals, que avia à Cos prop de Foix. Et aguec un fil de Madona Eyssemena, sa segonda molher, appelat Roger Bernard lo Gros (6).

Et, en l'an mil CXIIII (7), sant Bernard comensec l'ordre dels Cisteus

(1) Il semble qu'il s'agisse ici du même Roger, dont la seconde femme s'appelait bien Stéphanie ou Etiennette.

(2) C'est par sa femme Stéphanie que Roger II aurait été, d'après Marca, seigneur du pays des marches de la Basse Provence; aucun acte n'appuie cette opinion et on ne voit point dans la suite qu'aucun comte de Foix ait possédé quelques domaines en Provence.

(3) *Tres que*, plus que.

(4) Esquerrier analyse ici assez exactement le fameux acte de pariage conclu par Roger II avec l'abbaye de Saint-Antonin de Pamiers, en juin 1111. Sur cet acte, qui a été publié par D. Vaissète, t. V, cc. 818-821 et par Ourgaud, *Notice historique sur la ville et le pays de Pamiers* (Paris, 1865; in-8°). Preuves X, voir Lahondès, *Annales de Pamiers*, t. I, p. 51-52, et surtout E. de Rozière, *Le pariage de Pamiers*, dans la *Bibliothèque de l'Ecole des Chartes*, année 1871, p. 1 et suiv.

(5) *Muech*, muid, de *modium*, mesure pour les liquides et les grains. *Mietj muech*, demi-muid.

(6) Il s'agit ici de Roger III; c'est lui qui eut pour femme Chimène (*Eyssemena*), fille de Raimond-Bérenger III, comte de Barcelone (D. Vaissète, t. III, p. 648). On a là un exemple bien frappant de ces confusions faites par Esquerrier, dont nous parlions plus haut. Roger III et Chimène eurent bien pour fils Roger-Bernard I".

(7) Cette date est inexacte; l'ordre de Cîteaux fut fondé en 1098 par Robert, abbé de Molesme et ne fut réformé que bien plus tard, dans la seconde moitié du XII° siècle, par Saint Bernard.

et, en l'an mil CXXI,(1) un sant homme appelat Robert fondec l'ordre de la cavalaria dels Templiers à Paris, que pueix fen tantas malas obras.

Aquest Mossen Roger moric l'an mil CXLIV (2), et foc comte XXXIII ans.

LO QUART COMTE DE FOIX

Mossen Roger Bernard lo Gros foc fil de Mossen Roger et de Madona Eyssemena et foc feyt comte l'an mil CXLIIII (3), regnan lo septe Loys, rey de Fransa, dit lo Menut; et foc marit de Madona Cecila, filha de Mossen Ramon Trinquabel (4), vescomte de Bezes, ab cosseilh de Mossen Ramon, comte de Barsalona, son cosy, et li donec en dot MC sols (5) de Molgares (6) et mes lo castel de Santa Gavela (7), lo castel de Montaut et mes lo castel de Borbonna ab la seignoria de Auzapans entro à (8) l'Arieja, ab carta publiqua, et asso en l'an mil CLI.

Et foc valen cavalier en armas, ardit et pros, et tenia son pays en pax et concordia, que negun no li volia ostar res del sieu. Et, en l'an

---

(1) C'est en 1118 que fut fondé l'ordre du Temple et non en 1121.

(2) Roger III ne mourut pas en 1144, comme le dit Esquerrier et après lui Marca (p. 720). Il vivait encore en novembre 1145, car il restitua à cette date à l'abbaye de Saint-Volusien plusieurs droits dont il s'était emparé (D. Vaissète, t. V, c. 1082). On n'a pas de preuves qu'il soit mort avant 1149.

(3) On vient de voir que cette date est inexacte.

(4) Trencavel.

(5) Dans Doat au lieu de 1 100, on trouve 11 000 sous.

(6) Cet acte nous a été conservé dans *Marca Hispanica*, col. 1311, et permet d'éclaircir ce qu'a d'obscur le texte d'Esquerrier. Par acte du 11 juillet 1151, Roger-Bernard, comte de Foix, en épousant Cécile, fille de Raimond-Trencavel, vicomte de Béziers, lui donna, de l'avis du comte de Barcelone, son oncle (et non son cousin), la jouissance de ce qu'il possédait dans le comté de Carcassonne. Deux jours après fut passé le contrat de mariage par lequel Raimond-Trencavel donna en dot à sa fille 10 000 sous de Melgueil, les châteaux de Cintegabelle et Montaut, la part qu'il avait au bois de Boulbonne et tout le domaine qu'il possédait depuis la colline d'Alsapans jusqu'à l'Ariège *(de colle de Alsapans usque Arigiam)*. Cf. D. Vaissète, t. III, p. 784-785.

(7) *Cintegabelle*, Hte-Garonne, arr. Muret. *Montaut*, c^{ne} de Saverdun, Ariège.

(8) Dans le manuscrit, on lit : *ab la seignoria de Auzac Parpentir à l'Ariège*. Parpentir n'a pas de sens; il y a eu erreur de la part du copiste qui, ne comprenant pas le sens a coupé Auzapans, pour en faire un nom de seigneurie avec la première partie *(auza)* et pour réunir la seconde partie *(pans)* à *entro* d'où est résulté *Parpentir*. Nous n'hésitons pas à rétablir le texte, conformément à l'acte cité par D. Vaissète : *de colle de Alsapans usque Arigiam*.

mil CXLIIII (1) avia donat al glorios Sant Volzia la villa de Bebre (2) et certas rendas en aquela, Aspira, La Voix, lo castel de Perlas, la maytat de la leuda del pont de Foix, — so era en lo temps que lo pont se ediffiquec, — regnan Loys, rey de Fransa. Et pueix ly donec la maytat dels forns de Foix, ab pactes que fossan tenguts de alenhar (3) à communs despens, et aussy ben que, si se fasian molis del pont de Foix entro à Ganac (4), que fossan communs, et, sy del pont d'Arieja entro al pont d'Arget (5) se fasian molis, que aquels sian de Sant Volsia. Et plus li donec los delmes de Cadarcet et de Baulou (6) entro à la Font comtal, lo castel dels Esties et Serras, lo delme et las premissias de Serras et de La Barra, lo castel de La Barra de mietj riu Alsas entro al fluvi d'Arieja, et la villa de Savignac (7).

(1) Marca (p. 720) s'appuie sur la date de cet acte pour établir que Roger-Bernard était comte dès 1144; cette opinion ne peut se soutenir. Pour nous, deux hypothèses sont possibles: ou bien la date de 1144 donnée par Esquerrier à cet acte, que nous ne connaîtrions que par lui, est fausse ; ou bien il faut reconnaître ici un acte réellement passé en 1144, et qui nous a été conservé par D. Vaissète (t. V, c. 1082), mais qui émane de Roger III et non de Roger-Bernard, son fils; on retrouve dans cet acte certaines des dispositions qu'analyse le chroniqueur, notamment la donation à l'abbé de Saint-Volusien des localités d'*Aspira*, de Perles et de *Vèbre* (appelé *Barbre* dans le diplôme).

(2) *Vèbre*, Ariège, arr. Foix, c⁵⁵ les Cabannes. Nous n'avons pu identifier la localité, qu'Esquerrier appelle *La Voix*; ce nom a dû être défiguré par le copiste. Quant à *Aspira*, il nous paraît difficile d'admettre qu'il s'agisse ici d'*Aspiran*, Hérault, arr. Lodève, c⁵⁵ Clermont.

(3) *Alenhar*, fournir du bois.

(4) Dans ce passage le manuscrit porte bien *Ganac*; ne faudrait-il pas plutôt lire *Gariac* ? En effet, du pont de Foix à Ganac, village situé sur une hauteur, il n'y a pas de cours d'eau, où l'on puisse établir des moulins. Au contraire du pont de Foix à l'embouchure d'un ruisseau, nommé ruisseau de *Gariac*, qui se jette en amont dans l'Ariège, c'est-à-dire dans la traversée de la ville par cette rivière, les emplacements pour les moulins ne font pas défaut. Aussi nous croyons qu'il faut *Gariac* et non *Ganac*.

(5) Autrefois il y avait entre le pont de l'Ariège et l'embouchure de l'Arget, son affluent d'aval, un moulin appartenant à l'abbaye de Saint-Volusien, qu'on appelait : *le moli espalhat*.

(6) *Cadarcet*, Ariège, arr. Foix, c⁵⁵ La Bastide-de-Sérou. *Baulou*, arr. et c⁵⁵ Foix. On n'a pu identifier *lo castel dels Estiés et la Font Comtal*. *Serres*, arr. et c⁵⁵ de Foix. *La Barre*, paroisse dans la commune de Foix, à deux kilomètres en aval sur l'Ariège ; c'est là que se trouve le défilé du Pas de La Barre, qui servait de limite entre le haut et le bas Comté.

(7) On n'a pu identifier lo ruisseau d'*Alsas*. *Savignac*, Ariège, arr. Foix, c⁵⁵ Ax-les-Thermes.

Et demoro de lu un fil Mossen Ramon Roger. Mossen Roger Bernard moric l'an MCLXXXVIII (1) et foc comte XLIII ans.

LO QUINT COMTE DE FOIX

Mossen Ramond Roger foc fil de Mossen Roger Bernard et de Madona Cecila, foc marit de Madona Phelipa (2) et foc feyt comte l'an mil CLXXXVIII, regnan Phelip Auguste, que conquestec Normandia. Et deserec anar en la Santa Terra de Jerusalem contra los Turcs et Sarrazis al secors de Mossen Guy, rey de Jerusalem, et dels Templiers et avesques et menut poble, que eran assietats en Jerusalem per Saladin, soldan de Babilonia et de Damas. Et apres foc presa la ciutat de Jerusalem, leu apres que per Godofre de Bouilhon era estada presa, que avia demorat en poder dels Crestias LXXXIX ans; et foc presa per lo soldan; s'en portec la veraya crox et s'en menec pres lo rey Guy et gran pople crestia. Et per so Mossen Ramond Roger no poguec complir son voyatge et bouna volontat. Et, en l'an mil CXCI, lo rey Henric d'Anglaterra avia convengut ab lo rey Phelip de Fransa de anar secorir la Terra Santa (3) ab lu, et amidos (4) y devian estre. Lo rey Henric s'en passec premier et prenguec Chipre et tout l'emperi; lo rey de Fransa passec apres, jasia que (5) avia attendut lo rey Angles ab sa nobla armada, entre losquals foc Mossen Ramond Roger, comte de Foix, ab autres princes à la companhia del rey de Fransa. Et prengon la ciutat de Acra per forsa d'armas. Et per so que lo rey Henric d'Anglaterra no y era estat, comensec la maluransa et

---

(1) Roger-Bernard II mourut en 1188, au mois de novembre, ainsi que le prouve un acte de son successeur, Raimond-Roger, en faveur de l'abbaye de Boulbonne où Roger-Bernard fut inhumé (D. Vaissète, t. VIII, cc. 391-392.)

(2) Le mariage de Raimond-Roger avec Philippe ne nous est connu que par Esquerrier; Olhagaray, *Histoire des comtes de Foix*, dit sans preuve que Philippe était issue de la maison de Moncade en Catalogne (Voir à ce sujet Marca, p. 753, D. Vaissète, t. VI, p. 127).

(3) Le roi d'Angleterre (qui ne s'appelait point Henri, comme dit Esquerrier, mais Richard-Cœur-de-Lion), et Philippe-Auguste avaient convenu de la croisade dès 1190; Philippe-Auguste demanda au comte de Foix son concours au mois de mai de cette année (Marca, liv. VIII, ch. 13).

(4) *Amidos*, tous deux. En catalan, on trouve *abdos* et, dans les anciens textes, *ambs* ou *ams* (V. Raynouard, *lexique Roman*, t. II, p. 70.)

(5) *Jasia que*, bien que.

s'en tornec, et lo emperador de Roma lo prenguec et lo tenguec presonnier un an et ne eyxic ab gran finansa (1). Et d'aqui en fora s'en anec mettre lo seti à Limoges et foc ferit de un cayrel à l'eilh et moric.

Et en l'an mil CCVIII, *quinto Idus* de Genier, conquestec Mossen Ramon Roger la terra de Donaza per donacio que li foc feyta per lo rey En Peyre d'Arago. (2).

Et en l'an mil CXCIX Mossen Bernard, comte de Comenges, reconeguec à Mossen Ramond Roger que tout so que tenia en Volvestre, homes et fennas, tot ac tenia del comte de Foix et de sa ma et lyn fec homatge et reconeguec que, qui que sia comte de Comenges, deu esse home del comte de Foix per ladita terra de Volvestre, recebuda en lo mes de jul lodit an (3).

Et en l'an mil CCIX (4) comensec la iretgia à Paris per certans clercs, mestres en teologia, contra la fe, que sustenian que los angels et Diu eran tota una causa. La iretgia foc semenada per lo realme et autras parts, don lo rey fec cremar sieix mestres en teologia, que l'avian comensada. Ab lo coseilh del papa et del rey, commissio foc dada sus lo pays de Lengadoc à sant Guilhem, avesque de Bourges, et à sant Doumenge, que comensec l'ordre dels Predicadors (5).

---

(1) Richard-Cœur-de-Lion fut pris à Vienne en Autriche par le duc Léopold en décembre 1192 et livré par lui à l'empereur Henri VII, son ennemi. La traduction française de Doat rend les mots *ab gran finansa*: *avec grande ruse et finesse*. Mais il vaut mieux comprendre : *moyennant une forte rançon*, ce qui est plus conforme à l'histoire ; Richard-Cœur-de-Lion dut payer 250 000 marcs d'argent pour sortir de prison.

(2) Nous n'avons point retrouvé le texte de l'acte du 5 des ides de janvier 1208, dont parle Esquerrier ; mais nous avons tout lieu de croire que cette date est exacte. C'est bien en janvier 1208 que Pierre II, roi d'Aragon, confisqua sur Bernard d'Alion, son vassal rebelle, le Donesan ; le Capcir et le vicomté d'Evols, et les donna à Raimond-Roger (D. Vaissète, t. VI, p. 563 ; Marca, p. 726).

(3) Le texte de l'acte dont il est ici question nous échappe aussi ; D. Vaissète (t. VI, p. 563) parle seulement d'un différend survenu entre les comtes de Foix et de Comminges et rappelle que, dans son testament, Raimond-Roger parle du pays de Volvestre que le comte de Comminges tenait de lui en fief (cf. aussi Marca, p. 726.)

(4) Dans Doat : 1219.

(5) Saint Guillaume, archevêque de Bourges, et saint Dominique.

Lo comte de Foix (1) conquestec Bezes et Carcassonna et auciguec Mossen Ramon Trenquabeilh, comte de Carcassonna, à la gleisa de Bezes et subjuguec las gens de Bezes et de Carcassonna (2) et las fec venir en camisas davan lu. Et apres, en l'an mil CCX (3), lo rey et lo papa donen la conquesta contra los iretges al comte Simon de Montfort, cum auzirets plus à pla avan, que tant longamen durec la guerra. Et en l'an mil CCXXII, la feria segonda de Mars, Mossen Pey Roger ab Isarn, son fils, seignor de Mirapeys, redec lo castel de Mirapeys al comte de Foix et ly fec l'homenatge accostumat per lodit castel de Mirapeys. En lo sety del dit castel, lo comte de Foix prenguec la malautia de que moric (4).

Aqueste seignor Mossen Ramond Roger aguec un fil, Mossen Roger Bernat lo Gran, et una filha appelada Madona Esclarmonda, que foc molher (5) del rey de Malhorca et, ab dot de CL[M] sos de Molgares (6)

(1) Ces mots ont été rétablis d'après Doat.

(2) Il semble bien qu'il y ait eu ici soit une altération du texte, soit une étrange confusion de la part du chròniqueur. Esquerrier veut évidemment parler de l'assassinat de Raimond Trencavel, vicomte de Béziers et de Carcassonne, qui fut tué dans la cathédrale de Béziers en 1167 par ses propres sujets (D. Vaissète, t. VI, pp. 28-29) ; et d'autre part il paraît qu'il fait allusion à la reprise de la ville et de la vicomté de Béziers par Raimond-Roger, comte de Foix, au nom de son pupille le jeune vicomte Trencavel, sur Amauri de Montfort, événement de l'année 1220 (*ibid.* p. 537). En tout cas, il n'y eut point de Trencavel tué par un comte de Foix.

(3) Dans Doat : 1220.

(4) Esquerrier a certainement vu l'acte dont il s'agit ici et qui est daté du lundi de la dernière semaine du mois de Mars 1222 (1223, n. st.) ; mais il a dû mal l'interpréter (cf. D. Vaissète, t. VIII, cc. 767-768). Il est peu probable que Raimond-Roger ait reconquis le château de Mirepoix sur ses anciens seigneurs ; il est plus vraisemblable de penser qu'il assiégea cette place sur Gui de Lévis, à qui Simon de Montfort l'avait donnée et qu'après l'avoir prise il la rendit à Pierre-Roger de Mirepoix, à Ysarn, son frère, à Loup de Foix et aux autres chevaliers qui en possédaient la seigneurie avant la croisade et qui lui en firent alors hommage, comme en témoigne l'acte auquel le chroniqueur fait allusion (D. Vaissète, t. VI, p. 563).

Mirepoix, Ariège, arr. Pamiers, ch. l. c"".

(5) Esquerrier commet une confusion au sujet d'Esclarmonde. Raymond-Roger eut bien une fille de ce nom, mais son frère Roger-Bernard lui fit épouser en janvier 1235 Bernard d'Alion, seigneur de Son et Quérigut (D. Vaissète, t. VIII; c. 959). Le chroniqueur a confondu avec Esclarmonde, quatrième fille de Roger IV, qui épousa Jacques, infant d'Aragon, lequel fut depuis roi de Majorque ; Roger IV donna à sa fille 40 000 sous Melgoriens de dot (D. Vaissète, t. VI, p. 888).

(6) Nous rétablissons le chiffre d'après Doat.

et maridada per Mossen Roger Bernat lo Gran, son fraire, l'an mil CLXXVII. Lo rey d'Arago al comte de Foix, son dilect nebot, per amor et copulacio de la parentelha, que era entre els, et per los servicis que feyts li avia, li donec et ratifiquec totas aquelas convenensas que, lo rey En Peyre li avia feytas de la donacio del vescomtat de Narbonna, et li autrejec aissy meteys lo pays de Fenolas et Peyra Pertusa et Pertuses, ab condicio que, si moria sens enfans, que tornes al rey d'Arago (1).

Et Mossen Ramond Roger moric l'an MCCXXIII (2) et foc comte trenta-cinq ans.

LO SIEZE COMTE DE FOIX, VESCOMTE DE CASTELBO

Mossen Roger Bernat lo Gran foc fil de Mossen Ramond Roger et de dona Phelippa, foc marit de Madona Brunissen de Castelbo (3) et foc feyt comte l'an MCCXXIII et vescomte de Castelbo. Et foc valen cavalier et en armas valeros, et era del homenatge del comte Ramond de Tolosa per lo Comtat de Foix; losquals se avian promes et convengut de se adjudar et secorer et de no fer pax la un sans l'autre ab la Gleisa ne ab lo rey de Fransa, per la iretgia que tenian, que dessus es dita (4). Et apres per lo papa Innocen et per lo rey de Fransa foc dada la conquesta al comte Simon de Montfort, que conquestec lo comtat de Tolosa et Albeges, Comenges, Foix, Carcasses, Bederies (5). Lo darrier foc assietat al castel de Muret per lo rey En Peyre d'Arago, los comtes de Tolosa, de Foix, de Comenges et de Palhas, en l'an MCCXII. Et

---

(1) La donation du pays de Fenouillèdes et du château et terre de Pierre-Pertuse fut passée, en juin 1193, à Huesca entre Raymond-Roger et Alfonse II, roi d'Aragon, qui confirma les conventions que le vicomte Pierre de Lara, vicomte de Narbonne, avait passées avec le comte de Foix (D. Vaissète, t. VI, p. 150, t. VIII, CC, 425-426.) Le pays de Fenouillèdes a formé la partie Nord du département des Pyrénées-Orientales et le Pierre-Pertusais a compris le Sud du département de l'Aude.

(2) Sur la date de la mort de Raymond-Roger, cf. D. Vaissète, t. VII, note XXIII, n. 1, pp. 67-68. Le testament de Raymond-Roger est du 14 mai 1222 (Marca, l. VIII, ch. 20 n.7).

(3) La première femme de Roger-Bernard II s'appelait, non pas Brunissinde, mais Ermessinde, fille d'Arnaud, vicomtesse de Castelbon et de Cerdagne; le contrat avait été signé le 10 janvier 1202 (Marca, p. 725 sqq; D. Vaissète, t. VII, p. 198).

(4) Il faut sans doute voir ici une allusion à l'alliance conclue, le 30 septembre 1226, entre Roger-Bernard II et Raymond VII, comte de Toulouse (D. Vaissète, t. VI, p. 615).

(5) *Bederies, Biterrois*, pays de Béziers.

foren C mil combatans contra lo comte de Montfort et, ab mil combatans, los escoffic touts et auciguec lo rey En Peyre d'Arago et lo traynec à la coa de son cabailh entro la punta de Garona et de Arieja (1); et foc gran la mort dels iretges. Lo comte de Tolosa et lo comte de Foix s'en fugin ; et lo comte de Monfort abatec las muralhas et fortalesas de Tolosa, et fec gran destruccio en las fortalesas del Comtat de Foix et cremec tout lo borg de Foix. Mossen Roger Bernat se deffendec dins lo castel de Foix que jamais lo comte de Montfort no y a pogut fer dampnatges. Avans lo comte de Foix li auciguec son fraire et dos cavalhers pres de Varilhas, dementre que abatian la fortalesa de Mengos, que era al Pech darrer Mongauzy (2), et apres li anec aussi grans gens costa Lesinha en Narbones (3) et se retrejaguec à Lordat. Et apres lo comte de Montfort, ab lo restan de sa gent, s'en tornec en Fransa ; et li foc confermada la conquesta per lo papa et per lo rey, et apres no tardec gayre à morir.

Lo rey Sant Loys demorec heritier et venguec à Tolosa, y tenguec lo seti et aguec per gran afam, et apres conquestec Marmanda et tout lo pays entro Avigno, et tout Avigno taves, et Proensa, que aussi ben eran iretges, et derroguec las muralhas d'Avigno ; et tornen à la obe-

---

(1) Esquerrier place à tort le siège et la bataille de Muret comme ayant eu lieu sous Roger-Bernard II ; ils eurent lieu sous son prédécesseur Raymond-Roger. Muret avait été pris par Simon de Montfort en 1212. Raymond VI, comte de Toulouse et Pierre II, roi d'Aragon, l'assiégèrent en 1213, avec les comtes de Foix et de Comminges et une armée composée de 2 000 chevaliers et de 40 000 hommes de pied. Le siège commença le 10 septembre et la bataille eut lieu le 12 ; le roi d'Aragon y fut tué, mais non point, comme le dit la chronique, traîné à la queue du cheval de Simon de Montfort (sur la bataille, cf. Dr Vaissète, t. VI, p. 421 à 429 et surtout t. VII, note XVII).

(2) Esquerrier veut peut être parler de la bataille de Montgey, localité du département du Tarn, qu'on a confondue avec Montgausy, près de Foix ; elle eut lieu en 1211 et se termina par la victoire du comte Raymond-Roger sur 6 000 croisés allemands. (D. Vaissète, t. VI, p. 351-355). Au-dessus de Montgauzy, il existe un hameau nommé *Mingou*.

Quant au meurtre du frère de Simon de Montfort et de deux chevaliers près de Varilhes par le comte de Foix, peut-être est-ce une allusion bien défigurée à une expédition de Simon de Montfort contre le château de Foix en 1210 : les habitants de Foix tuèrent à coups de pierres le chevalier qui le suivait (*ibid*, p. 326).

(3) Sur les courses en Narbonnais, que firent Raymond-Roger et son fils Roger-Bernard en 1212, cf. Pierre de Vaux-Cernay, ch. 64 ; D. Vaissète, VI, p. 396.

diensa del legat del papa(1). Et apres lo rey s'en tornec à Paris ab lo comte de Tolosa per l'accord del matrimoni de la filha del comte de Tolosa ab Alfonso, fray del rey. Et per aqui ez vengut la successio al rey del comtat de Tolosa et dugat de Narbonna.

Lo comte de Tolosa trametec sas lettras al comte de Foix que lo absolvia del sagramen del homenatge et que se fessa home del rey et fessan pax am la Gleisa (2). Et lo comte de Foix no si volguec accordar, avans lo rey li aguec à fer guerra. Et foc trames lo cardenal de Sant Angel, legat de part del papa et del rey de Fransa, per lo absolver et dispensar del sagramen et de toutas las malas feytas al loc de Sant Johan de Verges on foren, ab lo legat, Mossen Pey, archevesque de Narbonna, Folco, avesque de Tolosa, C. de Carcassonna, Guilhem de Tornacien (3), C. de Coserans, avesques, Bernat de la Grassa, P. de Borbona, Johan de Comalongua, Mossen Guilhem de Foix, abbats, Mossen Pey de Calames, vicegeren del cardinal de Sant Angel, Mossen Mathieu de Malhac, (4) vicegeren del rey Loys de Fransa, Mossen Guilhem de Levis, mareschal de Fransa, Lambert de Lator et tropes autres clercs et lays, adjustats à Sant Johan de Verges (5). Et aguda que aguec la absolucio del legat et sagelada de

(1) Il s'agit dans ce passage, non de saint Louis, mais de son père Louis VIII, fils aîné de Philippe-Auguste, qui, au printemps de 1219, n'étant encore que prince héritier, entreprit une expédition en Aquitaine et en Languedoc au secours d'Amauri de Montfort. Il prit Marmande, mit le siège devant Toulouse, mais dut le lever (cf. D. Vaissète, t. VI, p. 528 et suiv.). En 1226, Louis VIII, devenu roi, reprit son expédition dans le Midi. Esquerrier a confondu les deux campagnes en une seule. Le roi s'empara bien d'Avignon, qui capitula en septembre 1226 après trois mois de siège (D. Vaissète, t. VI, p. 610-611). Louis VIII mourut à Montpensier, le 8 novembre 1226, en revenant vers le Nord. Ce ne fut qu'après de nouvelles hostilités en Languedoc et au mois d'avril 1229 que la paix fut conclue entre saint Louis et le comte de Toulouse. (Voir l'analyse du traité, dans D. Vaissète, t. VI, p. 632 et suiv. et le texte, t. VIII, cc. 833 et suiv.). Un des articles de ce traité concernait, comme le dit Esquerrier, le mariage d'Alfonse de Poitiers avec la fille du comte de Toulouse.

(2) Voir dans D. Vaissète, t. VIII, cc. 903-904, la lettre par laquelle le comte de Toulouse exhorta Roger-Bernard II à faire la paix.

(3) Gautier, évêque de Tournay, et non Guillaume (Cf. D. Vaissète, t. VI p. 662.)

(4) *Pey de Calames* est Pierre de Colmieu et *Mathieu de Malhac* est Mathieu de Montmorency.

(5) Il fallut une manifestation menaçante, à main armée, du vice-légat Pierre de Colmieu et de Mathieu de Marly, lieutenant du Roi en Languedoc, pour obliger Roger-Bernard I à se soumettre. C'est le 16 juin 1229 que le comte fit sa soumission à Saint-Jean-de-Verges; Esquerrier a certainement vu cet acte de soumission qui est conservé au Trésor des Chartes, J. 306 et 332, et qui a été publié par D. Vaissète, t. VIII, cc. 903-906. L'énu-

touts los prelats(1), lo comte de Foix prometec de anar fer l'homenatge al rey et, per segura causa, metec à la ma del rey lo castel de Foix, lo castel de Montgailhard, (2) lo castel de Montreal, lo castel de Vicdessos, lo castel de Lordat. Et apres anec fer son homenatge, lo premier que foc feyt al rey de Fransa per lo comtat de Foix, à Molis, lo vingt noviesme (3) de septembre l'an MCCXXIX. Et lo rey li donec mil liuras de rendas perpetuals assetiadas en lo pays de Carcasses, so es en las villas de Arsens, Alairac, Preixa, Fontia (4) et en lo termini de la Valeta (5) entro à la valor de la dita renda, et la resta que se trobara et assignara en l'avesquat de Carcassonna, fora las villas de Carcassonna, del Mas, de Montreal, de Cabers (6) et de Saixac, ainsy que appar per las lettras reals ab cordas de seda roja et verda ab lo gran sagel vert en penden. Et apres aucun temps aquestas mil liuras foren per lo comte de Foix assignadas à sa sor, Madona Esclarmonda, regina de Malhorca, molher del rey En Jacmes. Et Mossen Simo Brisatesta, seneschal de Carcassonna, ac pres jus la ma del rey et n'a demorat pleyt à la cort de Parlamen à Paris.

mération qu'il donne des témoins est très exacte : c'étaient l'archevêque de Narbonne, les évêques de Tournay, de Couserans, de Toulouse, les abbés de la Grasse, de Boulbonne, de Foix, de Combelongue, Pierre de Colmieu, Mathieu de Marly, le maréchal de Lévis, Lambert de Turey.

(1) *Aguda que aguec la'absolucio,* tournure de phrase assez originale et constituant une idiotisme, mot à mot *obtenue qu'il eut l'absolution,* c'est-à-dire : une fois qu'il eût obtenu l'absolution.

(2) *Montgailhard,* Ariège, arr. et c⁰ⁿ de Foix. *Montréal,* château situé au-dessus de Vicdessos. *Vicdessos,* Ariège, chef-lieu, arrondissement de Foix.

(3) La soumission du comte de Foix au roi n'eut pas lieu à Moulins, comme semble le croire Esquerrier, mais à Melun *(Melodunum).* L'acte en a été publié par D. Vaissète t. VIII, cc. 906-909. Esquerrier donne le quantième du mois pour la date (29 septembre) ; l'acte, dont l'original scellé est aux Arch. nat. J. 332, porte simplement le mois et ne dit pas le jour.

(4) *Fontia,* il y a un *Fontiès* dans le canton de Capendu, arrondissement de Carcassonne (Aude).

(5) *La Valette,* Aude, arrondissement de Carcassonne.

(6) L'acte dit : « Et extra villam Carcassone et extra villas Limose, Montisregalis, Cabareti et Saxiaci ». *Limoux,* Aude, chef-lieu d'arr. *Montréal,* Aude, arr. de Limoux, chef-lieu de canton. *Cabaret,* Aude, arr. Carcassonne, c. Mas-Cabardès, commune de Lastours. *Saissac,* Aude, arr. Carcassonne, ch.-l. canton.

Lo comte de Foix perdec l'heritatge de Carcassonna et de Bezes et de las marcas de la bassa Proensa per causa de ladita iretgia, car lo comte de Montfort aguec la conquesta don lo rey a agut la successio, et aussy ben de las autras terras de Corcorbes (1) et aussy ben de l'homenatge que li fasia lo seignor de Mirapeys. Car Mossen Guilhem de Levis (2), mareschal de Fransa, conquestec aquela terra de Mirapeys, et lo rey se retenguec l'homenatge (3); et per so, al comte de Foix no demorec sinou lo comtat de Foix, loqual ab l'espasa avia deffendut, et per aquel fec l'homatge tant solamen al rey. Et apres, en l'an MCCXXX, donec Madona Esclarmonda, sa filha, al vescomte de Cardona (4), et donec Madona Cecila al comte d'Urgel (5) ab XXV mil sols Molgares. Et lo comte de Cardona donec Madona Brunissen à Roger, fil del comte de Foys.

Et, en l'an MCCXXXV, foc una granda famina per tout lo realme de Fransa, que gens manjavan las herbas per los camps cum las bestias.

Et en l'an MCCXXXIX sant Loys, rey de Fransa, fec portar de Constantinobla à Paris la corona de Jesus Christ.

Aqueste Mossen Roger Bernard moric l'an MCCXLI,(6) et foc comte dex hoeyt ans.

---

(1) *Corcorbes*, Chercorb ou Chercorbais pays, près de Limoux, dont Chalabre était le fief principal.

(2) A cette époque ce n'était pas Guillaume, mais Guy de Lévis.

(3) Saint Louis confirma, en 1229, à Gui de Lévis, la possession de tous les domaines qui lui avaient été donnés en fief par Simon de Montfort. Ces domaines comprenaient la plus grande partie du pays qui, en 1317, forma le diocèse de Mirepoix; et on les appela la *terre du Maréchal*. Ils avaient appartenu auparavant, médiatement ou immédiatement, aux comtes de Foix ou aux vicomtes de Béziers et de Carcassonne (D. Vaissète, t. VI, p. 656-657).

(4) Esclarmonde, fille de Roger-Bernard II, épousa en 1231 Raimond, fils du comte de Cardonne (D. Vaissète, t. VI, p. 732).

(5) D'Ermengarde de Narbonne, sa seconde femme, Roger Bernard II eut Cécile qui, comme le dit Esquerrier, épousa en 1256 Alvaro, comte d'Urgel (*ibid*).

(6) Roger-Bernard II vivait encore le 20 mai 1241 (D. Vaissète, t. VIII, c. 1061) ; il fit son testament trois jours après et dut mourir le 4 des kalendes de juin et non le 4 des kal. de mai, comme le dit Guillaume de Puylaurens (cf. D. Vaissète, t. VIII, note 23, p. 69).

LO SEPTEN COMTE DE FOIX

Mossen Roger foc fil de Mossen Roger Bernard lo Gran et de Madona Brunissen de Castelbo et foc marit de Madona Brunissen de Cardonna. Et foc seyt comte l'an MCCXLI et foc noble cavalier et valen et, lo meteys an, fec lo pariatge ab l'abbat de Lezat, ab l'abbat del Mas, ab l'abbat de Combalonga et ab l'abbat de Borbona.

En l'an MCCXLVIII, exilec de son pays Mossen Guilhem d'Arnava, cavalier, cum fals et malvat et desobeissen. Et, en l'an MCCXLIX, lo darrier Mossen Ramond, comte de Tolosa, moric en Avigno, venen de Marseilha, per febres, et foc sevelit al monastier de Sant Ebordy (1) ab Madona Johanna, sa mayre, filha del rey de Anglaterra (2). Et succedec en lo comtat de Tolosa dona Johanna sa filha, que era molher de Mossen Alfonso, fraire del rey Sant Loys. Et, apres morta Madona Johanna, aissy cum lo comte Ramond avia ordenat, tornec [lodit comtat] et succedec à la casa real de Fransa. Laqual dona moric l'an MCCLXX. Et apres Phelip, fil del rey Sant Loys, intrec à Tolosa prendre la possessio l'an MCCLXXI (3).

Los comtes que son estats à Tolosa, lo premier foc Torsons, et lo premier appelat Ramond foc lo septe, (4) que foc comte l'an MXIII et moric l'an MXXXVII ; lo segon Ramond foc comte l'an MLX et foc, ab Godofre de Bouilhon, à la Terra Santa, et lo comte de Foix ab lu, et moric l'an MCI. Lo ters comte Ramond (5) et lo tretze foc comte l'an MCXVI et moric l'an MCXLIIII. Lo quart Ramond et lo quatorze foc comte l'an MCXCIIII et moric l'an MCCXXII et jats (6) à

---

(1) Doat écrit : Saint Ebrard ; il s'agit du monastère de Fontevrault qui servit de sépulture aux princes de la maison de Plantagenet.

(2) Raymond VII, comte de Toulouse, mourut à Millau en Rouergue, le 27 septembre 1249 (D. Vaissète, t. VI, p. 804). Il fut inhumé dans le chœur de l'abbaye de Fontevrault, auprès de Jeanne d'Angleterre, sa mère *(ibid.* p. 805).

(3) Alfonse de Poitiers, comte de Toulouse, mourut à Savone au retour de la croisade, le 21 août 1271, et sa femme Jeanne le mardi suivant *(ibid.* p. 928). Philippe III, le Hardi, recueillit la succession.

(4) C'est-à-dire : ce premier Raymond fut le septième comte de Toulouse.

(5) Les dates données par Doat ne concordent pas avec celles-ci.

(6) *Jats*, git, *(jacet.)*

Tolosa, escomenjat, à l'ordre de Sant Johan. Lo quint Ramond (1) et lo quinze es lo dernier comte que dessus ez feyta mencio (2).

Aqueste Mossen Roger Bernard desera[va] anar à la Santa Terra de Jerusalem contra los Turcs et Sarrasis. Et, en l'an MCCL, lo rey Sant Loys passec la mar ab sa potestat sus los Turcs et Sarrasis ; lo comte de Foix y passec ab sas gens (3). Et prengueren la ciutat de Damieta, et per la permissio de Diu, foren deviuves et s'en (4) torneren arrer los Sarrasis ab gran multitut et infinits de Turcs.

Lo cinquiesme jorn d'avril, lo rey foc pres et redut al soldan de Babilonia ab sos dos frays Alfonso de Poytou, et Carles, comte, que nulh nou escapec sinou lo legat del papa (5). Et apres los Sarrasis auciguen lo soldan appelat Mabec Escahudin (6) ; lo rey finec un gran pres d'aur, et los dits Sarrasis lo se parten, et lor redec Damieta et demorec en la Terra Santa cinq ans.

Apres se levec un poble que l'on appelava los Pastorels, so es en l'an MCCLI, ab lo capitani de Ongria, et fazian crezer à las gens que volian anar al secors de la Terra Santa. Et touts eran layros et murtriers, et quand intravan en las villas et castels, levavan las espasas et pigassas, que no era res que no los dobtes. Et se entremetian de absolver de touts pecats, de far et deffar los matrimonis et trops altres mals. Et touts los pastors que se podian trobar anavan en lor companha ; et, quand foren en gran nombre, fasian gran res de mals. Et la regina Blanqua, mayre del rey, mandec que touts fossan morts ; et aissi ac firen per tout lo realme de Fransa, que degun no escapec, et comensen à Borges, à Orlenx et à Tolosa.

---

(1) Doat modifie ainsi les dates pour Raymond III : fut comte l'an 1141, au lieu de 1116, et mourut l'an 1193 au lieu de 1144.

(2) La chronologie des comtes de Toulouse du nom de Raymond, donnée par Esquerrier, est pleine d'erreurs de dates (Voir D. Vaissète, t. II, note 87 et la note rectificative qui suit).

(3) Roger IV ne prit pas part à la croisade de 1249-1250.

(4) Doat traduit ainsi ce passage : « et par permission de Dieu grand nombre de Sarrazins et beaucoup de Turcs furent contraints à s'en retourner et retirer. »

(5) C'est le 6 avril 1250 et non le 5 que saint Louis, Alfonse de Poitiers et Charles d'Anjou furent faits prisonniers par les Sarrasins (Cf. Lenain de Tillemont, *Vie de saint Louis*, édit. de Gaulle, Paris, 1847-1851, 6 vol. in-8°, t. III, pp. 325-328).

(6) Doat donne à ce sultan le nom de *Malec-Chiahudin*. D'après l'*Art de vérifier les dates*, il s'appelait *Malek-el-Moadham-Turam-Schah*.

Aqueste seignor comte moric l'an MCCLV, quitat que foc dels Sarrazis (1). Et aguee un fil, Mossen Roger Bernard, et foc comte quatorze ans.

LO HOEITE COMTE DE FOIX

Mossen Roger Bernard foc lo hoeite comte de Foix et fil de Mossen Roger et de Madona Brunisen de Cardonna, foc marit de Madona Mengard de Narbonna (2), foc feyt comte l'an MCCLVI (3), et foc valen cavalier, pros et ardit et deseree anar contra los Sarrazis. Et, en l'an MCCLX, lo rey de Fransa avia feyt assemblar à Paris, al temps de Pasquas, baros, prelats, cavaliers de son realme, per so que lo papa lu avia escrit et mandat per so que los [Tartares] (4) à las partidas de la Terra Santa d'outra mar eran venguts per [secorer] los Sarrazis et avian soubmes Arminia, Antiocha, Othe (5), Triple (6), Damas, Alapa (7), et tropas autras terras, et que perilh era de la ciutat d'Acre cum à la Crestianitat. Per so lo rey ordenec que y anessan ab gran nombre arquiers, balestiers et gens d'armas, on foc lo comte de Foix ab d'autres seignors del realme per deffendre la ciutat

---

(1) Roger IV ne mourut pas en 1255, mais le 25 février 1265. (Voir la preuve de ce fait dans D. Vaissète, t. VII, note 23, c. 69).

(2) Esquerrier a fait encore ici une étrange confusion : il a cru qu'il y avait eu après Roger IV deux comtes du nom de Roger-Bernard ; il donne ici la biographie du premier, celle du second vient après la notice de Gaston de Béarn. En réalité, il n'y eut après Roger IV, et avant le premier Gaston de Foix, qu'un seul comte appelé Roger-Bernard : ce fut Roger-Bernard III, mari de Marguerite de Béarn, fils de Roger IV et père de Gaston Iᵉʳ. Ce qui, semble-t-il, a induit en erreur le chroniqueur, c'est qu'il a vu qu'un Roger-Bernard avait eu pour femme une Ermengarde de Narbonne et qu'un autre avait épousé Marguerite de Béarn ; il en a conclu que nécessairement il devait y avoir eu successivement deux princes de ce nom. Mais en réalité, le Roger-Bernard qui épousa Ermengarde, fille d'Aymeri IV de Narbonne, ce fut Roger-Bernard II, père de Roger IV, dont on a vu plus haut la biographie.

(3) Cette date est erronée, comme celle de la mort de Roger IV.

(4) Nous mettons, d'après Doat, *Tartares*, au lieu de *Cartaynis*, qui est dans le texte, mais qui n'a pas de sens.

(5) *Othe*, localité dont l'identification n'est pas possible, sans doute par suite d'une erreur de transcription.

(6) *Triple*, Tripoli de Syrie.

(7) *Alapa*, Alep.

d'Acre (1). Et Mossen Gaston de Bearn foc capitani de la artilharia del rey.

Aqueste Mossen Roger Bernard aguec doas filhas, la una, Madona Agnes, que foc molher de Mossen Esquivat, comte de Begorra (2), et l'autra Madona Phelippa (3), que foc molher de Mossen Arnaud d'Espagna, vescomte de Cozerans, en l'an MCCLVII (4); et loqual Mossen Arnaud d'Espagna metec en la ma del comte de Foix la villa et terra de Sant-Girons. Lo dit Mossen Arnaud al comte de Begorra la liurec seignoralamen, [que] la recevec en fiu de lu, cum [appar] per la lettra qu'es al quaisso de Bearn, en lo cartulary de Foix (5).

Aqueste seignor comte aguec un fil Mossen Roger Bernard et moric, vengut que foc de la Terra Santa l'an MCCLXII, (6) et foc comte sieys ans.

DE MOSSEN GASTON DE MONCADA, SEIGNOR DE BEARN.

En las canonigas de Fransa se liec que, l'an de Nostre Seignor Diu DCCXV, Carles Martel, rey de Fransa, payre del rey Pepi, en lo temps de papa Gregori, fec gran guerra contra los Sarrasis et mescrestias ab sos guerroyadors et valedors en lo pays de Guyana et de Gasconha, et lo conquestec. Et, per lo bon secors que feyt li avian, donec als guerroyadors los delmes, et als que eran de Berna en Alamanha donec la terra de Bearn ab los delmes que encara tenen ; et per so que era terra deserentabla (7), los fec de franc aloy per las valencias que feytas avian contra los Sarrasis (8).

(1) Roger-Bernard III n'alla point à la croisade, comme le prétend Esquerrier, pas plus que n'y était allé son père.
(2) Agnès, femme d'Esquivat, comte de Bigorre, était fille, non de Roger-Bernard III, mais de Roger IV ; elle épousa Esquivat de Bigorre en 1256 (D. Vaissète, t. VI, p. 887).
(3) Philippe était, comme Agnès, fille de Roger IV, et elle épousa Arnaud d'Espagne le 7 juin 1262 *(ibid.)*.
(4) 1256, d'après Doat.
(5) Esquivat, comte de Bigorre, confia à Roger IV, comte de Foix, en novembre 1257, la ville de Saint-Girons et le Nébouzan, jusqu'à ce qu'Arnaud d'Espagne, fils de Roger de Comminges, son vassal, à qui ce pays appartenait, eût atteint l'âge de vingt-cinq ans. (D. Vaissète, t. VI, p. 886 ; t. VIII, cc. 1428-1429)
(6) Tout ceci est inexact, comme il est facile de le conclure de ce que nous avons dit plus haut (p. 31 *note 2*).
(7) *Deserentabla*, Doat traduit par *déserte, inhabitée.*
(8) Voir la réfutation de cette origine fantaisiste des Béarnais, qui a été aussi adoptée par Bertrand Hélie et La Perrière, dans Marca, *Histoire de Béarn*, p. 50.

Et, per la natio don venian, foc impausat ad aquela terra per nom Bearn. Demoren sens seignor entro que anen cercar en Auvernha un cavalher, loqual auciguen per so que no los tenia en lors fors et costumas. Et apres anen cercar un cavalher en Begorra; loqual, [que] no los volguec tenir en lors fors et costumas, auciguen (1) ab un espiut sus lo pont de Ausseranh (2).

Se liec en las istorias de Carles Magnes que los Bearnes lo secoren al seti de Narbonna contra lo rey Matran de Narbonna et contra lo rey Borreilh, son cunhat, ab los Gascos, que entre touts foren septanta mil combatans, en tal partit que lo payre no excusava lo fil, ny lo fil lo payre. Fen com bons et verays crestias, se adjusten ab los Gascos, fen valentas armas et prenguen la ciutat de Narbonna ab los autres de la companhia de Carles Magnes (3).

Et apres per so que no avian trobat seignor que los volguec tenir en lors fors et costumas, demoren sens degun seignor long temps, et apres aguen coseilh entre lor que era razo que aguessan seignor. Van trametre de notables homes que anessan en Catalonha requerir Mossen Guilhem, seignor de Moncada, que lor dones un de sos fils per seignor. Et ayssi ac fen ; lo seignor de Moncada lor donec liesta de dos fils, que avia en un lieyt que dormian, que causissan de aquel lor plaguera. Troben los endormits, la un tenia la ma uberta et lo autre la ma clausa ; van elegir per seignor Gaston que tenia la ma uberta, et aquel s'en menen et lo noyrin à lor plaser. Et los tenguec en los fors et costumas (4).

(1) Doat traduit que les gens le tuèrent en le poussant, ce qui est une erreur.
(2) *Osserain-Rivareyte*, Basses-Pyrénées, arrondissement de Mauléon, canton de Saint-Palais.
(3) Cette prétendue participation des Béarnais au siège de Narbonne est tirée du roman de *Philomena*, dont nous avons déjà parlé. V. p. 7, *n*. 7, p. 8, *n*. 4, p. 9, *n*. 1.
(4) Tout ce récit, de même que les quelques lignes de la page précédente où il est question du meurtre par les Béarnais de deux seigneurs, l'un d'Auvergne, l'autre de Bigorre, est tiré du prologue des *Fors* de Béarn (cf. édit. Mazure et Hatoulet, Pau, in-4°, p. 1-2). Seulement, ainsi que le remarque Marca (p. 484), notre chroniqueur trompé par l'absence de dates, rapporte les désordres qui eurent lieu en Béarn, à l'époque qui précède immédiatement Gaston de Béarn, père de Marguerite, épouse de Roger-Bernard III de Foix. Il fait de ce Gaston le premier seigneur de Béarn, supposant qu'il fut choisi dans la maison de Moncada pour régner en Béarn. En réalité, ce Gaston fut le 14e seigneur de Béarn

Et apres aucun temps, so es, l'an MCCXXIX, lo rey En Jacmes de Arago fasia guerra contra Malhorca, et Mossen Guilhem (2) de Moncada et son fil foren morts à lo assaut de la ciutat de Malhorca, et Mossen Gaston, seignor de Bearn, demorec heritier de Moncada, Vic de Alzona, Martorcilh, Castel Vieilh de Roanes (3), et autras seignorias aqui appartenens, et del pays de Bearn. Aguec per molher Madona Matha, filha de Mossen Esquivat, comte de Begorra, et de Madona Agnes de Foix.

Lodit Mossen Gaston aguec de Madona Matha, sa molher, laqual era filha, cum es ja dit, de Mossen Esquivat, comte de Begorra, et de Madona Agnes de Foix, so es, doas filhas: la una foc molher del comte de Armanhac, et la autra del comte de Foix (4).

En l'an mil CCLX, Mossen Gaston passec en la Santa Terra de Jerusalem contra los iretges et Sarrasis ab la assemblada que foc feyta à Paris, et foc capitany major de la gran artilharia del rey de Fransa (5). Et mort Mossen Esquivat, comte de Begorra, Madona Matha, sa filha, molher de Mossen Gaston, demorec heritiera del comtat de Begorra et del vescomtat de Marsa, pacifiqu[amen] ab Mossen

---

et le 4° de la race de Moncade. Les événements, quelque peu légendaires, racontés d'après le for par Esquerrier, eurent lieu entre 1170 et 1173, après que la vicomtesse de Béarn, Marie, eut fait hommage à Alfonse II, roi d'Aragon, pour sa terre de Béarn (cf. Cadier, *les Etats de Béarn*, Paris, 1888, in-8°, p. 46). En 1173, après l'apaisement des troubles dont parle le for, les Béarnais reconnurent pour seigneur le fils de la vicomtesse Marie, laquelle avait épousé Guillaume de Moncade. Ce fils fut Gaston VII de Béarn, qui mourut en 1215 et eut pour successeur son frère Guillaume-Raymond de Moncade. Ce dernier, mort en 1223, fut remplacé par son fils Guillaume qui fut tué, en 1229, au siège de Majorque où il servait contre les Maures le roi Jaime d'Aragon. Esquerrier fait allusion à cet événement. A ce Guillaume succéda son fils Gaston VIII de Moncade; c'est celui qu'Esquerrier croit avoir été le premier vicomte de Béarn.

(2) Doat est plus complet et dit: «Le roi Jacques d'Aragon, ayant entrepris la guerre contre la cité de Maillorque, pria Messire Guillaume de Moncade et son fils de le venir secourir.»

(3) *Moncada*, part. jud. de la province de Barcelone. *Vich*, part. jud. de la province de Barcelone. *Martorell*, part. jud. de la province de Barcelone. *Castelvielh de Rosanès*, part. jud. de San-Féliu-de-Llobrégat, province de Barcelone.

(4) D'Amate de Bigorre, sa femme, Gaston VIII de Béarn eut non pas deux filles, comme le dit Esquerrier, mais quatre: Constance, Marguerite, Mathe et Guillelme. Mathe épousa le comte d'Armagnac et Marguerite, Roger-Bernard III, comte de Foix.

(5) Gaston VIII ne prit point part, comme il est dit ici, à la croisade de Saint Louis; Marca l'a suffisamment prouvé (p. 625-627).

Gaston, son marit (1). En l'an mil CCLXXXVI, Mossen Gaston fec guerra al rey de Navarra ; lo comte de Foix Roger Bernard, son gendre, ab sa poissansa, lo secorec et fec li sos accords ab lo rey de Navarra. Et per so, Mossen Gaston et Madona Matha fen heritiera Madona Margarida, comtessa de Foix, et Mossen Roger Bernard, son marit, comte de Foix, del pays de Bearn et de Begorra, de Marsa, de Moncada, de Vic de Alsona, de Martoreilh, de Castel Vieilh de Roanes, et de las autras seignorias aquy apartengudas (2), et asso ab coscilh et deliberatio dels tres estats de son pays de Bearn et de Begorra et de las autras seignorias, que avian Mossen Gaston et Madoña Matha; [per] las ditas terras [las] gens de aquelas fen l'homenatge al comte de Foix et à la comtessa. (3)

L'an mil CCLXXXVI, XV° *idus* de May, foc feyta la unio de Foix et de Bearn, et [Mossen Gaston et Madona Matha] (4) expelin et refusen lo comte et comtessa de Armanhac, car degun secors no li avian feyt ni donat (5); et per so lo comte Roger Bernard et Madona Margarida de Bearn demoren heritiers de las seignorias susditas.

Aqueste bon seignor Mossen Gaston, seignor de Bearn, moric la vesprada de Sant Marc Evangelista, l'an mil CCLXXXXI (6). Et apres

---

(1) Amate de Bigorre ne devint héritière de Bigorre qu'en 1283, après la mort du comte Esquivat, son cousin, et non son père. Voir Marca, p. 852.

(2) Esquerrier, — et après lui Bertrand Hélie (l. II, fol. 30 et suiv.) et Olhagaray (p. 207-211) — racontent ici toute une légende au sujet de la succession de Béarn dans la maison de Foix et des causes de la rivalité entre les maisons de Foix et d'Armagnac; l'origine de cette légende est le récit de Froissart (l. III, chap. XII).

(3) Dans notre manuscrit, l'écriture est illisible en ce passage; nous avons, d'après la traduction de Doat, rétabli entre crochets les mots nécessaires au sens.

(4) Nous mettons entre crochets le nom du vicomte et de la vicomtesse de Béarn, pour éviter toute confusion dans le sens de la phrase. Le comte et la comtesse d'Armagnac, qui sont le régime des verbes : *Expelin et refusen*, deviennent les sujets des verbes *avian feyt* et *donat*.

(5) C'est en 1289 et non en 1286 qu'eut lieu cette union. L'acte, auquel il est fait ici allusion et par lequel Gaston VIII transmit la vicomté de Béarn à sa fille Marguerite et à son mari, Roger-Bernard III, a été publié par Marca, p. 661-664. La date porte : *Actum fuit hoc apud Morlanum, quinto idus maii, anno Domini millesimo ducentesimo octogesimo nono*. Le 15 des ides, dont parle Esquerrier, n'existant pas, il ne faut voir ici qu'une erreur de copiste.

(6) La traduction française de Doat donne cette date : *1291*. En réalité, Gaston VIII de Béarn mourut le lendemain de la fête de saint Marc l'Evangéliste, c'est-à-dire, le 26 avril 1290 (cf. Marca, p. 678).

ausirets los bons secors, que lo comte de Foix li fec, et aussi ben los que lo seignor de Bearn fec al comte de Foix.

Lo seignor de Bearn las armas fasia, so es, un triden ab doas vaquas rotjas et un castel negre dejos significan *sable*, lo castel per Moncada, las vaquas per Bearn. (1)

L'an mil II°LII, foc feyt lo matrimoni entre Mossen Roger Bernard, comte de Foix, ab Madona Margarida, filha de Mossen Gaston, seignor de Bearn, ab voler de Madona Garsen, sa mayre, dona de Moncada, que lausec et approvec lodit matrimoni (2).

LO NOVE COMTE DE FOIX.

Mossen Roger Bernard, fil de Mossen Roger Bernard et de Madona Mengard de Narbonna, foc marit de Margarida, filha de Mossen Gaston de Bearn, laqual prenguec per molher l'an mil CCLII (3), et foc feyt comte l'an mil CCLXI. (4) Et apres, per la succession del heritatge de Bearn et de Begorra, lo comte de Armanhac se opposec per sa molher et comensec pleyt, et fec mettre lo comtat de Begorra en sequestra jus la ma del rey et aguera (5) lo pays de Bearn et las autras seignorias; mas no eran de aquela obediensa (6) et, per so,

---

(1) Le scribe a tracé un triangle sur le manuscrit. Doat traduit: «Ledit seigneur de Béarn print pour devise en ses armoiries un trident avec deux vaches rouges et un chasteau noir au-dessous, signifiant par le chasteau : Moncade, et par les vaches : Béarn. »

(2) L'acte de mariage de Marguerite de Béarn et de Roger-Bernard III est du 14 octobre 1252 ; l'original est aux Arch. des Basses-Pyrénées, E 397 ; copie dans la collection Doat, t. 171, fol. 101. La donation du Béarn par Gaston VIII à sa fille et à son gendre fut ratifiée par la Cour, et non par les Etats de Béarn, comme le dit plus haut Esquerrier (voir l'acte, Arch. des Basses-Pyrénées, E 292, original).

(3) La date du mariage de Roger-Bernard III avec Marguerite de Béarn est exacte ; c'est au mois d'octobre 1252 qu'il eut lieu (Marca, p. 774 ; D. Vaissète, t. VII, note 23, p. 70).

(4) Roger-Bernard III ne devint pas comte en 1261, mais en 1265 ; sur cette erreur, voir plus haut, p. 31, note.

(5) *Aguera* est une forme gasconne pour *aguessa*. Voir p. 8, note 1 : *Aguera meritat...* En cet endroit le sens est obscur. Le texte a dû être altéré ; il doit manquer des mots. Doat traduit : « Prétendant avoir le pays de Béarn ». Il faudrait alors : *Volen aver lo pays de Bearn* ou *disen qu'aguera lo pays de Bearn*.

(6) La Bigorre étant un fief de la Couronne de France, le comte d'Armagnac obtint de la faire mettre sous la main du roi ; il ne put en faire autant pour le Béarn, qui était indépendant de la France.

comensec la guerra que tant a durat (1). Et apres, en l'an mil dos cens septanta un, Mossen Phelip, rey de Fransa, fil del rey Sant Loys, al comensamen de son regne, fasia fer certas oppressios (2) et adjornemens personals contra lo comte de Foys per un seneschal de Tolosa, appelat Estachi de Beu Marchez, et asso à la persecutio de aucuns sos ennemics, alsquals lo comte de Foix no volguec obeir (3). Lo rey en persona, ab sa poissansa, et lo rey En Peyre d'Arago, son sogre, venguen à Tolosa ab intenta de invasir lo comtat de Foix. Mossen Gaston de Bearn y venguec al secors del comte de Foix. Lo rey de Fransa prenguec lo comtat de Foix jus sa ma ; lo comte de Foix et la comtessa se metten à sa mercy et foren menats en Fransa et detenguts

---

(1) Ce ne fut que bien plus tard que commencèrent les différends avec le comte d'Armagnac au sujet de la succession de Béarn ; car Gaston VIII de Béarn ne mourut que le 26 avril 1290.

(2) Le rapprochement entre *oppressios* et *adjornamens* rend le sens assez obscur en cet endroit ; il doit y avoir ici une lacune, si on s'en rapporte au manuscrit français 5104, où on lit cette phrase : « Le roy Phelippe, filz de Sainct Loys, faisoit faire maintes oppressions à cestuy comte Rogier de Foix par ung sénéchal de Tholose, nommé Eustace de Beaumarchés, pour ce que le comte ne voulloit obéyr à certains adjornemens personnels, qui lui avoient esté faictz au nom du roy ; ledit roy Phelippe se transporta à Tolose, deliberé de faire la guerre au comte » (f° 6 v°).

Dans la traduction de Doat, le mot *oppressios* a été omis et il n'est question que d'ajournemens.

(3) Le chroniqueur ne donne pas, d'une façon précise, le motif de l'expédition entreprise par Philippe-le-Hardi contre le comte de Foix. A la suite d'une querelle entre Géraud de Casaubon, seigneur de Sompuy, et Géraud V, comte d'Armagnac, au sujet de la mouvance du château de Sompuy, au diocèse d'Auch, pour lequel Géraud de Casaubon prétendait ne relever que du roi de France, Roger-Bernard III était intervenu en faveur de son beau-frère d'Armagnac et avait saccagé le château, objet du litige. Sur une injonction royale, le comte d'Armagnac se soumit, mais le comte de Foix persista dans son attitude de rebelle ; il osa même attaquer le sénéchal de Toulouse, Eustache de Beaumarchais, qui prit sa revanche en soumettant le Comté de Foix jusqu'au Pas-de-la-Barre. Le roi de France, résolu à faire un exemple, s'avança dans le Midi à la tête d'une forte armée, et malgré l'intercession du roi d'Aragon (Jaime et non Pierre, comme le dit Esquerrier) et celle de Gaston VIII de Béarn, le comte de Foix, assiégé dans sa capitale, fut pris et emmené garrotté à Carcassonne. (Sur cet épisode, voir Guillaume de Puylaurens, *Historiens de France*, t. XX, p. 775 ; Guillaume de Nangis, *ibid*, p. 490 ; et d'après ces chroniqueurs, D. Vaissète, t. IX, p. 12-17 ; Ch.-V. Langlois, *Le règne de Philippe-le-Hardi*, Paris, 1887, in-8°, p. 59 et suiv.) Ces évènements sont de l'année 1272.

jus lo arrest per aucun petit temps (1). Et apres, lo rey, à la supplicatio de la comtessa de Foix, sa cosina, perdonec lo comte de Foix de toutas quantas causas aquy aquel jorn (2), contengudas en las lettras reals contra lu ny sos officiers, et per las contumacias en que era estat pausat, que anes demorar dos ans en subsidi de la Terra Santa de outramar, et, per asso tenir, dones fermansas et mettes dos castels (losquals volgueron mes en lo comtat de Foix), en sa ma, — exceptat lo castel de Foix.

Et apres, à las pregarias de ladita comtessa, lo rey li remettec lo subsidi de la Terra Santa, sino que fos cas que el meteys y agues anar et passar, et, de torn en torn, l'absolvec et abolic (3).

Estan lo comtat en la ma del rey foc limitat per los seneschals de Tolosa et de Carcassonna, et los terminis designats en lo estrumen, tant cum lodit comtat de Foix se esten, ainsi cum plus à ple avans se expliquara et ausirets declarar (4).

En l'an mil II^eXCIII, lo comte de Armanhac (5), contra lo comte de Foix Roger Bernard, loqual avia appelat de trahision, à Gisor (6), environ la Pentecosta, davant lo rey Phelip de Fransa et los baros, foc constreit à combatre encontra lodit comte de Foix, en camp, sol à sol. Mas, à las pregarias del comte Robert de Artoys, la bestriga et

---

(1) Ce fut au plus tôt vers la fin de 1273 que Roger-Bernard III sortit de prison (G. de Nangis, loc. cit.). Le roi le traita avec beaucoup d'honneur et lui fit restituer le pays de Foix (Marca, p. 780).

(2) Le sens de la phrase n'est pas complet; il doit manquer des mots indiquant que le pardon fut accordé au comte pour des fautes commises depuis l'origine jusqu'au jour où les lettres de grâce furent accordées ; c'est ce qu'indique, du reste, la traduction de Doat.

(3) Esquerrier commet ici une confusion : ce fut en 1291, après un différend assez grave avec l'autorité royale, dont on peut voir le détail dans D. Vaissète, t. IX, p. 149, que Roger-Bernard III obtint son pardon, à la prière de la comtesse, sa femme, sous condition d'aller servir pendant deux ans en Terre-Sainte et de remettre deux de ses châteaux aux mains du roi (Arch. nat. J 332, n° 14). Simon Brisetête, sénéchal de Carcassonne, occupa en effet les châteaux de Montréal et Lordat; en 1295, le roi dispensa le comte de l'obligation d'aller en Terre-Sainte (D. Vaissète, t. X, Preuves, cc. 265-266).

(4) Une enquête eut lieu en effet, le 6 juillet 1272, pour connaitre les limites du haut pays de Foix ; elle fut faite par Eustache de Beaumarchais, Guillaume de Cohardon, sénéchal de Carcassonne, et Pierre de Villars, sénéchal royal du pays de Foix (D. Vaissète, t. X, Preuves, cc. 88-93).

(5) Phrase mal construite; le verbe se trouve rejeté presque à la fin : foc constreit.

(6) C'est à Gisors qu'eut lieu la rencontre des deux comtes; Doat a omis ce mot.

lo discord (1), lo rey de assi sus lu prenguec et de la batalha que ja avian comensada. Et lo comte de Armanhac, tombat de son cavalh, lo rey fec retraire, et el meteys los traguec del camp et lo dol del camp (2) annulec, no entenden detraire lo dreyt de la un ny del autre en la questio que avian del heritatge de Bearn, ainsy que plus à ple appar en las canonigas de Fransa, et per las lettras reals que son al castel de Foix sus aquesta matiera (3).

Et apres lodit an, lodit rey de Fransa et lo comte de Valoys [fen] (4) regidor, gobernador, preceptor Mossen Roger Bernard de touta la terra del dugat de Guyanna, que foc del rey de Anglaterra, sa enrier duc de Guyanna, tant quant se estenden las diocesas de Ax, (5) de Aux et de Ayra et de Bayonna, exceptat las terras et gens del comte de Armanhac et de Vic Fezensac, ab retenia de V^e homes d'armes, donan li tot poder (6), per los bons servicis que lo comte Roger Bernard li avia feyts tant en la guerra de Gascogna et frontiera de Flandras contra Robert, comte de Flandras, quy era rebele al rey; per que li aguec à far gran guerra.

(1) La phrase est inintelligible; d'après Doat, on comprend qu'à la prière du comte d'Artois le roi fit cesser le combat déjà commencé.

(2) Le sens de : *Lo dol del camp annulec* est obscur. On ne peut guère accepter la traduction de Doat qui s'exprime ainsi : « Le roi apaisa la tristesse de celui qui était tombé ». Cela ne veut-il pas plutôt dire que le roi annula le résultat du combat ?

(3) Sur tout cet épisode, Esquerrier donne des renseignements précis et en général exacts, qui complètent le récit assez bref que l'on trouve dans Guillaume de Nangis (*Historiens de France*, t. XX, p. 575). Les lettres royaux, dont parle le chroniqueur à la fin du paragraphe, sont datées du 22 mai 1296 et ont été publiées par Marca, p. 795. Marca s'appuie sur ces lettres pour affirmer que le duel entre les comtes de Foix et d'Armagnac fut ordonné par arrêt du Parlement de 1295; cet arrêt du Parlement est resté introuvable (voir la note de la p. 148 du t. IX de D. Vaissète).

(4) *Foc*, qui est au manuscrit, n'a pas de sens ; il faut *fen*, pour établir que le roi et le comte de Valois firent Roger Bernard gouverneur de Guyenne.

(5) *Ax*, Dax, Landes, ch.-l., arr. et c^{ne}; *Ayra*, Aire-sur-Adour, Landes, arr. de Saint-Sever, ch.-l., c^{ne}; *Aux*, Auch, Gers.

(6) Esquerrier a certainement vu l'acte dont il s'agit ici ; il en rapporte les propres termes (Voir le texte de cet acte daté du 29 juillet 1295, dans D. Vaissète, t. X, *preuves*, cc. 334-335). Roger-Bernard III avait en effet servi avec distinction sous Charles de Valois, frère de Philippe-le-Bel, et Raoul de Clermont, seigneur de Nesles, connétable de France, qui avaient été envoyés en Gascogne au commencement de l'année 1295 pour repousser une descente des Anglais ; le comte de Foix contribua notamment à la reprise de la Réole et Saint-Sever (D. Vaissète, t. IX, p. 172).

En l'an MCCCV, lo vieilh rey Phelip, fil del autre rey Phelip, fil del rey Sant Loys, en la villa de Tornay en Picardia, li donec V° liuras de renda en la vigaria de Malvesi, ab las lettras patentas dadas à Lugdun, lo nove jorn de septembre, l'an MCCCV (1); et li assignec Malvesi ab la vigaria et ab la seignoria hauta et bassa per tres cens liuras ; et, per las doas cens liuras restans, li assignec la seignoria hauta et bassa ab los homenatges. Et apres li donec mil cinq cens liuras, per que li assignec la terra de Gavaret (2), en lo vescomtat de Gavarda, per cinq cens liuras de renda, lo castel de Roquafort per cens septanta liuras (3), autre castel de Roquafort en Marsa, Castelnau de Ribera, la terra de Malburgues, los emesses (4) de la terra de Marsa, la Bastida de Sant Genes, lo Mas d'Ayre, lo loc de Miramont, la villa de Gispoy, et la renda de aquels, lo loc de Peyre, lo tout per mil cens doas liuras setze sols tornes ; et lo restan li devia assignar en Lengadoc. (5) Lo rey, per sa bona plasensa, vezen la veraya leyaltat et prodomya et volontat que Roger Bernard, comte de Foix, avia feyta en la guerra del dugat de Guyanna et de Flandras, volguec que Gaston, son fil, agues per molher sa cosina seconda Johanna de Artoys, filha del comte Robert de Artoys (6).

(1) Esquerrier analyse ici des actes qu'il a vus et dont il donne la date exacte ; on peut en voir le texte dans la collection Doat, t. 178, fol. 129 et 131. Mais il a tort de les placer sous Roger-Bernard III, qui était mort en octobre 1301 ; c'est son fils, Gaston Ier, qui, en 1305, bénéficia des libéralités royales dont parle le chroniqueur. *Lugdun*, Lyon.

(2) *Gabarret*, Landes, arr. Mont-de-Marsan, ch.-l. c^{on} ; *Roquefort*, ibid. ; *Saint-Gein (la Bastida Sant Genes)*, Landes, arr. de Mont-de-Marsan, c^{on} de Villeneuve-de-Marsan ; *le Mas-d'Aire*, Landes, arr. de Mont-de-Marsan, c^{on} et c^{ne} d'Aire-sur-Adour ; *Miramont-Sensacq*, Landes, arr. St-Sever, c^{on} Geaune ; *Castelnau-Rivière-Basse*, Hautes-Pyrénées, arr. Tarbes, ch.-l. c^{on} ; *Maubourguet*, ibid. ; *Peyre*, Landes, arr. St-Sever, c^{on} Hagetmau. Nous n'avons pu identifier la localité de *Gispoy*.

(3) Doat ajoute qu'il eut aussi le péage des vaches étrangères venant paître en ce lieu pour 180 livres.

(4) Doat traduit *los emesses de la terra de Marsa* par : l'enclos de la terre de Marsan. Le mot *emesses* doit avoir été défiguré par les copistes. Dans le texte latin de l'acte, on trouve : *incursus totius terre de Marciano*. *Incursus*, en vieux français *encours*, signifie les droits de confiscation (V. Ducange, t. III. v° *incursus*). Dans ce passage, le chroniqueur veut dire que le comte de Foix obtint dans le Marsan les terres confisquées.

(5) Les revenus de garantie dépassent assez fortement le montant de la rente constituée ce doit être une erreur du scribe dans l'énumération des sommes.

(6) Le mariage de Gaston, fils de Roger-Bernard III, avec Jeanne, fille de feu Philippe, fils aîné de Robert II, comte d'Artois, fut conclu en octobre 1301 à Senlis. (Archives Basses-

Et apres, lo comte de Foix Roger Bernard aguee gran guerra ab lo rey En Peyre de Aragon (1); mas foc tractat accord per Mossen Gaston, seignor de Bearn, et foren bons amycs; don lo comte de Foix y aguee gran perdoa en sa mort, quand lo rey moric si tost, per so que papa Marti l'avia despausat de son realme, per so que contra sa volentat s'era feyt coronat rey de Secilia, et avia (2) donat la conquesta à Carles, premier fil del rey Phelip de Fransa. Et se devian combatre davant lo rey de Anglaterra à Bordeu; empero Carles y venguec et se presentec devant lo captal, que era loctenen del rey de Anglaterra. Lo rey de Arago no se y mostrec et avia sa sperancia en lo comte de Foix, que li faria sos accords. La assemblada foc assignada à Bordeu lo premier jorn de juin, l'an MIIᶜLXXXIII (3).

En l'an MIIᶜLXXXVI, lo rey Phelip de Fransa assemblec gran ost entorn la festa de Sant Johan Batista, invasic lo realme de Arago (4) et intrec per Rossilho. Et assalin la ciutat de Gerona et la des-

---

Pyrénées, E. 399 et 401, originaux). Roger-Bernard III émancipa en même temps son fils Gaston et lui donna ses domaines, dont il se réserva l'usufruit. D. Vaissète, t. X, p. 232.

Jeanne était l'arrière-petite-fille de Robert I d'Artois, frère de Saint Louis, tandis que Philippe-le-Bel n'était que le petit-fils de ce roi.

(1) Esquerrier fait ici allusion à la guerre soutenue par le comte de Foix en 1280 de concert avec des seigneurs Catalans contre Pierre d'Aragon. Roger-Bernard y fut malheureux; il fut fait prisonnier et ne recouvra la liberté qu'en 1284 (D. Vaissète,t. IX, p. 78 et 100-101; Tourtoulon, *Jacme I*ᵉʳ *d'Aragon*, t. II, p. 492 et suiv.)

(2) *Avia donat la conquesta*, faute d'un sujet au verbo, on pourrait croire qu'il s'agit du roi Pierre. Il est question du pape qui offrit l'Aragon *(conquesta)* à Charles de Valois, second et non pas fils aîné du roi Philippe-le-Hardi.

(3) Pierre d'Aragon s'était fait proclamer roi de Sicile après les vêpres Siciliennes (1282). Le pape Martin IV, partisan de son rival Charles d'Anjou, excommunia le roi Pierre, qu'il déclara déchu des royaumes de Sicile et d'Aragon. D'après Guillaume de Nangis (*Historiens de France*, t. XX, p. 522-524), ce dernier fit proposer à Charles de vider leur querelle dans un combat particulier, cent contre cent; on convint que le combat aurait lieu à Bordeaux le 1ᵉʳ juin 1283. Mais Pierre d'Aragon, craignant peut-être des projets de trahison, ne parut pas ou plutôt ne parut que par bravade (voir sur cet épisode, Ch.-V. Langlois, *le règne de Philippe-le-Hardi*, p. 141 et suiv.)

(4) Esquerrier fait ici une brève allusion à la guerre entreprise par Philippe-le-Hardi en Catalogne en 1285. Sur cette campagne, voir D. Vaissète, p. 109 et suiv. et surtout Langlois, *op. cit.*, livre II, chap. IV, pp. 150-167. Philippe-le-Hardi mourut le 5 octobre 1285 à Perpignan, et Pierre d'Aragon le 11 novembre de la même année, après avoir repris Girone.

trusiri; lo rey de Aragon moric en un port en batalha (1), appelat
Reffes, et per so lo comte de Foix no li poguec fer sos accords.

Aqueste seignor comte aguec un fil, appelat Gaston, et tres filhas
de Madona Margarida de Bearn (2). Madona Brunisen foc molher de
Mossen Elias de Peyragort; Madona Constansa foc molher de Mossen Johan de Levis, seignor de Mirapeys, l'an MIIᵉXCVI, ab X mil
liuras de dot; Madona Johanna foc molher de Mossen Peyre, fil del
rey En Jacmes d'Arago, comte de Ampurias et de Ribagorsa.

Mossen Roger Bernard conquestec la ciutat de Pamias en l'an
MIIᵉXCVI, per so que li avian feyta rebelion et l'avian tengut assietat
à la gleysa del Mercadal. En l'an MCCXCVI, Pamias foc feyta ciutat.
Moric à Tarasco, la vigilia de Nostra Dama de agolost, l'an mil tres
cens sieix (3), et foc comte quaranta cinq ans.

LO DETZE COMTE DE FOIX

Mossen Gaston foc fil de Mossen Roger Bernard et de Madona
Margarida de Bearn, foc marit de Madona Johanna de Artoys, filha
del comte Robert de Artoys, foc comte l'an mil tres cens sieis et
lo premier Gaston comte de Foix, seignor de Bearn; foc valen et
de gran empresa.

En l'an mil tres cens nau, lo comte de Armanhac appelec lo comte

---

(1) *Batalha*. C'est bien le mot qu'on trouve, dans le manuscrit, ainsi que *Reffes* (*Roffes* dans Doat). Mais au lieu de *batalha*, qui ne se trouve pas dans Doat, ne faudrait-il pas *Catalonha*, et *Rosas*, port situé en Catalogne, à la place de *Reffes* ?

(2) Roger-Bernard III eut quatre filles et non trois : Constance, femme de Jean de Lévis, seigneur de Mirepoix, qui eut bien 10 000 livres de dot; Mathe, femme de Bernard, fils de Centulle, comte d'Astarac; Marguerite, femme de Bernard-Jourdain, fils de Jourdain, seigneur de l'Isle; Brunissende, femme d'Elie, comte de Périgord (voir le testament de Roger Bernard du 22 nov. 1299, Arch. des Basses-Pyrénées, E 398). Quant à celle qu'Esquerrier appelle Jeanne, il a dû confondre; il y eut bien une princesse de ce nom qui épousa Pierre, infant d'Aragon, comte d'Ampurias, mais elle était fille de Gaston 1ᵉʳ et non de Roger-Bernard III.

(3) Roger-Bernard mourut bien à Tarascon, mais non en août 1306, comme le dit Esquerrier, dont Oihénart et Catel ont adopté l'erreur; Marca donne la date de 1203; D. Vaissète a très bien prouvé que le comte mourut le 3 mars 1302; (t. X, note 10, p. 51-52).

de Foix davant lo rey Phelip de Fransa (1), accusan lo que, nonobstan la pax que lo rey avia feyta de lor à Tolosa, lo comte de Foix avia coruda ab grans gendarmas et feyta corer la terra de Aura, que era de dona Guilhalma, mayrastra del comte de Armanhac, et avia invasida la villa de Lasada (2) et raubats los homes de la villa de Milhamont (3), que era de l'archevesque de Aux, et avia morts quaranta personas et feyt gran insult contra lo senescal de Armanhac. Foc presentat gatge de batalha al comte de Foix, laqual causa foc litigada davant lo rey. Lo comte de Comenge, aussy meteys, prepauzec grandas accusatios, et, à l'endarrier, per lo rey foc dit et prononciat que la pax feyta per lo rey à Tolosa tengues[sen] per lor et per lors valedors, amycs, aliats et subjects (4). Lo comte de Armanhac demandec [ostatges et asseguransas] del comte de Foix (5) ; [de laqual causa] appar que pau avia de lu, ainsi que appar par las lettras reals que son al castel de Foix.

Et apres, lo comte de Foix anec, ab lo rey et ab sa poissansa, à la guerra, à la frontiera de Flandras contra los Flamans. Lo rey s'en

---

(1) Gaston 1ᵉʳ fit bien en 1309 un voyage en France pour poursuivre, à la cour du roi ou au Parlement, un jugement au sujet de ses différends avec Bernard, comte d'Armagnac. Sur cette affaire, voir D. Vaissète, t. IX, p. 319-321. L'une des sources dont s'est servi D. Vaissète est la chronique française, qui se trouve dans le ms. 419 de Baluze, aujourd'hui Bibl. Nat. fonds français, n° 5101. Les derniers éditeurs de l'*Histoire du Languedoc* ont cru à tort que cette chronique était l'œuvre de Miguel del Verms, ou plutôt Michel du Bernis (cf. t. IX, p. 319, note 3).

(2) Ce nom de lieu a été défiguré par le copiste ; dans l'acte en latin, auquel est emprunté ce récit, on trouve *Serrata*, que D. Vaissète a traduit *Sarraute* ; c'est la localité actuelle de *Lasserrade*, Gers, arr. Mirande, cᵑᵉ Plaisance.

(3) *Milhamont*, en latin *villa de Millemodiis* ; c'est Mimort, Gers, arr. Mirande, cᵑᵉ Aignan, cᵑᵉ Bouzon-Gellenave.

(4) Esquerrier a certainement vu l'arrêt du Parlement au sujet du gage de duel entre les comtes de Foix et d'Armagnac ; on le trouve publié dans D. Vaissète, t. X, cc. 490-496. Les éditeurs de l'édition Privat en ont collationné le texte sur le registre original des *Olim* (Arch. Nat. Xᵃ 4, fol. 129-131). L'arrêt fut rendu le 26 avril 1309. Ce qu'Esquerrier ne dit pas, à dessein peut-être, c'est que le comte de Foix fut condamné pour les excès commis par lui à une amende de 36 000 livres tournois, dont 6 000 payables au comte d'Armagnac.

(5) Entre crochets nous rétablissons : 1° les mots *ostatges et asseguransas* qui manquaient dans notre manuscrit et rendaient la phrase incomplète ; la traduction de Doat en fait mention ; 2° *de laqual causa*, qui se trouvait après *demandec*, où ces mots ne signifiaient rien.

anec à tornar per las grandas plujas, que fazia que touts los fluvis sobremontavan, que res no podia anar; et asso durec tout l'estiu(1). Et apres, en l'an mil tres cens quinze, foc en lo realme de Fransa una gran famina de blat, de bi et de sal, per causas de las grandas aygas que avia feytas l'estiu davant.

Aqueste seignor fec translatar lo Comtat de Foix de la senescalia de Carcassonna à la senescalia de Tolosa (2), et aguec l'article de l'appel del Comtat de Foix en la ciutat de Pamias, que degun no pot laissar lo jutge de appels del Comtat per appelar en autra part, entro aquel ne a cognegut. Aussy ben li donec cognessensa de portamen de armas, de falsas monedas et de iretgia (3).

Aqueste seignor aguec de Madona Johanna de Artoys, sa molher, tres fils : la un foc Mossen Gaston ; l'autre foc Mossen Roger Bernard, que foc vescomte de Castelbo, et seignor de Moncada ; l'autre foc Mossen Robert, que foc avesque de Lavaur (4). Et aguec un fil, no de sa dita molher, que ac nom Lop, que foc seignor de Rabat; et aguec una filha appelada Madona Blanca, que foc molher de Mossen Johan de Grailly, captal de Buc et Puch Pauli, que foc maridada per Mossen Gaston, son fraire, l'an mil tres cens trenta sept.

Aqueste bon seignor, estan en la guerra per lo rey, moric à Pontoise et foc sobsterrat als Jacobis de Paris, l'an de Nostre Seignor mil CCCXVI, et foc comte dets ans (5).

(1) Tout ceci est très exact : Gaston Ier prit part, en effet, à l'expédition de Louis-le-Hutin, en Flandre, en 1315.

(2) C'est sur la demande de Gaston II et non de Gaston Ier que le Comté de Foix fut retiré, en mai 1333, du ressort de la sénéchaussée de Carcassonne et attribué à la sénéchaussée de Toulouse, (Arch. Nat., JJ 66, f° 559 v°, JJ 70, n° 81).

(3) Sur les débats qui eurent lieu, au sujet de port d'armes prohibées et au sujet de la confiscation des biens pour crime d'hérésie, entre les officiers royaux et le comte de Foix, voir D. Vaissète, t. IX, p. 284, note 1 ; p. 354, note, et t. X, *Preuves*, cc. 453-457, 484-489.

(4) D'après son testament (Arch. des Basses-Pyrénées, E. 295), Gaston Ier eut bien trois fils, mais il eut également trois filles, Marguerite, Jeanne et Blanche ; cette dernière épousa, comme le dit Esquerrier, Jean II de Grailly, captal de Buch. Buc, La Teste-de-Buch, Gironde, arr. de Bordeaux, ch.-l. c^{on}.

(5) C'est au retour de la campagne de Flandre que Gaston Ier tomba dangereusement malade à l'abbaye de Maubuisson près Pontoise ; il y mourut le 13 décembre 1315, et non 1316. Son corps fut déposé dans le couvent des frères prêcheurs de Saint-Jacques à Paris, d'où il fut transféré plus tard à l'abbaye de Boulbonne. (Cf. Bernard Gui, *Flores chronicorum*, dans les *Historiens de France*, t. XXI, p. 725).

LO ONZE COMTE DE FOIX

Mossen Gaston foc fil de Mossen Gaston et de Madona Johanna de Artoys, foc feyt comte l'an mil tres cens setze en son atge de sept ans, et, en l'atge de quinze ans, foc marit de Madona Alianor de Comenge ; laqual dona era de gran atge, et li disian que lo comte de Foix fora trop jove por ela. Laqual dona lor fec responsa en tal maniera, disen : « Se jo savia que lo comte de Foix degues estre mon « marit, jo lo esperaria à naisser (1) ». Et foc feyt lo matrimoni l'an mil tres cens vingt quatre.

En l'an mil tres cens vingt un, lo rey Phelip fec en Lengadoc et en Fransa cremar touts los mesels (2). Losquals mesels (3) avian tengut quatre coseilhs en diverses pays, per so que avian confessat que en touts los puts, fontanas et rivieras avian et volian emposonar, per touts los crestias aucir et enterrar (4) de meselaria, cum lo seignor de Partenay (5) li enviec jus son sagel, la confessio de un mesel. Cum li demandec lodit seignor de Partenay la maniera de las posos, lo mesel li diguec que fora de sang d'home despessat et de tres manieras de herbas, lasquals no se fau (6) nomar, et s'y mettia lo cos de Jesu, et de tout aquo se fasia polvera et se mettia en saquets que on ligava am peyra et am autra causa pesan et la jetava à l'ayga, lo saquet se rompia et se espandia lo bere (7). Quand los mesels foren pres, confessen que los Jusieus lor ac avian feyt fer per diners (8) et per

(1) Nous ignorons où Esquerrier a trouvé ce mot plus ou moins historique, qu'ont reproduit après lui La Perrière (fol. 31 v°), Bertrand Hélie (fol. 35 v°), Olhagaray (p. 257) et Castillon (t. I, p. 396).

(2) *Mesel*, ladre, lépreux. *Meselaria*, lèpre et léproserie.

(3) Esquerrier parle ici de la persécution contre les lépreux, ordonnée par le roi Philippe-le-Long, et qui éclata vers le mois de juin 1321. Tout son récit est traduit presque textuellement de celui des *Grandes Chroniques* (édit. Paulin Paris, t. V, p. 249), qu'on trouve également reproduit dans la continuation de Guillaume de Naugis (édit. Géraud, t. II, p. 31-35).

(4) *Enterrar*, souiller de terre, et, en général, souiller.

(5) Il s'agit ici du seigneur de Parthenay, en Poitou.

(6) *Fau*, il faut, forme provençale pour *cal*.

(7) *Bere*, venin, de *venenum*, forme gasconne, *v* est changé en *b*, *n* en *r*.

(8) On lit dans le texte *drug*, qui n'a pas de sens; nous y substituons le mot *diners*, ainsi que l'indiquent le passage des *Grandes Chroniques* et celui de Doat : « par deniers et par promesses.»

promesses, (1) que tenguen quatre coseilhs en diverses pays, que no avia malautia (2) al mon, sino de Anglaterra, que no fos en la un coseilh o en l'autre ; que avian ja devesits los realmes et las seignorias, quand los seignors fossen morts, que els ac aurian tout ; ja que lo rey de Granada y tenia la ma et administrava las posos et lor fornia gran pecunia ; [que] aussy ben los mesels se banhavan en las fonts et per rivieras, per enterrar las gens. Per so foren cremats gran multitut de mesels et Jusieus ; los que no eran colpables foren enclaus en las mesclarias per aqui morir. Et los mesels et Jusieus commettian gran iretgia de mettre lo cos de Jesu Christ en polvera.

Et apres, en l'an mil III^c XXXI, lo comte Gaston s'en anec en Fransa, ab sa tres nobla companhia de gendarmas, al secors del rey Phelip encontra lo rey de Anglaterra, que tenia assetiada la villa de Tornay en Picardia (3) ; laqual era dejà pres de perditio. Mossen Gaston, ab sa tres nobla companhia de gendarmas et viuvres, s'en intrec dins la villa de Tornay et y demorec per un an, et d'aquy en fora donec grans dampnatges als Angles en tal maniera que lo rey de Anglaterra (4) passec en Normandia, intrec per lo port de Lifoga et se combatec ab lo rey de Fransa davant lo loc de Carsy (5). Lo rey de Fransa foc

(1) Ce sont les lépreux, et non les Juifs, qui ont tenu ces conseils. C'est également des lépreux qu'il s'agit à quelques lignes d'intervalle pour les verbes *avian devesits,.... aurian tout.*

(2) Il faut traduire par : *maladrerie, léproserie.*

(3) Ce n'est pas en 1331 qu'eut lieu le siège de Tournay par le roi d'Angleterre. En 1340, à la mi-juillet, Edouard III vint assiéger la ville, mais la place était si bien munie qu'il dut se retirer au bout de deux mois (Cf. Froissart, édit. Luce, t. II; p. 41 et suiv.). Gaston, comte de Foix, qui défendit la place, arriva en France le 10 juin et y servit jusqu'au 1er octobre ; il est donc inexact, comme le dit Esquerrier, que Gaston soit resté un an à Tournay (Voir dans la collection Doat, vol. 187, fol. 105, le règlement de la solde de ses troupes du 1er juin au 1er octobre).

(4) Il y a ici une lacune qu'il importe de combler, d'après la traduction de Doat, pour donner un sens conforme à la vérité historique ; voici ce passage :
Le roi d'Angleterre feut contraint de lever le siège et s'en retourna avec son armée en Angleterre sans rien plus faire, ce qui feut en l'année mil trois cens quarante. Derechief, en l'année mil trois cens quarante six, le roi d'Angleterre passa en Normandie...

(5) Il s'agit ici de l'expédition Anglaise qui se termina par la bataille de Crécy et le siège de Calais ; cette bataille eut lieu en 1346, alors que Gaston II était déjà mort et que son fils Gaston-Phébus lui avait succédé depuis trois ans.

Le port de *Lifoga*, dont parle Esquerrier, n'est autre chose que Saint-Vaast de la Hougue, Manche, arr. Valognes, c^{ne} Quettehou où débarqua en effet Edouard III (Cf. Froissart, édit. Luce, t. III, p. 128-133). Doat traduit *Lifoga* par Lillebonne.

escofit ; lo rey de Anglaterra mettec lo seti à Cales et lo prenguec per fam ; et apres s'en tornec en Anglaterra et lo comte de Foix menec la guerra à sos despens. En recompensatio de sos gatges et de sas gens, lo rey Phelip li donec mil et cinq cens liuras de renda, so es, en los locs de Calmont, La Tor, Marcafava, et los molis de Montesquiu, Gabre, Monferer (1). Losquals foren extimats en tout la valor de renda de cinq cens liuras. Lo restan li foc assietat en la vigaria de Malvesi (2) et en la terra de Gabarda, que es en lo dugat de Guyanna ; et lo restan li devia estre assignat en lo pus pres de son comtat, ainsi cum plus à ple appar per las lettras reals que son al castel de Foix. Aqueste seignor comte fec forta guerra contra los Angles et foc feyt loctenen per lo Rey Phelip en lo dugat de Guyanna ab retenia de cinq cens homes d'armas (3). En laqual guerra assemblec sos cavalhers et baros en l'an mil tres cens trenta hoeit ; per so que (4) quascun legent sapia, l'an que

---

(1) Voir les actes de cette donation aux Arch. des Basses-Pyrénées, E. 298 et 405. — *Calmont*, Haute-Garonne, arr. Villefranche-de-Lauragais, c^ne Nailloux : *Latour*, Haute-Garonne, arr. Muret, c^ne Montesquieu-Volvestre ; *Marquefave*, Haute-Garonne, arr. Muret, c^ne Carbonne ; *Gabre*, Ariège, arr. Pamiers, c^ne le Mas-d'Azil ; *Montferrier*, Ariège, arr. Foix, c^ne Lavelanet.

Il semble que le roi ne pouvait disposer ni de Gabre, qui appartenait à l'Ordre de Saint-Jean-de-Jérusalem, ni de Montferrier, relevant du fief de Mirepoix, dont les Lévis étaient seigneurs. Pour la transcription de ces deux noms, il y a sans doute une erreur, car dans Doat on trouve *Fabre* et *Monfores*. Cette dernière localité est peut-être *Montfort-en-Chalosse*, chef-lieu de canton des Landes, arr. de Dax.

(2) *Malvesi*, Mauvezin, Landes, arr. Mont-de-Marsan, c^ne de Gabarret.

Le Gavardan formait une seigneurie dont Gabarret était la capitale.

(3) Gaston II fut à plusieurs reprises nommé lieutenant du roi de France en Guyenne et en Languedoc.

(4) Aussi bien dans le manuscrit que dans la traduction de Doat, la phrase depuis *per so* est obscure. Le manuscrit 5404, en cet endroit, n'est pas plus explicite. En outre, dans l'énumération des chevaliers convoqués par le comte, le même manuscrit donne un moins grand nombre de noms que la chronique d'Esquerrier.

Per so que quascum legent sapia... Ces mots, mal transcrits par le scribe, n'offrent aucune signification. A partir de : *l'an que...*, en recourrant à la traduction de Doat, on arrive à débrouiller le sens. Il convient d'abord de rétablir la date d'après Doat, qui est 1338, sans tenir compte de celle de notre manuscrit, 1388, qui est fausse. On pourrait ainsi traduire le passage : « L'an que le comte de Foix fit son assemblée pour secourir son « seigneur, le roi de France, fut celle-ci » c'est-à-dire, 1338. En cette circonstance, il agissait comme un vassal qui remplissait un devoir envers son suzerain. Dans l'expédition

lo comte de Foix fec sa assemblada per secorer à son seignor, lo rey de Fransa, foc aqueste; car per lo premier viatge, quand anec à Tornay, y passec per sa bona volontat. Et apres assemblec los baros et nobles que s'ensieguen (1):

PREMIERAMENT SON LOS BAROS CAVALHERS

Lo seignor de Lascun;
Lo seignor d'Andonx;
Mossen Bernat Saquet;
Mossen Arnaud de Montagut;
Mossen Bertrand de la Ilha (2).

LOS BAROS QUE NO ERAN CAVALHERS (3)

Lo seignor de Barbaza;
Pons de Villamur;

de Tournay, époque de son premier voyage, il était parti de sa propre volonté, sans avoir reçu aucun ordre.

Secorer à son seignor... le régime direct est précédé de la préposition à, c'est une tournure Espagnole, qui se rencontre quelquefois dans la chronique et qui n'est pas contraire au génie des dialectes Pyrénéens.

(1) La liste qui suit a dû être empruntée à quelque montre d'armes, que nous n'avons pu retrouver; elle a été reproduite, d'après Esquerrier, par La Perrière (fol. 32 v°), Hélie (f° 36 v°, 37 2°), Olhagaray (p. 263), avec des variantes orthographiques, qui rendent difficile l'identification de certains noms.

(2) Dans cette première liste des barons chevaliers, il s'agit des seigneurs de Lescun, d'Andoins, de Montagut et de l'Isle. Ces quatre localités sont dans les Basses-Pyrénées. *Lescun*, arr. d'Oloron, c⁹ d'Arrous, *Andoins*, arr. de Pau, c⁹ de Morlaas; *Montagut*, arr. d'Orthez, c⁹ d'Arzacq; *Isle*, c⁹ de Lahonce, arr. et c⁹ de Bayonne. Dans le comté de Foix, il y avait un fief de *Montégut* et un autre de *la Ilhe*. *Montégut*, Ariège, arr. de Pamiers, c⁹ de Varilhes. *La Ilhe* est dans la commune de Montégut.

(3) Dans la liste qui suit des barons non chevaliers, il n'est guère possible d'identifier d'une façon sûre certains noms; il existe en effet plusieurs localités des noms de *Barbazan, Villemur, Villeneuve, Roquefort, Mauvezin, Préchacq*. Pour d'autres, tels que Rondel de Faixas, Bertrand de Sant-Celsi, Bertrand de Sandaix, le seigneur de Sédirac, il est difficile de retrouver leur origine. Quant à ceux qui restent, on reconnaît facilement les seigneurs de Coarraze, de Doumy, d'Arros, de Miossens, de Manas, de Monlezun, d'Aston, de Château-Verdun, de Saverdun, de Léran, de Montlaur, de Larroque, de Marestaing et de Faudoas. *Coarraze*, Basses-Pyrénées, arr. de Pau, c⁹ de Nay: *Doumy* ibid., arr. de Pau, c⁹ de Thèze; *Arros*, ibid., arr. de Pau, c⁹ de Nay; *Miossens*, ibid.

Bernard de Villanova ;
Guilhem Unaut de Roquafort ;
Aymeric de Roquafort (1) ;
Lo seignor de Coarrasa ;
Lo seignor de Domi ;
Lo seignor de Arros ;
Lo seignor de Mieussens ;
Sans Gaissia de Manas ;
Pey Arnaud de Monlasu ;
Lo seignor de Aston ;
Pey Arnaud de Castel Bardu ;
Auger de Malavesina ;
Bernard de Durfort de Sabardu ;
Lo seignor de Sedirac ;
Gaston de Levis, seignor de Lera ;
Rondel (2) de Faixas ;
Azemar de Monlaur ;
Pey de Larroqua ;
Gailhard de Preixac ;
Bertrand de Sant Celsi ;
Bertrand de Sandaix ;
Ramond de Marestang ;
Lo seignor de Faudoas.

Miossens-Bastanous, arr. de Pau, c⁽ⁿ⁾ de Thèse. *Manas*, Gers, *Manas-Bastanous*, arr. de Mirande, c⁽ⁿ⁾ de Miélan ; *Monlezun* (Monlasu,) Gers, arr. de Mirande, c⁽ⁿ⁾ de Marciac ; *Aston*, Ariège, arr. de Foix, c⁽ⁿ⁾ des Cabannes ; *Château-Verdun*, Ariège, arr. de Foix, c⁽ⁿ⁾ des Cabannes ; *Saverdun* Ariège, arr. de Pamiers, ch.-l. de canton ; *Léran*, Ariège, arr. de Pamiers, c⁽ⁿ⁾ de Mirepoix ; *Montlaur*, Ariège, c⁽ⁿ⁾ de l'Herm, arr. et c⁽ⁿ⁾ de Foix ; *Larroque*, ce ne peut-être Larroque-d'Olmes dans le canton de Mirepoix (Ariège) ; c'était une commune, n'ayant pas de seigneur et qui relevait directement du fief de Mirepoix. Il s'agirait plutôt de Larroque-Magnoac, Hautes-Pyrénées, arr. de Bagnères-de-Bigorre, c⁽ⁿ⁾ de Castelnau-Magnoac ; *Marestaing*, Gers, arr. de Lombez, c⁽ⁿ⁾ de l'Isle-en-Jourdain ; *Faudoas*, Tarn-et-Garonne, arr. de Castel-Sarrazin, c⁽ⁿ⁾ de Beaumont-de-Lomagne. *Sédirac, Faixas, Sant Celsi, Preixac, Sandaix* n'ont pu être identifiés.

(1) Ce personnage n'est pas indiqué dans Doat.
(2) Doat met *Raymond* à la place de *Rondel*.

CAVALHERS QUE NO ERAN BAROS

Mossen Guilhem Vaquier ;
Mossen Manaud de Sarravera ;
Mossen Bertrand Saquet ;
Mossen Roger de Foix ;
Mossen Azemar de Gramont ;
Mossen Pey Faget.

Dels autres cavalhers et nobles no se fa assi point de mentio per la prolixitat, car son CXIII en nombre ; [foc] feyta la mostra de gens d'armas et de treyt, de mandamen del Rey Phelip ab sas lettras mandan (1) al comte de Foix que destrusis et gastes la terra del vescomte de Tartas, que se tenia en la obediensa dels Angles. Lo comte de Foix anec mettre lo seti à Tartas et fec davan Tartas sieix cavalhers, que eran baros : Aymeric de Roquafort, Pons de Villamur, Guilhem Unaut de Roquafort, Bernard de Durfort, Azemar de Monlaur, Auger de Malvesina. Mossen lo comte prenguec per assaut et forsa d'armas, à la obediensa del rey de Fransa, la villa de Tartas et los locs que s'ensieguen, et prenguec lo sagramen de fidelitat de Arolzet, Volvestre, Mauvesin, Arefros de Bren, de Montagut, dels Pujols, Santa Crox, Benquet, Montoliu, Caussioda, Arossa, Villanova, Uven, Besaudu, Amenos (2).

---

(1) C'est le 15 juin 1338 que le roi de France ordonna au comte de Foix de commencer les hostilités contre le vicomte de Tartas. D. Vaissète raconte cet épisode d'après une chronique des comtes de Foix, ms. de Baluze, n° 366 ; nous pensons qu'il s'agit de la chronique qui se trouve aujourd'hui dans le ms. de la Bibliothèque Nationale, fonds français 5404.

(2) Plusieurs de ces noms de lieu ont dû être défigurés par le copiste et il est difficile d'en identifier quelques-uns ; presque toutes ces localités devaient être situées dans la région de Tartas. Il serait téméraire de vouloir identifier *Arolzet* avec *Arouille* (Landes), *Volvestre* avec *Betbezer* (Landes), *Les Pujols* avec *Pujo-le-Plan* (Landes), *Caussioda* avec *Caussade* (Hautes-Pyrénées, c⁽ⁿ⁾ Maubourguet), *Arossa* avec *Narrosse* (Landes), *Uven* avec *Bibé* (Landes). Il est impossible de retrouver des noms de localités actuellement existantes dans *Arefros de Bren* et *Amenos*. Les autres noms peuvent s'identifier comme il suit : *Mauvezin*, Landes, arr. de Mont-de-Marsan, c⁽ⁿ⁾ de Gabarret ; *Sainte-Croix*, id., arr. de Saint-Sever, c⁽ⁿ⁾ de Tartas, c⁽ⁿ⁾ de Carcarès), *Benquet*, id., arr. de Mont-de-Marsan, c⁽ⁿ⁾ de Grenade-sur-Adour ; *Montaulieu*, id., arr. de Mont-de-Marsan, c⁽ⁿ⁾ et c⁽ⁿ⁾ de Arjuzanx ; *Villenave*, id., arr. de Saint-Sever, c⁽ⁿ⁾ de Tartas ; *Bezandun*, id., arr. de Mont-de-Marsan, c⁽ⁿ⁾ de Arjuzanx, c⁽ⁿ⁾ de Arengosse.

L'an mil tres cens quaranta quatre, en lo mes de juin, lo rey Phelip mettec en paga al dit Mosseignor lo comte, per causa de la guerra que avia menada contra los Angles, per XXVIII milia VIII^{c}XLII liuras que lo rey de Fransa li devia de sos gatges. Li fec venda del vescomtat de Lautrec, cum par per las lettras reals, que son al castel de Foix ab lor executio et verificatio.

Et apres, l'an susdit, (1) lodit Mossen Gaston, ab la meteyssa tres nobla armada, s'en anec en Granada per secorer (2) al seti que los reys de Espagna, de Arago et de Navarra tenian en Agdesiras contra los Moros et mescrezens de la santa fe catholica.

Laissec à Ortes Madona Alianor ab Mossen Gaston son fil, appelat Febus, aquy fec testamen et la laissec tutrix ; et, aquel meteyx an, avia comprat lo loc de Lanameza del noble Mossen Guiraud d'Aura, seignor de Montalba.

Mossen Gaston moric en la gran batalha de los Moros en Algesiras et auciguec Mossen Guilhem Ramond, fil del rey d'Algar, Moro. Mossen Gaston moric per la cessa del batalhar per la infinida gens de Moros, que davant lu eran ; et aussi ben morin gran nombre de sa gent. Mossen Gaston foc portat à Borbona, l'an mil tres cens quaranta quatre, et foc comte XXIX ans.

LO XII COMTE DE FOIX

Mossen Gaston, appelat Febus, fil de Mossen Gaston et de Madona Alianor de Comenge, foc marit de Madona Agnes de Navarra,

(1) La date donnée par Esquerrier est fausse. Le comte de Foix, répondant en 1338 à une convocation du roi de France, s'était rendu à Amiens le 1er septembre. Le roi d'Angleterre ne venant pas, Philippe VI de Valois et Gaston II revinrent à Paris au commencement d'octobre, et c'est alors que le comte régla avec le trésorier royal les sommes qui lui étaient dues pour cette guerre et la guerre de Guyenne ; elles montaient, comme le dit Esquerrier, à 28,842 livres. Le roi céda à Gaston II, pour le paiement de cette somme, la moitié de la vicomté de Lautrec (D. Vaissète, t. IX, p. 506).

(2) Alfonse, roi de Castille, avait appelé à son secours Gaston II pour l'aider au siège d'Algésiras, entrepris contre les Maures. Le comte de Foix fit son testament à Orthez, le 17 avril 1343, et partit avec ses vassaux et un corps de noblesse Française. Il mourut à Séville, au mois de septembre suivant, des fatigues endurées au siège d'Algésiras (voir D. Vaissète, t. IX, p. 517 ; voir aussi dans Michel du Bernis, édit. Buchon, p. 597-580, les vers adressés par le comte de Foix, avant son départ pour l'Espagne, à la comtesse Eléonore et à ses sujets.)

et (1) foc feyt comte l'an mil tres cens quaranta quatre (2), al septe de juin.

En sa jovenessa partic del castel de Foix ab sa poissansa et s'en anec al secors del Mestre de Prussia (3), en la batalha contra los Sarrasis. Foc son gobernador Mossen Corbeyran de Foix, seignor de Rabat ; et gasanhada la batalha per lo Mestre de Prussia, lo comte Febus s'en tornec per Fransa et trobec que la duquessa de Normandia, Dalphina de Viana, era assetiada per los Jacamars (4) de Paris, à Mihaut en Bria (5).

Lo comte Febus ab sa espasa los escofic et tornec lo rey Johan et la regina en sa seda à Paris. Et apres alcus jorns per l'ovra del Mal Esprit, que no cessa de mal fer per la enveja et convoitisa del mon, lo rey demandec al comte Febus que li feis homatge per lo pays de Bearn ; loqual no li volguec far, car se te de franc aloy, per so fec arrestar (6) lo comte Febus, touts sos milhors et nobles de

---

(1) Gaston-Phœbus, né en 1331, avait dû d'abord épouser Isabelle, fille du roi de Majorque ; ce projet fut abandonné et le jeune comte épousa Agnès, fille de Philippe d'Evreux, roi de Navarre, et sœur de Charles le Mauvais ; le mariage fut conclu le 5 juillet 1348 et célébré au Temple, à Paris, le 4 août 1349 (cf. *Grandes Chroniques*, édit. P. Paris, t. V, p. 489-490).

(2) Cette date, malgré toute sa précision, est inexacte, à moins qu'elle n'indique le jour où Gaston Phébus prêta serment de fidélité aux Etats de Foix ; son père, on l'a vu, était mort au mois de septembre 1343.

(3) L'expédition de Gaston-Phœbus en Prusse, qu'Esquerrier, comme Michel du Bernis, place au début du règne, n'eut lieu qu'à la fin de l'année 1357 et au commencement de 1358. Sur cette expédition peu connue, voir Michel du Bernis (*édit. Buchon*, p. 581) et surtout Pasquier, *Gaston-Phœbus en Prusse* (1357-1358), *Bulletin de la Société Ariégeoise des Sciences, Lettres et Arts*, t. IV, et le tirage à part de ce mémoire, Foix, 1893, in-8°. On trouve dans cette étude le texte d'une lettre écrite, le 5 février 1358, de Kœnigsberg par le comte à ses officiers des pays de Béarn et de Foix, pour leur enjoindre de faire consentir aux communes un emprunt destiné à payer des dettes par lui contractées en Flandre, au moment de son expédition en Prusse.

(4) Nom donné aux Jacques, c'est-à-dire, aux paysans révoltés.

(5) A en croire Michel du Bernis, qui a dû se faire l'écho d'une légende qu'on ne trouve point ailleurs, Gaston-Phœbus revint de Prusse à l'appel de la Dauphine, assiégée dans Meaux (qu'Esquerrier appelle *Mihaut en Bria*). Sur le combat de Meaux et la part qu'y prit le comte de Foix, on peut consulter *Froissart*, édit. Luce, t. V, p. 103, les *Grandes Chroniques*, t. VI, p. 113-114, la *Chronique Normande*, édit. Molinier, p. 130-131 et 313 ; quelques pièces publiées par Secousse, *Mémoires pour l'Histoire de Charles-le-Mauvais*, t. II, p. 90-91 ; et enfin la chronique de Michel du Bernis, qui a en partie versifié le récit qu'il en donne *(loc. cit.)*

(6) Si les comtes de Foix ne faisaient plus de difficultés pour se reconnaître vassaux

sa companhia à Paris, al petit Chastelet (1). Et apres lo rey aguec novelas que lo prince de Gala era arrivat à Bordeu. Lo rey permettec que Febus foc alargit; et tant que tirar poguec, ab sa companhia s'en tirec al Comtat de Foix, et d'aqui en Bearn. Deffendec son pays contra los Angles et no volguec estre en la obediensa del prince de Gala ny de los Angles, per tantas menassas que li feissan. Se anec beser lo prince à Bordeu ; toutas fes demoren en hostatges los maiges tres capitanis del sang real de Anglaterra al castel de Ortes, entro que Febus fos aqui tornat, salp et segur. Empero los Angles li avian tractat la mort, sino que foc avisat ; en se tornan, s'en tirec al Mont de Marsa et d'aquy à Ortes. Lo prince li tramettec grandas menassas, et Febus li tramettec dins una lettra tres figas en pintura, per li donar à entendre que petita paor avia de lu (2). D'aquy en fora lo prince s'en pugec et passec prop de Tolosa, d'aquy à Carcassonna et d'aquy en Fransa ; s'en menec pres lo rey Johan de Fransa à Londres en Anglaterra (3).

Lo dugat de Guyanna et Gascogna demorec Angles de l'an mil tres cens cinquanta un entro l'an mil tres cens sexanta sept (4), que los comtes de Armanhac, Labrit (5) et los de lor sequela se appelen del rey Angles davant lo rey de Fransa de alcus greutges, que lor fasia. Febus no lo calguec appelar, car no era d'aquela obediensa.

de la Couronne de France pour le pays de Foix, il n'en était pas de même pour le Béarn, qu'ils considéraient comme un fief de franc alleu. A ce titre, en droit et en fait, ils refusèrent de prêter hommage au roi de France, ce qui donna lieu à diverses contestations d'abord sous Gaston-Phœbus, puis sous ses successeurs.

(1) C'est d'après Esquerrier qu'on a dit que Gaston-Phœbus fut enfermé par Jean-le-Bon au Châtelet, en 1356 ; Michel du Bernis n'en dit rien ; D. Vaissète (t. IX, p. 661) mentionne le fait sans l'affirmer. Il est certain que le comte de Foix était mécontent de ce que le roi de France avait fait arrêter Charles-le-Mauvais, roi de Navarre, son beau-frère. D'après le P. Anselme (t. II., p. 345), c'est pour ses rapports avec Charles-le-Mauvais que Gaston-Phœbus fut arrêté ; mais le roi lui aurait rendu peu après la liberté, sous la promesse que fit le comte d'aller servir en Guyenne contre le prince de Galles. Ce qui est certain, c'est que, si Gaston ne se révolta pas entièrement, il donna du moins prise à de violents soupçons sur sa fidélité.

(2) Cette anecdote, reproduite par les historiens du Comté de Foix au XVIe siècle, ne se retrouve pas dans les chroniqueurs antérieurs à Esquerrier.

(3) Auparavant, le 19 septembre 1356, avait eu lieu la bataille de Poitiers ou de Maupertuis, où le roi Jean avait été fait prisonnier et dont Esquerrier ne dit rien. Le prince de Galles ne suivit pas l'itinéraire indiqué par le chroniqueur ; il ne traversa pas le Languedoc et encore moins la France ; c'est au mois d'avril 1357 qu'en compagnie de son royal captif il partit de Bordeaux pour gagner directement Londres.

(4) C'est en 1368 qu'eut lieu la rupture du traité de Brétigny.

(5) *Labrit*, Albret.

L'an mil tres cens sexanta, lo dilus aprop de Sant Nicolau, foc destrusida la ordre dels Templiers per tout lo mon, per onze peccats de iretgia que commettian (1).

L'an mil CXXVIII, foc comensada aquela ordre per un religios appelat Robert. Devian viure à la regla de Sant Bernard et portavan l'abit blanc ab una croux rotja ; eran constituits per deffendre la santa crestientat contra los infisels, et eran appelats cavalhers del Temple et avian grandas rendas (2).

Lo premier peccat [es] que en Diu fermamen no cresian et, quand fasian un novel templier, no era sagut de negun com lo sagravan, mas se sabia quand li donavan los draps del abit.

Lo segond era quand aquel novel templier avia vestits los draps de la ordre, lavets tantost era menat en una cambra obscura, et lavets aquel novel templier, per sa mala adventura, renegava Diu, anava et passava per dessus la croux et à la dolsa figura de Diu escopia.

Lo ters era atal : anavan tantost adorar una falsa idola, que era una vielha pel d'home mort, et à laqual cascun templier mettia sa tres vila fe et crezensa fermamen. Aquela pel, als fossats dels o eils, avia carbouclas, que luzian com la clartat del cel ; aquo era lor Diu soveran, et en aquela se fisavan de bon cor. Aquela pel avia la maytat barba al visatge et la maytat al cul, don se era causa contraria ; et, per certan, lo novel templier li convenia far homenatge com à Diu.

Lo quart era, quand Sant Loys foc pres per los Sarrazis, se trasiren els una ciutat de outra mar, per lo gran mespres (3).

---

(1) Tout le passage qui va suivre, et où est raconté le procès des Templiers, est emprunté aux *Grandes Chroniques* (édit. Paris, t. v. p. 187 et suiv.) Il est impossible de se rendre compte pourquoi Esquerrier place cet événement à l'époque de Gaston-Phœbus et en l'année 1360 ; il y a là une grossière erreur de date. On sait que la persécution contre les Templiers eut lieu sous Philippe-le-Bel, à partir de 1310.

(2) Dans notre manuscrit et dans la traduction de Doat, le passage, mentionnant la création de l'ordre se trouve entre l'énumération du premier grief imputé aux Templiers et celle du second. Afin de ne pas interrompre la nomenclature des griefs et de ne pas couper le récit, nous avons cru devoir rapprocher ce passage de celui relatif à la destruction de l'ordre.

(3) *Per lo gran mepres*, ces mots ne se trouvent pas dans la traduction de Doat. On peut éclaircir et compléter le sens de cet article par le passage correspondant des *Grandes Chroniques* : « le quart, il cognurent ensement la traison que saint Loys et ès parties « d'oultre mer, quand il fu prins et mis en prison. Acre, une cité d'oultre mer, traisrent- « ils aussi par lur grand mesprison. »

Lo quint foc que lo poble crestia, que fos en aquel temps apropriat à las partidas de outra mar, els avian feyt tala convenansa et concordansa ab lo soldan de Babilonia quel los (1) agueran tantost per lors fals engins venduts los Crestias.

Lo sieize foc que del thesaur del rey avian recebut e prestat ad alcun, que foc gran dampnatge al rey e à tout lo realme (2).

Lo septen foc que els recogneguen lo peccat de iretgia et, per la hypocrisia, la un ab l'autre habitava carnalmen, de que era mervelha que Diu ac podia soffrir.

Lo hocyt foc que, sy un templier en la idolatria mores ben enfermat (3), alcunas fes els lo fasian ardre e de la polvera ne donian à manjar als novels templiers, et ainsy plus fermamen lor coratge et idolatria en[ter]tenian, del tout mespresan lo beray cos de Jesu Crist.

Lo nove es que un templier, que agues entor lu cinta o ligada una corda (4), que estan en lor ma *lioruc* (5), jamais per morir no fora recognegut (6), tant aquy avia sa fe.

---

(1) *Que los...* Par suite de la façon défectueuse dont plusieurs mots ont été transcrits par le scribe, le sens de la phrase est un peu embrouillé. Pour rendre la phrase plus intelligible, nous donnons le texte des *Grandes Chroniques*, concernant le cinquième grief : « Le quint article est tel : que se le peuple crestien en ce temps fust prochenne« ment alé és parties d'oultre mer, il avoient fait telles convenances et telles ordenances « au soudan de Babiloine qu'il leur avoient par leur mauvaisté appertement les crestiens « vendus. »

Il faudrait alors : *que li aguessan. Quel* serait pour *que li* ; *agueran* est la forme gasconne de *aguessan*, ainsi que nous l'avons constaté, p. 8.

(2) D'après la traduction de Doat, les Templiers auraient pris le trésor royal, tandis que, d'après notre manuscrit, ils auraient, au grand détriment du roi et du pays, prêté de l'argent, que le trésor royal leur avait confié.

(3) *Enfermat en la idolatria*, ferme et constant dans l'idolâtrie.

(4) Voici le ix° article d'après les *Grandes Chroniques* : « le neuviesme est tel : se nul « templier eust entour luy çainte ou liée une corroie, laquelle estoit en leur mahomerie, « après ce leur loy per luy pour morir ne fust recognue, tant avoit ilec sa foi affermée et « afflichée. »

(5) Mot, incompréhensible, non traduit par Doat. Puisqu'on a *mahomerie* en français, ne peut-on admettre que le scribe ne s'est pas rendu compte de ce qu'il écrivait. Il faudrait alors supposer que *ma* et *lioruc* ne devaient former qu'un seul mot, qui serait : *mahomeria*. On devrait, en ce cas, rectifier la phrase de cette façon : *corda, que estava en lor mahomaria*.

Mahomaria, signifie objet appartenant au culte de Mahomet.

(6) Le sens de cette partie de la phrase est embrouillé. D'après Doat, un templier qu serait dans de semblables conditions ne pourrait jamais mourir.

Lo detze es que fasian despiets, quand un enfan novel nat, engendrat de un nouvel templier am una piucela, era ben al foc coeyt et rostit, et, touta la greissa ostada, estava sagrada, uncta lor idola.

Lo onze es que, en lor ordre, no s'y devian batetjar alcun enfan ne levar de las santas fonts, tant com els se podian abstenir, ne sobre (1) fenna jazenta sobrevenir, sino que de tot en tot de reculos s'en volgues eyssir; laqual causa es horribla à recomptar.

Et, per aquestas felonias, per lo sovera avesque papa Clemen et trops cardenals, archevesques et avesques foren condamnats et per lo bel rey Phelip de Fransa.

Et apres ausirets coum fortamen Febus (2) prenguec Armanhac et touta sa gent: so foc l'an mil tres cens sexanta dos, dilus mati, en Decembre, lo cinque dia; davant Launac, sperec lo comte de Armanhac, ab sa tres nobla companhia, (3) comtes et baros, et sa nobla cavalharia, que eran ab lu, Mossen Jorda, comte de la Ilha, Mossen Sentrailha (4), comte de Astarac, (5) los comtes de Cardona et de Pail-

---

(1) Dans le manuscrit, il y a *feber*, mot incompréhensible.. Dans les *Grandes Chroniques*, en cet endroit, on trouve : « lo onziesme est tel : que leur ordre ne doit aucun enfant baptiser ne lever des saints fons, tant comme il s'en puissent abstenir, ne sur femme gisant d'enfant survenir ne doivent, se du tout en tout ne se veuillent issir à reculons. » Aussi, pour le texte, nous proposons *sobre*, au lieu de *feber*.
Ce passage est ainsi traduit par Doat : « Ni permettre qu'aucune femme accouchée y vint, sinon qu'elle voulust s'en retourner à reculons. »

(2) Les comtes de Foix et d'Armagnac étaient en guerre au sujet de la succession de Béarn. Une trève avait été conclue, le 21 mars 1362, et devait durer jusqu'en juin de l'année suivante (cf. D. Vaissète, t. X, *Preuves*, cc. 1283-1285). Mais le comte d'Armagnac la rompit et envoya, le 9 octobre, un défi à Gaston Phébus (Bibl. nat. coll. Doat, 190, fol. 326). C'est à la suite de ce défi, que se livra à Launac, dans le diocèse de Toulouse, à deux lieues de l'Isle-en-Jourdain, la bataille que raconte Esquerrier et dont il donne la date exacte (5 décembre 1362). On en trouve un récit plus détaillé encore dans Michel du Bernis, qui, ainsi que l'ont fait remarquer les éditeurs de la nouvelle édition de l'*Histoire du Languedoc* (t. IX, p. 748, note), a reproduit toutes les légendes qui avaient cours dans l'entourage des comtes de Foix du XV° siècle au sujet de ce glorieux fait d'armes. Il est certain que la bataille de Launac eut un grand retentissement ; 80 ans après, le comte Gaston IV, pour exciter le courage de ses troupes, leur en remémorait le souvenir. (Voir *Histoire de Gaston IV, comte de Foix*, par Guillaume Leseur, édit. H. Courteault, t. I, p. 82).

(3) C'est l'énumération de l'entourage de Gaston-Phœbus et non du comte d'Armagnac.

(4) *Sentrailha* est une faute ; il faudrait Sentouilh ou Centul. D'après l'*Art de vérifier les dates*, le comte d'Astarac, à cette époque, était Centulle IV.

(5) *Astarac*, pays de Gascogne entre l'Armagnac, le Fezensaguet, la Bigorre et le Comminges ; la capitale était Mirande.

has (1), Mossen Roger Bernard, vescomte de Castelbo, lo vescomte de Cozerans et autres nobles, cavalhers et baros, que assi serian long de explicar. Prenguen lo comte de Armanhac et sa companhia. Dels presoners los noms son : Mossen Johan, comte de Armanhac, que al boscatge s'en fugia. Un cavalher de Alamanha lo seguec, disen que :

> Los raynards estan al boscatge
> Et los leyrous que van panan.
> Ara sia Diu à mon dampnatge,
> Sy vous anats plus avan (2).

Et lo menec pres davant Febus, que era plagat et las de batalhar. [Foren presoners] (3) lo comte de Comenge, lo comte de

---

(1) *Cardone* et *Pailhas*, villes de Catalogne et voisines des domaines que les comtes de Foix possédaient dans ce pays.

Roger-Bernard, vescomte de Castelbo. Le comte Gaston I avait laissé ses fiefs de Catalogne à son second fils Roger-Bernard, dont le petit-fils Mathieu devait succéder à Phœbus mort sans postérité légitime.

(2) Voici le sens de ces vers, dont Doat n'a pas donné la traduction : « Ce sont les « renards qui se cachent dans les bois et les larrons qui vont voler. Mais Dieu me damne, « si vous allez plus avant. »

Cet épisode de la bataille se retrouve dans Michel du Bernis, ainsi que les vers mis dans la bouche du chevalier Allemand qui poursuivait le comte d'Armagnac.

(3) Nous mettons entre crochets, d'après la traduction de Doat, ces mots qui ne sont pas dans le texte, mais qui rendent la phrase plus claire. Après la digression relative à la prise du comte d'Armagnac, on continue l'énumération des prisonniers, *dels presoners los noms son...*

Tous ces noms de chevaliers, faits prisonniers à Launac, ont été plus ou moins défigurés par le copiste et plusieurs sont difficiles à identifier ; les histoires de Bertrand Hélie et de La Perrière, qui les reproduisent d'après Esquerrier, les donnent aussi fort altérés. On peut cependant y reconnaître les comtes de Comminges et de Montezun, le sire d'Albret et ses frères, les seigneurs de Montesquiou, du Falga, de Lanta, d'Aspet, de Pardeillan, de Saintrailles, de Bazilhac, de Castelbajac de Fimarcon, de Fézensac, de Campagne, de Barbazan.

Montezun, Gers, arr. de Mirande, c⁰⁰ de Marsiac; *Labrit*, Landes, arr. de Mont-de-Marsan ch.-l. de c⁰⁰ ; c'était le siège de la seigneurie d'Albret. *Montesquiou*, Montesquiou-Lasso, Gers, arr. de Mirande, ch.-l. de c⁰⁰ ; *Le Falga*, Haute-Garonne, arr. de Villefranche-de-Lauragais, c⁰⁰ de Revel ; *Lanta*, id., arr. de Villefranche-de-Lauragais, ch.-l. de c⁰⁰ ; *Aspet*, Haute-Garonne, arr. de Saint-Gaudens, ch.-l. de c⁰⁰ ; *Pardeillan*, Gers, arr. de Condom, c⁰⁰ de Valence-sur-Baise ; *Xaintrailles*, Lot-et-Garonne, arr. de Nérac, c⁰⁰ de Lavardac ; *Bazilhac*, Hautes-Pyrénées, arr. de Tarbes, c⁰⁰ de Rabastens ; *Cas-

Montlasu, Labrit, sos frays et sos cosis, et touta sa baronya, Montesquiu et cels del Falga, Vergonhat, Johan de Lantar, Roger de Aspet, Pardelha, Fortic de Santaralha, Bazilhac, Castel Bajac, lo seignor de Pontenas, la Bartha et lo de Fiumarco, Fezensaguet, et cels del Turto, et Simiel de Campanha, los seignors de Gunat, de Tarrida, Labarriera, Barbaza, et mes lo sindic de Latrau, los seignors de Castelnau, Sempsac, los seneschals de Armanhac, de Ribera, Mossen Gayssiot de Castelnau, Moncau, et Bilsera.

> Mossen (1) Guilhem Ferriol,
> Que se devia donar grand dol,
> Car tant avia cassat
> Febus, lo cabirol,
> Per los boscatges;
> Mes no l'a pas pres à son vol
> Ni son (2) barnatge (3).

telbajac, Hautes-Pyrénées, arr. de Tarbes, c⁽ⁿ⁾ de Galan ; *Labarthe, Barbazan, Castelnau* impossible de préciser, car il y a plusieurs localités de ce nom en Gascogne ; *Limarcon*, petite contrée de douze lieues de circonférence, composée de seize paroisses dans les diocèses de Lectoure, Auch et Condom ; *Fezensaguet*, petit pays à l'Est du Haut-Armagnac, dont le chef-lieu était *Mauvezin*, Gers, arr. de Lectoure, ch.-l. de c⁽ⁿ⁾ ; *Turto*, peut-être faudrait-il *Curto*, il y a une localité de *Saint-Martin-Curton*, Lot-et-Garonne, arr. de Nérac, c⁽ⁿ⁾ de Casteljaloux ; *Campagne*, Gers, arr. de Condom, c⁽ⁿ⁾ de Cazaubon ; Simiel, doit être un prénom dont la forme est altérée ; *Terride*, le seigneur, qui portait ce titre, n'était pas un Lévis, il appartenait à la maison de Lomagne ; une héritière de cette famille épousa, à la fin du XVIᵉ siècle, un fils du seigneur de Mirepoix. De ce mariage naquit un fils, qui hérita du château de Mirepoix et qui porta le titre de sire de Terride ; ce nom est resté au château de Mirepoix depuis cette époque. *Lo sindic de Latrau*, et non *Latran*, était un seigneur des environs de Bordeaux ; *Sensacq*, Miramont-Sensacq, Landes, arr. de Saint-Sever, c⁽ⁿ⁾ de Geaune ; *Rivière*, petit pays de l'Armagnac, dont le chef-lieu était L'Isle-en-Jourdain, Gers, arr. de Lombez ; *Moncaut*, Lot-et-Garonne, arr. et c⁽ⁿ⁾ de Nérac.

Nous n'avons pu identifier *Vergonhat, Pontenas, Gunat, la Barriera* et *Bilsera*.

(1) Les actes du temps mentionnent ce Guillaume Ferriol, que le chroniqueur chansonne ici ; ce devait être un chevalier au service de la maison d'Albret ; nous le voyons, après la bataille de Launac, au nombre des otages que durent livrer les frères d'Arnaud-Amanieu, sire d'Albret. (Arch. des Basses-Pyrénées, E. 40).

(2) *Barnatge* pour *Baronatge*, baronnie, et, par extension, seigneurie.

(3) Ces sept premiers vers ont été reproduits avec quelques variantes par La Perrière, f° XXXVII.

D'autres nau cens gentils y a,
Que assi no se fau arrenomnar ;
Cresets que touts aguen à finar
Et pagar tant finansa ;
Quand de Febus ausiran parlar,
Al cor n'auran dobtansa (1).

Al castel de Foix (2) los alogec à lor granda desplasensa.

(1) Voir la traduction de cette citation. « Messire Guillaume Ferriol, qui devait prendre « un si grand deuil, car il avait tant chassé Phœbus, l'isard, à travers les forêts ; mais il ne l'a « pas pris au vol pas plus que sa baronnie. Il y a aussi neuf cents autres gentils hommes « qu'on ne peut pas nommer ici. Croyez bien que tous ont à payer et à fournir grandes « finances ; quand ils entendront parler de Phœbus, ils en auront peur dans l'âme. »
Michel du Bernis n'a pas reproduit dans sa chronique ces vers qui sont, sans doute, l'œuvre d'Honorat Bonnet, prieur de Lelonnet ; Doat n'en a pas donné la traduction.

(2) D'après Michel du Bernis, il n'y eut que le comte d'Armagnac qui fut conduit au château de Foix ; les autres prisonniers furent répartis entre les divers châteaux du pays de Foix, « *foguen menats al Comtat de Foix et tots los castels en foren garnits* (p. 585) » Esquerrier, et après lui les autres chroniqueurs, assurent que les chevaliers pris à Launac furent renfermés dans le château de Foix. Une légende s'est même formée, à cette occasion; d'après la tradition populaire, la tour ronde aurait été bâtie avec le produit de la rançon que versèrent au comte, pour obtenir leur délivrance, les chevaliers faits prisonniers à la bataille de Launac.

Au xviie siècle, dans son *Mémorial*, Lescazes s'est fait l'écho de ses devanciers et a donné corps à cette légende en racontant l'origine du château de Foix, « sans comprendre, dit-il, les « fortifications de deux tours carrées, depuis illustrées d'une tour ronde, artistement élabo- « rée, d'une hauteur démesurée et beauté indicible, construite par l'ordre et soing de Gaston- « Phœbus, IIIe du nom, l'an du salut 1362 et parachevée le 5 Décembre, de l'argent provenant « de la rançon à lui payée par le généreux abbé de Foix, surnommé Mossen Fourrouil, et « autres seigneurs de haute considération faits prisonniers par le mesme Gaston en la « bataille donnée à Launac entre luy et le comte d'Armagnac, selon le rapport de Média- « villa au lieu cité du curieux Rabenac, de La Perrière et autres annalistes, en la vie dudit « Gaston. » (Lescazes, édition Pomiès, 1892, p. 21).

Comme la tour ronde est une œuvre remarquable de l'architecture militaire du Moyen-Age et que Gaston-Phœbus a laissé le souvenir d'un prince fastueux, se plaisant à élever de splendides monuments, et qui, d'après Esquerrier lui-même, se serait construit dix-sept châteaux, (*ci-dessous*, p. 62), il n'est pas étonnant qu'on lui ait attribué la fondation de cet édifice. La tradition est apocryphe ; ce qui donne à la légende une apparence de vraisemblance, c'est que cette tour a été élevée un demi-siècle environ après la mort de Phœbus et probablement sous un comte, également fastueux et s'appelant aussi Gaston, qui, dans les souvenirs populaires, se confond avec son célèbre prédécesseur. Il suffit d'examiner l'architecture du

L'an mil III°LXXV (1), Mossen Manaud de Barbasa et Raton de Landorda, Armanhagues, entre Pamias et Montaut foren pres; et apres lo comte Febus prengueé lo seignor de Mirapeys et son fil, que de Armanhac tenia lo partit et guerra se fusian entre pay et fil.

Et apres, l'an mil III°LXXVII (2), lo comte de Armanhac se alogec à Mirapeys ab sa poissansa per intrar en batalha, al loc de Bonrepaux, contra lo comte Febus, on avia feyt plantar lo pal. Febus foc lo jorn al camp; mas lo comte de Armanhac no s'y gausec trovar et s'en anec per lo Carcasses dreyt à Tolosa. Febus lo y anec cercar, ardre fec los barrys del castel Narbonnes (3) per ne jectar lo reynard, si y fos. Et apres las gens de Tolosa anen mettre lo seti à Miramont, pensan

monument pour constater que c'est une œuvre non du XIV° siècle, mais du XV°, ainsi que le démontrent les créneaux, les accolades de la porte inférieure, les formes des moulures. On a la preuve qu'en 1450 la tour ronde existait et servait d'archives; on peut admettre qu'elle fut édifiée sous le règne de Jean I" (1412-1436) ou dans la première partie du règne de Gaston IV, son fils. (*Bulletin de la Société Ariégeoise des Sciences, Lettres et Arts*, t. III, p. 118-119).

(1) La première guerre entre Gaston-Phœbus et lo comte d'Armagnac s'était terminée, le 16 avril 1364. La paix fut souvent troublée entre les deux princes, et, après plusieurs tentatives d'arrangement, les hostilités reprirent en 1375. (D. Vaissète, t. IX, p. 851, note 8 et *Chronique* de Michel du Bernis).

D'après Esquerrier, Renaud de Barbazan et Ratier de Landorre auraient été faits prisonniers au début de cette seconde guerre; ç'aurait été ensuite le tour des seigneurs de Mirepoix. Il faudrait plutôt *Landorthe*, village du canton et de l'arrondissement de Saint-Gaudens; D. Vaissète appelle ce seigneur *Landorre*.

(2) Dans tout le passsage qui suit, Esquerrier raconte des évènements militaires de l'année 1376, dont il est assez difficile de concilier le récit, assez embrouillé, avec celui, très précis, que donne Michel du Bernis; ce chroniqueur place ces faits aux années 1375 et 1376. Peut-être aussi faut-il voir dans le récit d'Esquerrier le complément de celui de du Bernis; nous ne voyons pas que ce dernier fasse allusion à une bataille, que Gaston-Phœbus aurait voulu livrer au comte d'Armagnac à Bonrepos (Haute-Garonne, arr. Toulouse, c"° Verfeil), pas plus qu'à un siège de Miremont (Haute-Garonne, arr. de Muret, c"° de Hauterive). En revanche, Esquerrier ne dit rien d'un des principaux évènements de cette campagne, la prise de Cazères par le comte de Foix. Quoi qu'il en soit, il semble que le récit, encore inconnu, de notre chroniqueur, pourra être de quelque utilité pour compléter l'histoire militaire, assez confuse de ces deux ou trois années (Voir à ce sujet Michel du Bernis, D. Vaissète, t. IX, p. 851, note 8; *Revue de Gascogne*, t. 22, année 1881, p. 53-58, 261-270, deux mémoires de MM. Cabié et Sorbets). Ni Michel du Bernis, ni D. Vaissète, ni les autres chroniqueurs ne parlent du siège de Miremont et de la mort du frère bâtard de Phœbus.

(3) Château Narbonnais à Toulouse.

que lo comte Febus y fos. Empero de Mazeras en fora y anec ab sa poissansa per secorer à Mossen Arnaud Guilhem, son fraire (1), que era assetiat; en batalha arrengada dec sus lo seti et aucigues toutas las gens de Tolosa, que aquy eran; la major partida se neguen en la Garonna et en l'Arieja et morin per causa que no volguen prendre à vida salva lo fraire de Febus; ains lo auciguen vilanamen, et per so dits la canso que « *manta dona ondrada y perdec son seignor.* » Asso lor endevengue per mantenir lo comte de Armanhac, per so que à sa favor era donada la crosada contra (2) lo petit Mesqui Jonas Orgas, de Alamanha, capitani de gens d'armas, pusque toutjorn eran al secors del comte Febus.

En l'an mil III^eLXXVIII, foc feyt lo matrimoni de Madona Beatrix, appelada la Gaya Armanhaguesa, filha del comte de Armanhac, ab Gaston, fil del comte Febus. (3)

En l'an mil tres cens nonanta, (4) lo duc de Berry, ab sa poissansa volia despausar lo comte Febus del govern de Lengadoc (5). La neyt de la Madalena, als barrys de Rabastens, Febus prenguec sept capitanis del duc de Berry et li auciguec sept cens homes; et los capitanis morin al castel de Foix et de Pamyas, en las presos. Et apres Febus

---

(1) C'était un frère bâtard de Gaston-Phœbus que Froissart appelle : *Messire Ernault Guillaume*, (Livre II, ch. VII).

(2) Le texte de cette phrase a dû être altéré ; il est impossible de savoir ce qu'a voulu dire le chroniqueur ni à quel personnage il fait allusion, en parlant de ce « petit Mesqui Jonas Orgas de Alamanha. » Il ne peut s'agir en aucune façon du capitaine de routiers, connu sous le nom de Petit Meschin ; il avait été exécuté à Toulouse en mai 1369.

(3) Le contrat de mariage de Gaston de Foix et de Béatrix d'Armagnac fut passé le 4 avril 1379, après que la paix eut été conclue entre les comtes de Foix et d'Armagnac au mois de février précédent.

(4) *Huictante*, d'après Doat, avec plus de raison.

(5) Esquerrier raconte ici sommairement la querelle entre le duc de Berry et Gaston-Phœbus, dépossédé du gouvernement de Languedoc au profit du premier. On trouve un récit plus détaillé de cette guerre dans la chronique de Michel du Bernis. (Voir aussi D. Vaissète, t. IX, p. 888 et suiv. notes, et surtout Cabié, *Rôle de l'Albigeois pendant la querelle du comte Gaston de Foix et du duc de Berry. 1380-1381*, dans la *Revue du Tarn*, années 1878-1879, p. 153 et suiv., p. 166 et suiv.). Esquerrier est d'accord avec du Bernis pour la date du combat de Rabastens et il infirme, comme lui, l'autorité de D. Vaissète (t. X, note 29, p. 64, qui imagine un combat à Revel, le 15 ou 16 juillet 1381. Mais Esquerrier a tort en disant que Gaston-Phœbus assista au combat de Rabastens, qui se passa uniquement entre routiers et pillards.

foc de accord ab lo duc ; Febus demorec governador et lo duc s'en tornec en Fransa (1).

En l'an mil III^cLXXXIX, Febus anec à Tolosa et convidec lo rey à Mazeras (2), [que] aquy se sejornec tres jorns à desplaser de sos ennemics et envejos (3). Altras valentias fec, que assi no son escriptas (4), et se fec el XVII castels.

De lu no demorec degun fil leyal, sino Mossen Yvan lo bastard (5). Et moric soptamen, intestat, à Saubaterra (6), en lo castel, en toquan una fleuta, (7) lo premier jorn de agost, l'an mil tres cens et XC, et foc comte quaranta sieix ans, et succedec Mossen Mathieu, son nebot. (8)

(1) De longues négociations précédèrent la paix entre Gaston-Phœbus et le duc de Berry ; commencées au mois d'août 1381, elles ne se terminèrent qu'en décembre de cette même année. (D. Vaissète, t. IX, p. 905, note 2).

(2) Pour le récit de la brillante réception faite à Charles VI dans le Comté de Foix par Phœbus, voir Froissart, *Edit. Buchon*, t. III, p. 30.

(3) Le roi de France Charles VI arriva à Toulouse le 29 novembre 1389 (D. Vaissète, t. IX, p. 941). Le comte de Foix alla l'y trouver et conclut avec lui un traité, le 5 janvier 1390 ; il reçut du roi la jouissance viagère du comté de Bigorre et lui fit donation de tous ses domaines, dont il se réserva la jouissance viagère (Archives nationales, J 294). Le roi partit, le 7 janvier, pour le Comté de Foix, où Gaston lui fit une réception splendide.

(4) Il s'agit toujours de Phœbus et non du roi.

(5) Remarquons qu'Esquerrier, pas plus que du Bernis, ne dit rien du fils légitime de Gaston-Phœbus et de sa mort tragique au château d'Orthez, dont on trouve le récit dans Froissart. « Il ne resta de Phœbus aucun fils légitime, » disent-ils. Chroniqueurs officiels de la maison de Foix, du Bernis et Esquerrier ne pouvaient dire autre chose ni rien laisser entendre d'un drame de famille, qu'ils devaient bien connaître. Gaston-Phœbus, outre le bâtard Yvain, laissa un autre fils naturel, Bernard, qui fut la tige des ducs de Médina-Cœli. (D. Vaissète, t. IX, p. 961).

(6) *Saubaterra*, Sauveterre-de-Béarn, Basses-Pyrénées, arr. d'Orthez, ch.-l. cⁿ.

(7) Le texte de la chronique a subi ici une interpolation, qui n'a rien de surprenant, vu le mauvais état dans lequel il nous est parvenu. Ce n'est point Gaston-Phœbus qui mourut en jouant de la flûte, mais bien le comte François-Phœbus, petit-fils du comte Gaston IV et son successeur au XVe siècle ; Esquerrier ne l'a sans doute pas connu. Un copiste maladroit et ignorant, trompé par ce nom de Phœbus, que portèrent les deux princes, a introduit dans le texte de notre chronique l'erreur que nous signalons. Gaston-Phœbus mourut bien de mort subite, mais à la suite d'une attaque d'apoplexie, au moment de se mettre à table ; sa mort survint en 1391, et non en 1390, comme le dit Esquerrier ; la date du mois d'août est exacte. Le 17 août 1391, Mathieu, assisté de sa mère, reçut dans le château de Foix le serment de fidélité des délégués d'Ax et d'autres communes, dont il confirma les privilèges (Pasquier, *Coutumes de la ville d'Ax*, Foix 1887).

(8) Doat, dans sa collection, a donné toute la traduction de la chronique d'Esquerrier ; Garrigou n'en a pas continué l'impression après le règne de Gaston-Phœbus.

LO XIII COMTE DE FOIX

Mossen Mathieu foc fil de Mossen Roger Bernard de Foix, cosi germa del comte Febus, que era fil de l'autre Roger Bernard, vescomte de Castelbo et de Moncada, de Vic de Alzona, de Martorel et de Castelvieilh de Roanes, fil de Madona Girauda de Navalhas (1).

Lo pay de Mossen Mathieu vendec Moncada à la ciutat de Barsalona per XXXVI mil floris, feyts (2) don lo comte Febus lo tenguec à Ortes pres et ne aguec tota la somma de XXXVI mil floris de finansa, et despueys se aguec à gardar de lu tant com ennemic. Per so no se volguec (3) adjustar ab lo comte de Armanhac per fer guerra à Febus, per bontat et natura no ac podia portar; et per so lo heritatge ne devenguec à Mossen Mathieu son fils, com pus proda (4) al gra de parentela.

Mossen Mathieu foc marit de Madona Johana (5), infanta de Arago, filha del rey En Johan. Et mort que foc lo rey, Mossen Mathieu fec sas requestas als tres estats del realme, que volguessan recebre per regina la seignora infanta de Arago, sa molher (6). De aquo li fen grandas contraditios, et per so lor aguec à fer guerra, et ab sa poissansa passec en Catalonha, la vespra de Tossans, l'an mil III°XCVI,

---

(1) Mathieu de Foix, qui succéda à Gaston-Phœbus, était fils de Roger-Bernard II, vicomte de Castelbon, petit-fils de Roger-Bernard I", également vicomte de Castelbon, et arrière-petit-fils de Gaston I", comte de Foix; sa mère était bien, comme le dit Esquerrier, Géraude de Navailles. La biographie, que donne notre chroniqueur du comte Mathieu est beaucoup plus complète que celle de Michel du Bernis, qui ne lui consacre que quelques lignes (édit. Buchon, p. 589). Pour les alliances entre les maisons de Foix et de Grailly, voir ci-dessous la note placée à la suite du chapitre du comte Archambaud.

(2) Voici le sens de ce passage un peu embrouillé : « faits à l'occasion desquels le comte Phœbus le tint prisonnier à Orthez et lui retira la somme de 36.000 florins, et depuis il eut à s'en garder comme d'un ennemi. »

(3) Il s'agit du père de Mathieu, qui ne voulut pas faire alliance avec le comte d'Armagnac.

(4) *Proda*, comme plus proche par le degré de parenté.

(5) C'est en 1393, au retour d'une expédition en Tunisie, dirigée par le duc de Bourbon et l'amiral Jean de Vienne, que Mathieu épousa l'infante Jeanne, fille aînée du roi d'Aragon Jean I" (P. Anselme, t. III, p. 350).

(6) Le roi d'Aragon mourut le 19 mai 1395, le comte et la comtesse de Foix firent immédiatement valoir leurs droits à sa succession, à l'encontre de leur oncle l'infant Dom Martin, frère puîné de Jean I".

et y demorec dos meses et y fec (1) paucas de bestrigas (2). Lo comte de la Ilha y devia passar ab lu, car era pagat de sept cens et dotze francs per sos gatges à lu pagats (3), et ne foc obligat de sos gatges, no y anec point. La regina de Secila (4), molher del rey En Marti, fray del rey Johan, que se disia rey de Arago, fec prendre Martorel et Castelvieilh de Roanes jus la man del dit rey, et despueys en sa los a tengut. Per recompensatio de aquels locs et castels, que foren venduts à En Fernando (5), en Perpenha, per XXXVI mil floris, li foc balhat per aquela somma Castilho de Farfanhà. (6)

La seignora comtessa moric lo mes de may, l'an mil tres cens XCIX ; foc comte IX ans (7), et demorec sens enfans. Et succedec en lo heritatge sa sor Madona Isabel, molher de Mossen Archimbaud, captal de Grailli, de Buc et de Puch Pauli.

(1) Sur la guerre entreprise en Aragon par Mathieu, voir Zurita, *Annales de la Corona de Aragon* (Saragosse, 1610), t. II, p. 416 et suiv.; L. Flourac, *Jean I*^{er} comte de Foix*, Paris, 1884, in-8°), chap. II ; Marti et Pasquier, *Un épisode de la guerre entre Mathieu, comte de Foix, et Martin, roi d'Aragon*. (Bulletin de la Société Ariégeoise des Sciences, Lettres et Arts, t. II, p. 154).

Michel du Bernis (*loc. cit.*) dit que Mathieu passa en Catalogne « après la festa de Martro (*Toussaint*), à l'intrant de l'ibern. » C'est en 1395, et non en 1396, comme le dit Esquerrier, que la guerre commença ; elle se poursuivit jusqu'au début de l'année 1397.

(2) Au lieu du mot *bestrigas*, que nous avons déjà rencontré, ne faut-il pas *besonhas* ? On trouve ce même mot dans M. du Bernis, dans le passage où il parle du peu de résultat qu'eut la tentative de Mathieu : *fec paucas de besonhas* (p. 589; *loc. cit.*).

(3) Ce passage présente quelque obscurité par suite d'une répétition de mots. Il doit s'agir du comte de l'Isle-en-Jourdain, qui devait accompagner le comte dans son expédition, moyennant 1200 francs de gages qui lui furent payés. Il prit l'argent et n'alla point en campagne.

(4) Il s'agit de Dona Maria, femme de Don Martin, *que se disia rey d'Arago*. Cette princesse, héritière de la couronne de Sicile, avait épousé Martin, frère de Jean, roi d'Aragon.

(5) L'évènement, qu'Esquerrier place sous Mathieu, se passa sous le règne de son neveu Jean Ier. Martin avait confisqué au comte Mathieu, son compétiteur au trône d'Aragon, les châteaux de Martorell et de Castelvieil de Rozanès ; il les rendit au successeur de Mathieu, Archambaud de Grailly. Jean Ier, fils et successeur de ce dernier, les vendit pour 36.000 florins au roi d'Aragon Ferdinand-le-Juste qui, en garantie, lui remit Castillon de Farfania, et qu'il finit par lui abandonner, faute de payement. Le récit d'Esquerrier permet d'éclaircir un point que M. Flourac, dans son histoire de Jean Ier, a laissé douteux (p. 181).

(6) *Castello de Farfana*, Catalogne, province de Lérida, part. jud. de Balaguer.

(7) Le copiste doit avoir omis ici quelques mots, ou bien il faut subsituer les mots : « *lo seignor comte* » à « *la seignora comtessa.* » D'après Michel du Bernis, Mathieu mourut le 1er août 1399 ; c'est une erreur, il mourut le 5 du mois d'août de l'année précédente (Flourac, *op. cit.* p. 8).

LO XIV COMTE DE FOIX

Mossen Archimbaud de Grailli, captal de Buc et de Puch Pauli, vescomte de Benaugas et de Castilho (1), foc marit de Madona Isabel de Foix, sor del dessusdit Mossen Mathieu, comte de Foix (2). Madona Isabel foc comtessa de Foix, dona de Bearn, vescomtessa de Castelbo et de las autras seignorias, l'an mil IIIIe; car lo rey de Fransa fec mettre lo comtat de Foix en sa ma per Mossen Loys de Sanserra, son conestable. Et apres lo rey lor restituec lo comtat ab totas las autras seignorias; lo medeys an, li fen l'homenatge à Paris, jassia que foc feyta guerra et contrast contra lo conestable et sas gens (3); empero lo rey lor ac perdonec et abolic. Et d'aqui avans tenguen lo pays en pax. Aguen cinq fils : Mossen Johan, que apres foc comte de Foix; Mossen Gaston, que foc captal de Buc; Mossen Archimbaud, que foc seignor de Navalhas; Mossen Mathieu, que foc comte de Comenge; Fray Pey, de l'ordre dels Frays Menors, que foc cardenal de la Santa Gleisa de Roma (4).

De Mossen Archimbaud, vos dire (5) que son payre era cosi germa

---

(1) *Benaugas*, Bénauge, Gironde, arr. de Libourne, c^{ne} de Coutras, c^{ne} des Eglisottes.
Castilho, Castillon-sur-Dordogne, Gironde, arr. de Libourne, ch.-l. de cⁿ.

(2) Archambaud de Grailly avait épousé en 1381 Isabelle, l'unique sœur de Mathieu de Castelbon.

(3) Sur les démêlés du nouveau comte de Foix avec le roi de France Charles VI et sur l'expédition du connétable Louis de Sancerre dans le Midi, voir D. Vaissète, t. IX p. 979 et suiv., Michel du Bernis, et Flourac, *op. cit.* p. 17 et suiv..
Quand Charles VI vint à Mazères, Gaston-Phœbus lui fit don de ses Etats, dont il se réserva la jouissance. Après la mort de Gaston, le roi ne fit pas valoir ses droits et laissa Mathieu prendre possession tranquillement de la succession de son cousin. Au décès de Mathieu, le roi de France crut devoir revendiquer l'héritage en invoquant la donation faite par Phœbus; et pour appuyer ses prétentions, il envoya le connétable Louis de Sancerre combattre Archambaud et réunir le Comté de Foix à la Couronne. Charles VI, ainsi que le dit Esquerrier, abandonna ses prétentions et reconnut Archambaud et sa femme comme légitimes souverains.

(4) La même énumération des cinq fils d'Archambaud se retrouve dans Michel du Bernis, p. 589.

(5) *Vos dire*, je vous dirai.... Esquerrier a commis plusieurs erreurs en indiquant les degrés de parenté, qui unissaient les maisons de Foix et de Grailly.
Pierre II de Grailly, père d'Archambaud, n'était pas cousin germain de Gaston-Phœbus; le père de celui-ci, Gaston II, n'était pas le frère de l'aïeule d'Archambaud. Cette aïeule était Brunissende de Foix, femme d'Hélie VII de Talleyrand-Périgord, sœur de Gaston I et tante de Gaston II. La fille de Brunissende était Rosamburge de Périgord, cousine germaine de Gas-

del comte Febus, car lo payre del comte Febus et la aujola de Mossen Archimbaud eran fray et sor ; per so era nebot del comte Febus, fil de son cosi germa, et era cosi ters del comte Mathieu.

Mossen Archimbaud moric l'an mil quatre cens tretze et foc comte tretze ans. (1)

LO QUINZE COMTE DE FOIX

Mossen Johan, fil de Mossen Archimbaud et de Madona Isabel de Foix, foc marit de Madona Maria, infanta de Navarra, filha del rey Carles, de laqual no aguec degun infant, (2) et foc comte l'an mil IIII^{c}XIII. Estan vescomte de Castelbo, en l'an mil IIII^{c}IX, ab sa poissansa, passec en Serdanha, ab lo rey En Marti de Arago, encontra Mossen Aymeric, vescomte de Narbonna, que volia estre duc de Alborega (3), et, ab los Sarts, volia estremar la seignoria al rey de Arago, per causa que la molher del vescomte, dona Blanca, era filha del duc de Alborega de Sardanha. Ab l'adjuda del dessus dit [Johan],

---

ton II, laquelle épousa en secondes noces Pierre II de Grailly et en eut Archambaud. Ce dernier et Gaston-Phœbus étaient issus de germains. Ce qui complique l'arbre généalogique des deux maisons, c'est que Pierre II avait eu d'un premier mariage un fils Jean II, qui lui succéda et qui eut pour femme Blanche de Foix, sœur de Gaston II. De ce mariage naquit Jean III de Grailly, le fameux captal de Buch, le rival de Duguesclin. Le captal était le cousin germain de Gaston-Phœbus ; il l'accompagna en Prusse, lors de l'expédition de 1357-58. Il mourut en 1377, à Paris, prisonnier au Temple ; comme il n'avait pas d'enfants légitimes, sa succession revint à son oncle Archambaud, enfant du second mariage de Pierre II.

Archambaud, en prenant pour femme Isabelle, l'héritière de Foix-Castelbon, s'unissait à une cousine. En effet, le chef de la branche, Roger-Bernard I, était frère de Gaston II et comme lui, cousin germain de Rosamburge, mère d'Archambaud, de laquelle Gaston-Phœbus et Roger-Bernard II de Castelbon, père d'Isabelle et de Mathieu, se trouvaient parents au degré d'issus de germains. (Voir Mas-Latrie, *Trésor de chronologie*, Comtes de Foix, cc. 602-603, seigneurs de Grailly, cc. 1609-1610).

(1) Archambaud de Grailly mourut dans le courant de janvier ou dans les premiers jours de février 1412 et non de 1413 (Flourac, *Jean I, comte de Foix*, p. 43).

(2) L'infante de Navarre que Jean Ier, comte de Foix, épousa, ne s'appelait pas Marie, mais Jeanne, c'était la fille aînée du roi Charles III le Noble. Le mariage fut célébré du vivant d'Archambaud de Grailly, en 1402 ; cette princesse mourut en 1413, sans enfants, comme le dit le chroniqueur (Flourac, p. 28).

(3) *Alborega*, Arborée, principauté de l'Ile de Sardaigne.

[En Marti] escofic [en] doas batalhas [los] Sarts (1), et lo rey demorec seignor de Sardanha. (2)

Et apres s'en anec en Navarra, se combatec ab lo comte de Mendossa et y gasanhec la enseigna del Drago. (3) Et apres anec al seti de Lordas, (4) que tornec à la obediensa dels Frances, foc al seti de Borg (5), et apres al seti de Toget (6) contra lo comte de Armanhac, qui era rebele al rey. (7)

En l'an mil IIII^eXIII, et apres l'an mil IIII^eXV, lo comte de Armanhac, ab los rotiers de Fransa, Ramon de Laguerra (8) et Johan de Barguies, ab lor sequelha, fec guerra al comtat de Foix et en Bearn, estan Mossen lo comte de Foix en peregrinatge de Sant Jacmes de Galicia. Foc assignada batalha, mas y foc pausat accord et pax per cens et un an ; lo comte de Armanhac s'en tornec en Fransa et apres foc pessejat, et à grand deshonor, à Paris.

En l'an mil IIII^eXVI, lo emperador de Alamanha venguec à Perpinha per lo sisme de la Gleisa contra Mossen Pey de Luna, que volia estre papa ; et Mosseignor lo comte de Foix y foc. (9)

(1) Il y a dans le manuscrit : *escofic doas batalhas dels Sarts*. Nous avons modifié un peu le texte pour rendre le sens plus clair ; nous mettons entre crochets les corrections que nous proposons.

(2) Sur l'expédition du vicomte de Castelbon en Sardaigne, que résume ici Esquerrier, voir, pour plus de détails, Michel du Bernis, p. 590, et Flourac, p. 38-41. D'après Flourac, le vicomte de Narbonne s'appelait Guillaume et non Aymeri, comme le prétend Esquerrier.

(3) Michel du Bernis mentionne aussi ce duel de Jean Ier avec le comte de Mendoça (p. 591).

(4) Dans le manuscrit on trouve *Bordeu*, qui est une erreur du scribe. Doat écrit *Lourdes*, qui fut en effet, pris à cette époque, tandis que Bordeaux ne succomba que plus tard, aussi avons-nous rétabli *Lordas*.

(5) *Borg*, Bourg-de-Bigorre, Hautes-Pyrénées, arr. de Bagnères-de-Bigorre, village à la prise duquel Jean I contribua.

(6) *Toget*, Touget, Gers, arr. de Lombez, c^{ne} de Cologne.

(7) Sur ces événements, voir Michel du Bernis (p. 591-592) et surtout Flourac, (p. 51-52.) Le comte de Foix ne réussit pas à prendre Touget, que défendait le comte d'Armagnac, Bernard VII.

(8) Michel du Bernis parle également d'un Ramonet de La Guerra, capitaine de routiers. Le Comte de Foix ne put aller à Saint-Jacques de Compostelle, comme le dit Esquerrier ; l'invasion de ses Etats par le comte d'Armagnac l'obligea à revenir sur ses pas.

(9) C'est en 1415 que l'empereur d'Allemagne Sigismond se rendit à Perpignan pour y avoir une entrevue avec le roi Ferdinand d'Aragon, au sujet du schisme que l'opiniâtreté de Benoît XIII prolongeait (D. Vaissète, t. IX, p. 1026-1027).

En l'an mil IIII^cXIX, lo pays de Lengadoc se rebelec al rey, obedien al duc de Bergonha et al prince de Aurenja, son loctenen. Mossen lo comte, ab sa poissansa et forsa d'armas, fora jetec lodit prince de tout lo pays de Lengadoc, tornec lo pays à la obediensa del rey (1), et foc loctenen per lo rey en Lengadoc. Fec batre moneda, appelada *Guilhalmes*, à la ciutat de Pamyas ; de que apres obtenguec abolitio del rey, jassia que, per mantenir la seignoria del rey et la guerra, avia feyt batre ladita monèda dels *Guilhalmes*.

En l'an mil IIII^cXXII et lo XXIII de May, (2) prenguec per molher Madona Johana de Labrit. En l'an mil IIII^cXXIX foc feyt governador de Lengadoc, crompec lo vescomtat de Villamur, anec en Fransa contra los Angles ab sa poissansa et fec penjar Johan Valeta, capitani de leyros et rotiers, davan la porta Dusserre (3). Gasanhec lo comtat de Begorra en cort de Parlamen à Paris contra lo comte de Armanhac, que, antiquamen, perso que no lo podia aver, lo avia feyt sequestrar et mettre en la ma del rey. Per lo dit comtat fec lo homenatge al rey. (4)

En l'an mil IIII^cXXXIII, ab sa poissansa, prenguec ab forta guerra lo comtat de Venecia (5) et mettec lo seti à la ciutat de Avigno, que era rebela à Papa Marti et à son vicari, Mossen lo Cardenal de Foix. (6) Touts se metten en la obediencia del papa et de son vicari per forsa de guerra que Mosseignor lo comte de Foix lor fec ab sa poissansa.

(1) Sur la lutte du comte de Foix contre les Bourguignons en Languedoc, voir Michel du Bernis, p. 506, et Flourac, p. 79.

(2) Esquerrier est-le seul chroniqueur qui donne la date précise de mois et de jour du mariage de Jean Ier avec Jeanne d'Albret ; M. Flourac se trompe en plaçant la célébration de cette union en 1423 (p. 97).

(3) *Dusserre*, nom de lieu qu'on ne peut identifier. Ce Jean Valette, d'après Quicherat, (*Rodrigue de Villandrando*) fut pendu à Nimes. Michel du Bernis se borne à mentionner son exécution.

(4) Sur cet interminable procès de Bigorre, qui durait depuis près de deux siècles, voir Flourac, p. 187 et suiv.

(5) *Comtat de Venecia*, Comtat Venaissin. Sur l'affaire du Comtat Venaissin, dans laquelle le comte de Foix soutint son frère le cardinal Pierre de Foix, nommé par le pape Eugène IV archevêque d'Avignon, voir Michel du Bernis, p. 594, D. Vaissete, t. IX, p. 1115, Flourac, p. 150 et suiv.

(6) Ce cardinal de Foix était Pierre, fils d'Archambaud et frère de Jean I. A la fin du xve siècle, il y a eu un second cardinal dans la maison de Foix ; ce fut un autre Pierre, troisième fils de Gaston IV, et petit-neveu du premier cardinal. Le collège de Foix à Toulouse a été fondé par le premier Cardinal Pierre.

Mossen lo cardenal demorec al palays com legat et vicari del papa; et apres prenguec Mossen Johan Carors, (1) cardenal de Mossen Pey de Luna, sismatic, al loc de Puylaurens, que anava per mettre sisme en la Gleisa de Roma ; loqual era malafeit et excomenjat ab Mossen Johan, comte de Armanhac, et tout son pays, per l'espassi de un an, ainsi que appar per las bulas, que son al castel de Foix. Lo dit Mossen Carors moric al castel de Foix, excomenjat, et [foc] sebelit al pe de un roc.

L'an mil IIII^eXXXVI, en lo mes de may, [Mossen Johan] prenguec per molher Madona Johana de Arago, filha del comte de Urgel (2), et moric lo medeys mes à Mazeras ; foc comte vingt tres ans. (3)

LO XVIe COMTE DE FOIX

Mossen Gaston, fil de Mossen Johan et de Madona Johana de Labrit, nasquec lo XXVI de Febrier, l'an mil IIII^eXXII (4), foc feit comte l'an mil IIII^eXXXVI en son atge de quatorze ans, et foc marit de Madona Leonor, infanta de Navarra (5).

L'an mil quatre cens quaranta, le rey de Fransa passec en Guyanna per conquestar Tartas, anec mettre lo seti à Sant Sever, oun Mosseignor lo comte era ab sa poissansa, et conquestec Sant Sever. Lo rey anec mettre lo seti à Dax en Gascogna, et, aquy, Mosseignor lo comte foc feit cavalher per la ma del rey en l'assaut del baloard (6). Quand Dax se rendec, Blanquafort (7) et sas gens entren en Bearn ; los Bearnes

---

(1) C'est le cardinal Espagnol Carillo.

(2) Il y a une confusion dans Esquerrier. Jeanne d'Albret, seconde femme de Jean Ier, était morte en 1435 ; le troisième mariage du comte avec Jeanne d'Aragon, fille du comte d'Urgel Jacques II, eut lieu au mois d'Avril 1436.

(3) Jean Ier mourut dans la nuit du 3 au 4 mai 1436 (Flourac, p. 173).

(4) 1423 (*nouveau style*).

(5) Le mariage de Gaston IV avec l'infante de Navarre Eléonore avait eu lieu du vivant même de Jean Ier (Arch. des Basses-Pyrénées, E. 437).

(6) C'est en 1442, et non en 1440, qu'eurent lieu l'expédition de Charles VII en Guyenne et la prise de Tartas, Saint-Sever et Dax. Sur ces évènements, voir les chroniqueurs du XVe siècle, Chartier, Berry, et surtout, pour la part qu'y prit le comte de Foix, l'*Histoire de Gaston IV* par Guillaume Leseur, publiée par H. Courteault pour *la Société de l'Histoire de France* (Paris, 1893, t. I, chap. II et III).

(7) Blanquefort était un capitaine de troupes royales.

se leven contra lor et à Mespleda (1) foc la batalha oun los Bearnes morin, Mosseignor lo comte estan al seti de Dax et sens son conged (2); don Mosseignor lo comte ne cuidec aver danger. Aquy se complic la professia de la gran batalha, que se devia fer en Gascogna (3).

D'aquy en fora, lo rey s'en tornec en Fransa et commandec lo loc de Sant Sever à Mosseignor de Foix, et Dax al vescomte de Lomanha, fil del comte de Armanhac. A cap de temps Sant Sever se rebelec et se tornec Angles. De feit, Mosseignor lo comte de Foix y mettec lo seti et lo conquestec ab forsa d'armas, ab las gens de son pays de Bearn (4).

Et apres anec, ab sa poissansa, en Comenge, al secors de son oncle, Mossen Mathieu, comte de Comenge, car los Armanhagues y eran, consenten lo pays, per la ma de Rodigo de Villandran (5), capitani dels rotiers et pilhadors del realme de Fransa, ab gran aulesa entrats (6). Et pres lo comtat de Comenge jus ombra de la ma del rey, los Armanhagues volian aver lo comtat per lor. Lo comte de Foix, ab sa poissansa, mettec lo seti à la Ilha en Dodo (7) ab sos amycs et valedors, et myausan sos bons efforts, lo pays tornec en la ma de Mossen Mathieu, comte de Comenge. Mosseignor lo comte de Foix fec deroquar lo castel de Roquafort (8), que era de Mossen Pey Ramond de Comenge, quy era seneschal per Mossen Mathieu et avia liurat lo pays al comte de Armanhac (9).

(1) *Mesplède*, Basses-Pyrénées, arr. d'Orthez, c^{ne} d'Arthez.
(2) *Sens son conged*, à son insu. *Ne cuidec aver danger*, voici le sens de ce passage : « à l'occasion de ces faits le comte pensa éprouver des inconvénients. »
(3) Esquerrier est un des rares chroniqueurs qui parlent de l'affaire de Mesplède, laquelle eut, semble-t-il, un grand retentissement dans le Sud-Ouest.
(4) Cf. G. Leseur, chap. III.
(5) Villandrando, célèbre capitaine de routiers, dont Quicherat a raconté les aventures. La forme *Villandran* se trouve dans d'autres textes.
(6) Depuis *car los Armanhagues* jusqu'à *la ma de Rodigo* la phrase, sans doute, par suite d'interversions et d'omissions dans les mots, est obscure. Voici le sens qui semble le plus admissible : « Les Armagnagais étaient en Comminges, le pays y consentant, grâce à R. de Villandrando, capitaine des routiers et pillards du royaume de France, qui y avaient pénétré avec une grande méchanceté. »
(7) L'Isle-en-Dodon.
(8) Château, dont les ruines se dressent sur un mamelon au confluent du Salat et de la Garonne. *Roquefort*, Haute-Garonne, arr. de Saint-Gaudens, c^{ne} de Salies-du-Salat.
(9) Esquerrier place à tort la guerre de Comminges après la campagne de Guyenne ; elle eut lieu en réalité en 1440-1441 ; le comte de Foix y fit ses premières armes. (Cf. Michel du Bernis, p. 596-597).

Et apres Mosseignor le Dalphi prenguec lo comte de Armanhac, Carles son fil et sas filhas, et los menec pres de la Ilha en Jorda à Tolosa, d'aquy à Lavaur et d'aquy à la ciutat de Carcassonna, l'an mil IIII^cXLIIII (1). Et apres l'an mil IIII^cXLV, Mosseignor lo comte de Foix entrec pleges et fermansas (2) al rey per son deliure et de sos enfans et de sas terras et seignorias. Lo vescomte de Lomanha, son fil, s'en era fugit en Catalonha (3), et, en l'an mil IIII^cXLIIII, era vengut à parlamen à Mosseignor de Foix à Perpinha, per so que Mosseignor lo comte li tractes sos accords en Fransa ab lo rey ; cum se fec, so que els no agueran feit (4) per lu.

Demorec en Fransa gran temps, oun fec de merveilhosas causas et justas (5), oun aguec lo prets et la honor tant en la cort del rey de Secilla et en lo passatge oun era lo nau (6). Et apres tornat que foc de Fransa, ab sa poissansa et gens de son pays, a conquestat (7) Malleo de Sola, Fastingas, Labort, et touts los pays, que touts temps avian estats Angles (8).

(1) Sur l'expédition du Dauphin dans le comté d'Armagnac en 1443, voir D. Vaissète, t. XI, p. 6-8; Monlezun, *Histoire de la Gascogne*, t. IV, p. 279-280.

(2) Le comte de Foix se rendit caution pour le comte d'Armagnac (D. Vaissète, t. XI, p. 10).

(3) Le vicomte de Lomagne, qui s'était enfui, non en Catalogne, comme le dit Esquerrier, mais en Navarre, puis en Aragon, essaya, en mai 1444, de rentrer à main armée dans ses terres ; mais n'étant point soutenu par le comte de Foix, il échoua. Il eut, comme le dit le chroniqueur, une entrevue avec Gaston IV à Perpignan, au moment où celui-ci, revenant d'Espagne, se disposait à rejoindre la cour de France à Nancy. Le comte de Foix intervint en effet auprès de Charles VII en faveur de son ancien ennemi, qui fut remis en liberté, moyennant de fortes cautions fournies par plusieurs grands seigneurs (Cf. l'édition de la chronique de Mathieu d'Escouchy, par M. de Beaucourt, t. III, *Preuves*, p. 121).

(4) Le chroniqueur fait observer que les d'Armagnac n'en auraient pas fait autant pour le comte de Foix.

(5) On peut lire le récit de ces tournois (*justas*) et de ces fêtes, auxquels le comte de Foix prit part de 1445 à 1447 et qu'Esquerrier mentionne si brièvement, dans la chronique de Guillaume Leseur, t. I, chap. VIII à XIII.

(6) *Oun era lo nau*, où il était le neuvième ; c'est sans doute une allusion à un des nombreux pas d'armes (*passatge*) où figura à cette époque le comte de Foix.

(7) *Mauléon*, Basses-Pyrénées, ch.-l. d'arr.

Hastingues, Landes, arr. de Dax, c^{ne} de Peyrehorade.

Labort, le Labourd, région dont Bayonne était la ville principale.

(8) Esquerrier rappelle ici très sommairement des évènements militaires des années 1449-1450 : la prise de Mauléon, celle de Hastingues et la conquête du Labourd (voir Leseur, t. I, chap. III, IV, VI).

Et apres, l'an mil quatre cens quaranta sieix, Mosseignor lo comte gasanhec en la cort de Parlamen de Paris lo vescomtat de Villamur, que lo bastard de Borbo avia pres ab coseilh de aucuns ennemics secrets et li avia mettut jus la ma del rey. Lo seignor de Montaut de Alverni y demandava (1) et n'en geyssic ab una somma de argent (2).

Et apres conquestec Guissen (3) et y tenguec lo seti; los Bayonnes lo venian secorer et foren touts morts et pessejats (4). Un trahidor, appelat de Guera, del pays de Labort, liurec Guissen als Angles et, ab color dissimulada, baylat (5) als Labortens no lor avia pas tant costat de tenir lo seti ni fer armas ny passats tant perils cum à Mosseignor lo comte; bon mercat ni en agut.

Et apres, l'an mil quatre cens quaranta hoeyt, crompec lo vescomtat de Narbonna (6), et apres crompec la maytat de la terra del Captal de Buc en Bordales (7) et vendec sa part de la ciutat de Vic de Alsona.

Et apres, en l'an mil IIII^c[LI] (8), foc mes lo seti à Dax et à

(1) *Demandava*, élevait des prétentions sur la vicomté de Villemur.

(2) Le procès, que Gaston II dut soutenir en Parlement contre le seigneur de Montaut pour la possession du Villemur, fut assez long; la sentence définitive est datée du 9 avril 1446. (Arch. des Basses-Pyrénées, E. 392, fol. 179).

(3) *Guissen*, Guiche, Basses-Pyrénées, arr. de Bayonne, c^{on} de Bidache.

(4) Sur le siège et la prise de Guiche, voir Leseur, t. I, chap. V. Leseur ne parle pas des faits que rapporte ensuite Esquerrier et dont le récit est d'ailleurs peu clair.

(5) Depuis *baylat* jusqu'à la fin de la phrase *ni en agut*, le sens n'est pas très compréhensible. Doat n'a pas donné la traduction de ce passage, sans doute parce que le manuscrit, dont il s'est servi, n'offrait pas en cet endroit une signification plus claire que le nôtre. La chronique du manuscrit 5404 n'est pas non plus très explicite.

Il y a eu sans doute erreur dans la transcription; le copiste a dû omettre certains mots et en écrire d'autres d'une façon défectueuse. Voici l'interprétation que nous proposons :

«En ce qui concerne les Labourdains, il ne leur avait pas tant coûté de soutenir le siège et «de combattre (*fer armas*) et ils ne s'étaient pas exposés à tant de périls (*passats tant pe-«rils*) que Monseigneur le comte; il ne s'en tira pas à bon marché» (*bon mercat ni en agut*).

Quant à *baylat*, nous ne voyons pas quel est le sens de ce mot, ni à quelle partie de la phrase il se rattache.

(6) L'acquisition de la vicomté de Narbonne par Gaston IV en 1447-1448 fut une affaire des plus compliquées; quelques documents des archives des Basses-Pyrénées et des collections Doat et de Languedoc, à la Bibliothèque Nationale, permettent de débrouiller le fil des longues négociations qui durent la précéder.

(7) Sur l'acquisition du Captalat de Buch par les comtes de Foix et de Dunois, voir collection Doat, t. 218, fol. 202.

(8) D'après Doat, la date à suppléer est MIIII^cLI, que nous avons rétablie.

Bayonna, oun Mosseignor lo comte de Foix foc à la conquesta ab sa tres nobla poissansa; y fec cavalhers lo seignor de Malleo (1), lo seignor de Ramafort, lo seignor de Sant Paul, lo seignor de Rabat, lo seignor d'Arnhac et autres. Et apres, Bayonna (2) se rendec à Mosseignor lo comte, [que] ab sa tres nobla poissansa entrec et donec à la gleisa de Bayonna las cubertas de drap de aur qu'el et son cavalh portavan. Et apres, Bordeu et tout lo pays se renden à la obediensa del rey de Fransa. Foc donat lo govern de Bordales al comte de Clarmont, fil del duc de Borbo.

L'an mil quatre cens cinquanta dos, Mosseignor lo comte de Foix et lo comte de Armanhac se fen (3) compagnos de armas et certas aliansas enter lor; et foc mandat que en cascuns locs de lors pays los subjets aguessan à far (4) ubertura et dar secors los uns als autres cum farian à lor seignor.

Et apres, en l'an mil IIII^cLII, en lo mes d'octobre, Mossen Talabot et lo bastard de Anglaterra passen en Bordales et tornen tout lo pays à la obediensa del rey de Anglaterra, exceptat Dax, Bayonna et Sant Sever (5).

Et apres en l'an mil quatre cens cinquanta tres, lo rey de Fransa passec en Bordales; lo bastard de Anglaterra (6), Mossen Talabot et

---

(1) *Mauléon*, Ariège, arr. de Pamiers, c^{ne} de Varilhes; *Ramefort*, Haute-Garonne, arr. de Saint-Gaudens, c^{on} d'Aurignac, c^{ne} de Cassagnabère.

Saint-Paul-de-Jarrat, Ariège, arr. et c^{on} de Foix.

Rabat, Ariège, arr. de Foix, c^{on} de Tarascon-sur-Ariège. La famille de Rabat était un rameau de la maison de Foix.

Arnhac, aujourd'hui *Arignac*, Ariège, arr. de Foix, c^{on} de Tarascon-sur-Ariège.

(2) Sur les sièges de Dax et de Bayonne (1451), qui terminèrent la première conquête de la Guyenne par les Français, voir les chroniques contemporaines et surtout Leseur, (t. I, chap. VII et XIV).

(3) Cet accord entre les comtes de Foix et d'Armagnac, qui avait pour but d'enlever au roi de France la succession du comté de Comminges, fut conclu le 4 février 1454 (et non 1452) (cf. Archives de l'Ariège, *Inventaire des archives du château de Foix en 1760*, t. I, p. 207).

(4) Qu'ils eussent à ouvrir les portes de leurs villes.

(5) Il s'agit ici de la nouvelle conquête de la Guyenne par le célèbre Talbot; elle eut bien lieu au mois d'octobre 1452 (cf. Leseur, t. I, chap. XV).

(6) C'est sans doute le bâtard de Somerset, un des lieutenants de Talbot.

son fil et tota lor companha fon morts en batalha à Castilho (1). Mossen lo comte de Candal, fil de Mossen lo Captal, foc pres et menat en Fransa pres (2).

Et apres lo rey mettec lo seti, à Cadilhac. Mosseignor lo comte ab touta sa poissansa, et la companhia del comte de Armanhac ab lu, fon alojats à l'hospital de Sant Marti, al pus prop del mur de la villa. D'aquy en fora fec gran combat ab sos engens contra la villa et lo castel ; loqual tenia Gailhardet lo petit, et no avia gayre que avia cuidat trasir et liurar Mosseignor lo comte. Mosseignor de Foix era loctenent de rey. Et fec Mosseignor lo comte cavalhers, en l'assaut de Cadilhac, son fray, Mossen de Lautrec, (3) lo seignor de Mirapeix, lo seignor de Miussens, seneschal de Bearn, et gran cop d'autres de sa retenia, et de Armanhagues et Frances, que no se los noms. Cadilhac foc pres per assaut en lo mes d'octobre, l'an mil IIII^cLIII (4). Lo rey fec mettre (5) à cartiers Gailhardet lo petit et autres, qui eran del pays de Bearn. Et los Angles, que y eran, s'en anen saulves.

Et apres, en l'an mil IIII^cLIIII, [Mosseignor lo comte] s'en anec en Tors en Torena, en Fransa, deves lo rey (6). Son fray Mossen de Lautrec moric à Bordere (7) en Fransa de bossa à la fi de septembre,

---

(1) Sur la bataille de Castillon, voir toutes les chroniques contemporaines et le récit de M. de Beaucourt dans son *Histoire de Charles VII*, t. V. p. 272-276.

(2) Il est question de Jean de Foix-Candale, fils de Gaston, Captal de Buch, et cousin germain de Gaston IV. Ce Jean était petit-fils d'Archambaud de Grailly, dont le fils Gaston fut Captal de Buch.

(3) C'était Pierre, son frère.

(4) La date du mois est inexacte : c'est le 19 septembre que la ville fut emportée d'assaut. Ce récit du siège de Cadillac, donné par Esquerrier, est plus détaillé que celui de presque tous les chroniqueurs Français du xve siècle ; il complète à merveille celui qu'en donne le biographe de Gaston IV, Guillaume Leseur (chap. XV).

(5) « Et pour ce que, dit Leseur, Gaillardet estoit des pays de mondit sieur de Foix, son homme lige et subget, et que, faulcement et desloyaulement, il l'avoit trompé et rompu la foy de son serement et son scellé, mondit sieur le comte de Foix, pour ses desmérites, luy fit trencher la teste comme à ung traystre. » D'après Esquerrier, il fut écartelé non par ordre du comte, mais du roi.

(6) Esquerrier donne ici la vraie date du voyage du comte de Foix et de son frère Pierre de Lautrec à la cour de France ; c'est au mois de septembre 1454 qu'ils l'entreprirent. Leseur place à tort ce voyage en 1456 (chap. XVI).

(7) *Bridoré*, Indre-et-Loire, arr. et c^{ne} de Loches.

l'an mil IIII^{c}LIIII ; aquy meteys era nascut un son fil à Miranda, (1) appelat Johan. (2) Per sa bontat et gran noblessa et sagessa, lo rey lo retenguec per son coscilh et govern de sa persona ; et en tout lo coscilh del rey [eran] obediens à lu.

L'an mil IIII^{c}LIIII, lo segond jorn de julh, foc comensat de bastir lo pont de Foix, fondat sur l'Arieja en lo pilhar (3) deves la villa, ab la processio solempnal. En laqual ovra Mosseignor lo comte de Foix à donat et assignat per sa cota et parcela de so que à lu apperte, quatre cens escuts, assignats sus Arnaud Escarrier (4), son tresaurier del comtat de Foix. Et outra, per pus adjudar à ladita ovra, per cascun an, tant quant l'ovra del pont a durat, sa part de l'adjuda (5) de la villa de Foix y a donada. Mossen l'abat, (6) per sa part et parcela de ladita ovra, es tengut et a promes de donar et fornir touta la caux que audit pont sera necessaria, entro sia acabat, complit et feyt lo portal dessus quatre pans, ab carta recebuda per Mestre Guilhem de Borderas ; et outra y deu donar septanta escuts per sa dita parcela. Los cossols de la villa, en nom de touta la villa, deven fornir tout lo restan que y sera besoun. L'an mil quatre cens cinquanta sieix, à hoeyt de mars, l'arc gran del pont de Foix foc acabat et claus. (7)

Item la darriera sepmana de may, l'an mil quatre cens cinquanta cinq, lo rey tramettec sos capitanis et gens d'armas en Armanhac davant Leytoro, et aquy metten lo seti per lo comte Johan de Arman-

---

(1) *Mirande*, chef-lieu d'arr. du Gers.

(2) Il s'agit ici du fils de Pierre de Lautrec et de Catherine d'Astarac. Jean naquit peu de temps après la mort de son père et eut pour tuteur son oncle le comte de Foix. (D. Vaissète, t. XI, p. 32).

(3) Les travaux de construction commencèrent par la pile située du côté de la ville.

(4) C'est la seule mention que l'auteur fasse de lui-même dans sa chronique ; on peut remarquer qu'elle est faite sous une forme indirecte ; nous avons essayé d'expliquer cette singularité dans l'*Introduction*. Les détails que donne Esquerrier dans ce passage sur la construction du pont de Foix, sont très précieux, et les dates doivent être considérées comme très exactes ; ce sont là des faits qui se passèrent sous ses yeux et dans lesquels il joua un certain rôle.

(5) *L'adjuda*, l'aide était l'impôt indirect, prélevé par le comte sur les boissons.

(6) L'abbé de Saint-Volusien de Foix.

(7) Voir dans le *Mémorial* de Lescazes (p. 120-121 *édition Pomiès*) tout ce qui a trait à la construction du pont de Foix, et qui semble n'être qu'une traduction du texte d'Esquerrier, auquel le chroniqueur du XVIIe siècle a joint quelques détails.

hac (1) et sa sor, laqual te per molher contra lo volen del rey et del papa. Empero lo comte de Armanhac s'en fugic en lo val de Aura, (2) et la dita sa sor enta Sant Girons et, per Cozerans, dreyt en Palhas (3). Lo seti demorec davant Leytora (4), per so que Carles de Armanhac era dedins. Los que tenguen lo seti fon (5) lo comte de Clarmont, fil del duc de Borbo, Joachim Roau et lo baillif de Lyon ab las gens d'armas del rey. D'aquy en fora touta la terra de Armanhac es demorada ab toutas las autras seignorias jus la ma del rey ; lo comte de Armanhac [foc] jectat fora de tout lo realme, et sa sor demorec en Valencia de Palhas.

Et apres, en l'an [MIIII^e] cinquanta sieix, lo duc de Lanso, (6) cunhat del comte de Armanhac, avia feyta certana aliansa ab los Angles ; lo rey l'a feyt prendre. (7)

Item l'an mil IIIIe cinquanta sieix, en lo mes d'octobre (8), Mossei-

---

(1) Jean V, comte d'Armagnac qui avait succédé à son père en septembre 1450, avait épousé sa propre sœur Isabelle ; c'était là un des principaux griefs qu'invoqua Charles VII pour châtier son vassal (cf. Beaucourt, *Histoire de Charles VII*, t. VI, p. 32 et suiv.)

(2) La vallée d'Aure est située entre le Nébouzan, le Comminges, les Pyrénées et la Bigorre.

(3) Lo comté de Palhars, où s'enfuit le comte d'Armagnac, était situé en Espagne, sur les frontières de Catalogne et d'Aragon ; Valencia-de-Pallhars, dont Esquerrier parle plus bas, en était la capitale.

(4) *Lectoure*, Gers, ch.-l. d'arr.

(5) Les trois chefs de l'armée Française, dont parle ici Esquerrier, étaient Jean de Bourbon, comté de Clermont, le maréchal de France Joachim Rouault et le bailli de Lyon Théaulde de Valpergue. La date donnée par le chroniqueur à l'expédition contre le comte d'Armagnac est scrupuleusement exacte.

(6) Il s'agit de Jean, duc d'Alençon ; sur sa conspiration, voir Beaucourt, *Histoire de Charles VII*, t. VI, p. 38 à 64.

(7) Doat ajoute : « Lequel après eschapa et s'enfuit au mois de juin en Normandie avec l'Anglois, selon le bruit commun. »

(8) Esquerrier fixe ici d'une manière certaine la date du voyage de Gaston IV en Catalogne, date que les documents ne permettent pas d'établir. Mais si la date de mois est sûre, il n'en est pas de même de celle de l'année ; c'est en octobre 1455, et non 1456, que le comte de Foix passa en Espagne.

Gaston IV se trouvait encore à Barcelone au mois de décembre 1455 ; le 3 de ce mois, il fut solennellement reconnu comme héritier de la couronne de Navarre par son beau-père Jean, roi d'Aragon et de Navarre.

Jean était devenu, du chef de sa femme Blanche, souverain de ce dernier pays ; quand cette princesse mourut, le roi ne voulut pas admettre les droits de son fils don Carlos, prince de Viane, à la succession de ce royaume, non plus que ceux de sa fille aînée Blanche, reine de Castille, et reconnut à leur détriment sa

gnor lo comte de Foix, Madona la comtessa, et Madona Maria, lor filha, passen à Castelbo ab III^c cavalgaduras, cavalhers et autres nobles de sas seignorias, d'aqui anen à Nostra Dona de Montsarrat (1). Et apres anen à Barsalona, oun eran lo seignor rey En Johan de Navarra, la regina, los infans, lo comte de Palhas, lo comte de Pradas, et autres grans seignors ab lo seignor rey. Foren feytas justas, un dijaus en novembre, à la plassa del Born, oun eran Mosseignor de Foix, lo comte de Pradas, lo mestre de Calatrava, fil del rey de Navarra, lo comte de Palhas, Felip Albert, Mossen Palou, oun Mosseignor lo comte fec de notables cops. Et apres fec cridar las justas à tout venent, al dimenche apres ; tenguec la taula de las justas tout sol, donec per joyas dos diamans et aguec la honor et lo pres dels touts, rompec quaranta et dos lansas. Lo rey meteys lo administrava (2), oun avia infinit poble en tal part que los tets et fenestras, capelas et touta la plassa eran plenas de gens (3).

D'aquy en fora Mosseignor lo comte s'en anec, passan per Arago, dreyt en Bearn, et apres s'en anec en Fransa (4) aver lo conged del rey per fer guerra al prince de Navarra, et per donar secors al dit rey de Navarra ; loqual enten recovrar lo realme, que lo prince son fil te contra sa volentat. D'aquo li enten fer proces, per so que avia comes crim de lesa majestat, en volen anar contra lo rey son payre et lo avia despossedit del realme. Per so lo rey de Navarra, ab son coseilh, a

deuxième fille Eléonore et son mari Gaston IV, comme ses futurs héritiers. Le prince de Viane parvint toutefois à faire proclamer ses droits dans une partie du pays. Gaston IV, afin de recueillir un héritage, qui avait pour conséquence d'apporter une couronne dans sa maison, dut recourir aux chances de la guerre. (Voir Zurita *Anales de la Corona de Aragon*, liv. XVI c. 35). Pour la campagne qu'il se préparait d'entreprendre, Gaston avait besoin de ressources immédiates ; dans ce but, il mit en gage quelques uns de ses domaines de Catalogne, notamment la vicomté de Castelbon pour 16 000 livres, et vendit des objets de valeur, entre autres, une croix ornée de pierreries pour 10 000 livres. La vente de la croix eut lieu à Barcelone le 30 juin 1456. (Voir Pasquier, *Bulletin de la Société Ariégeoise des Sciences, Lettres et Arts* t. I, pp. 175-196, *un Joyau des Comtes de Foix au* xve *siècle*.)

(1) Notre-Dame de Monserrat, célèbre pèlerinage de Catalogne.
(2) *Lo administrava*, le roi lui-même lui servait de second dans le tournoi.
(3) Voir le récit détaillé de ces joûtes dans Guillaume Leseur, t. II, chap. XVI.
(4) Esquerrier affirme que Gaston IV se rendit auprès du roi de France, à son retour de Catalogne, afin d'en obtenir l'autorisation de faire la guerre en Navarre contre le prince de Viane. Guillaume Leseur ne dit rien de ce voyage.

deliberat ab Mosseignor lo comte de Foix fer guerra et conquestar lo realme de Navarra (1).

Item apres, lo mes de jun, l'an mil IIII^eLVI (2), Mosseignor lo comte de Foix adjustec sa armada, et lo princep de Navarra s'en es fugit en Fransa deves lo rey, oun lo seignor d'Orabalh, fil del seignor de Labrit (3), ly a feyt companha deves lo rey de Fransa. Mosseignor lo comte a tirat avan ab sa nobla armada (4) ; partin del pays de Bearn, s'en tirec en lo realme de Navarra et prenguec Sant Pandelon (5), Garritz et touta la terra de Arya (6). A l'assaut del loc de Garritz es mort Mossen Sans Gaixia de Aura, vescomte de Asto (7), seneschal de Begorra, de un cop de peyra, et quatre gentilhomes ab lu (8). Los homes del loc s'en son fugits ; et los que se poguen trovar, Mosseignor lo comte lor a feyt ostar à cascun lo pung dreyt et l'eil dreyt. Continuan la guerra deves Navarra, Mossen Revolhedo, cavalher de Arago, endusit del peccat de enveja, ab personas de son partit, tractec et mettec en feyt ab son fals engen à los de Foix (9) ou davan

---

(1) On peut remarquer avec quelle netteté le chroniqueur prend parti pour Gaston IV et le roi de Navarre, son beau-père, contre le prince de Viane, Don Carlos ; on sait au contraire que le bon droit n'était point du côté du comte ; mais Esquerrier, chroniqueur, en quelque sorte officiel, de la maison de Foix, devait compter au premier rang des partisans de son maître.

(2) Il y a contradiction entre cette date d'année (qui est exacte) et celle que le chroniqueur adopte pour le voyage antérieur de Gaston IV en Espagne, laquelle est fausse, ainsi qu'on l'a vu plus haut.

(3) Le vicomte d'Orval, fils du sire d'Albret.

(4) Sur cette campagne de Navarre, voir le récit très détaillé de Leseur, t. II, chap. XVI.

(5) *Sant Pandelon.* Il y a dans les Landes, canton et arrondissement de Dax, une localité de ce nom, qui se trouve loin du pays où opérait l'armée du comte de Foix, et notamment de Garris, qui fut pris ensuite. Il semble qu'il y a une erreur du scribe et qu'il faut lire Saint-Palais (chef-lieu de canton dans l'arrondissement de Mauléon, Basses-Pyrénées) ; c'est là première place du pays Basque, quand on sort du Béarn ; elle fut, en effet, occupée en premier lieu par le comte de Foix.

(6) *Arya.* Doat donne *Aux*, mais la vraie leçon est fournie par la chronique Française du manuscrit 5404 où on lit *Mixa.* C'est le pays de Mixe, partie du pays Basque.

(7) Il s'agit du seigneur d'Asté, sénéchal de Bigorre (cf. Leseur, *loc. cit.*, et Davezac-Macaya, *Essais historiques sur le Bigorre*, t. II, p. 131. Asté, Hautes-Pyrénées, arr. de Bagnères-de-Bigorre, c^{ne} de Campan.

(8) Ces détails de la campagne de Navarre ne nous sont connus que par Esquerrier.

(9) *Tractec... de Foix*, cela veut dire que Révolhedo essaya de dresser des embûches à ceux de Foix. Le reste de la phrase est incompréhensible.

aquel cum Mosseignor lo comte foc mort, et asso (1) per ben fe et leyal estre. Notamens, quand Mossen Revolhedo cuvertamen podia fer prendre de las gens de Mosseignor lo comte, las fasia balhar (2) à Pampalona; et aquy eran presoners entre las mas dels ennemics. D'aquy en fora Mosseignor lo comte s'en tornec, et Madona la comtessa demorec en Navarra per la tenencia del seignor rey. Mosseignor lo comte aguec feyta gran despensa en la guerra de Navarra ab pauca retributio, et d'aquy en fora s'en tornec en Fransa (3) deves lo rey.

Et per so que cascun deu saver [que], Mosseignor lo comte de Foix estan deves lo rey de Fransa, continuan son servici deves luy, lo rey de Ongria emviec son ambayssada deves lo rey de Fransa, per aver per molher Madona Magdalena, sa filha (4). Losquals Ongres arriven à Tors en lo mes de novembre, l'an mil IIII^{e}LVIII. Mosseignor lo comte de Foix los honorec et lor fec un banquet, ainsi que dejos s'ensiec, environ la festa de Nadal, al dit an mil IIII^{e}LVIII (5).

LO BANQUET, QUE MOSSEIGNOR DE FOIX FEC A L'AMBAYSSADA DEL REY DE ONGRIA, QUE FOREN DELS ONGRES, ALEMANS, DE BOHEMIA, DE LUSSEMBORG, D'AQUI AU NOMBRE DE CENT ET CINQUANTA; ET Y FOREN TOUTS LOS SEIGNORS ET DAMAS DEL REY DE FRANSA (6).

Mosseignor lo comte es alojat à Sant Jolia de Tors, là oun y a una granda sala et bela, ben larja; en laqual sala y avia dotze grandas taulas, cascuna avia sept aunas de long et doas et mietja de larja.

En la premiera taula foren assietats los doutze caps de l'ambays-

---

(1) *Et asso per ben fe et leyal estre*, passage dont le sens est obscur.

(2) *Balhar*, ce mot ne peut certainement être traduit par *donner, remettre*; il signifie plutôt *envoyer, expédier, conduire*. Dans ce cas, il est synonyme de *debalhar*, descendre.

(3) Gaston IV fut appelé en France par Charles VII, auprès duquel le prince de Viane avait intrigué pour amener la suppression des hostilités en Navarre.

(4) Il était question depuis quelque temps déjà du mariage de Madeleine de France, fille de Charles VII, avec le jeune roi de Bohême et Hongrie, Ladislas VI.

(5) La date est exacte; l'ambassade Hongroise était arrivée aux Montils-lès-Tours, le 8 décembre.

(6) La relation, que donne Esquerrier du banquet offert par le comte de Foix aux ambassadeurs Hongrois à Tours, est peut-être la plus complète de toutes celles que nous possédons; il faut la rapprocher surtout de celle qui se trouve conservée dans la chronique de Georges Chastellain *(édit. Kervyn de Lettenhove, t. III, p. 568-577)*. Quant au récit donné dans

sada dels Ongres, là oun avia tres comtes, un archevesque, un avesque, lo chancelier de Fransa et los autres grans seignors de Ongria; et en las autras taulas los autres seignors et damas, cascun segon son estat.

Los quy anavan davan de servici et usavan de mestres d'ostal, son Mosseignor lo comte de Foix, Mosseignor lo comte de Dunoys, Mosseignor lo comte de la Marcha, et Mosseignor lo gran seneschal de Normandia (1).

Lo premier servici foc hypocras blanc ab las rostidas (2).

Lo segon servici foc de grans pastis de capos d'auta greyssa et de jambas de singlars; et eran accompagnats de sept condicios de potatges, servits en plats d'argen; calia en lo dit servici, en cascuna taula, CXL plats d'argen.

Lo ters servici [foc] de grans plats de raoust, en que no avia sino que salvatgia, cum faysans, perdrix, conils, paos, vultors, hayros, ostardas, auquas salvatjas, cignes, beradas, ausels de riviera, et autres plusurs ausels, cabirols et cervis, accompagnats de sept autras condicios de viandas et potatges, que calia, en cascuna taula, CXL plats d'argen.

Apres on portec un entremieys; so era un gran castel assietat sus un roc bet et fort (3). En lo dit castel avia quatre grandas tors et, au mietj deldit castel, la granda et mestressa tor, caperada ab quatre fenestras au plus haut, et, en cascuna fenestra, avia una damaisella riquamen abilhada; et, en cascuna tor, las banieras et armas deu rey de Ongria et dels seignors qu'eran aquy à l'ambayssada. En las quatre tors avia quatre enfans petits, que cantavan davan la seignoria, resssemblan en lors cants angels. Et porta[van] lo dit castel doutze homes.

le ms. français 5404 de la Bibliothèque Nationale, il n'est que la traduction française de celui d'Esquerrier. Voir aussi La Perrière, fol. 69; Olhagaray, p. 374.

Dans les pièces justificatives du second volume de l'*Histoire du Comté de Foix* (p. 441-443), Castillon d'Aspet donne le récit d'un banquet, offert en août 1458, par Gaston IV au roi de France. Ce récit, tiré du *Théâtre d'honneur* par Favyn (p. 571), n'est qu'une traduction du texte d'Esquerrier, sauf en ce qui concerne la date et les circonstances, à l'occasion desquelles la fête fut donnée.

(1) Pierre de Brézé, sénéchal de Normandie, avec qui le comte de Foix était depuis longtemps lié d'amitié.

(2) C'étaient des morceaux de pains grillés, qui trempaient dans l'hypocras.

(3) Dans ce passage du manuscrit, on trouve plus de formes gasconnes que dans les autres parties : *au, deu, bet, aquet, caperada*, etc.

Lo quart servici foc de ausels armes (1) et tropas autras faissos de potatges; tout aquet servici foc daurat et avia en cascuna taula, cum dessus es dit, CXL plats d'argen.

Lo segon entremeys foc una gran bestia qu'es appelada tigre; avia dins lo cos un home que li fasia getar lo foc per la gorja tout lo long de la sala, et avia la dita bestia un bet corail lic al col (2), en que penjavan las armas deu rey de Ongria ben ricas et ben feytas. Portavan la dita bestia sieis homes, abilhats à la guisa de Bearn ab las escapulhas (3) ben feytas, et dansan davans losdits Ongres à la guisa de Bearn; foc presat fort et lausat.

Lo cinquiesme servici foc de tartras, dariolas (4), estrats (5) de cresmas, auranjas fritas, accompagnats, cum dessus es dit, de CXL plats d'argen en cascuna taula.

Lo ters entremeys foc una gran montanha que portavan vingt et quatre homes; y avia en la dita montanha doas fontanas : de la una salhia aiga ros[a] et de l'autra aiga muscada, que sentian lo milhor del mon. De la montanha que salhia per certans conducts conils vifs et petits ausels de tropas faissos. Dins la dita montanha avia quatre petits enfans et una enfanta, abilhats cum salvatges, et salhian per un forat de la dita montanha, dansan à la morisqua en gran ordonansa davans la seignoria.

Apres fec donar mondit seignor lo comte dos cens escuts de largessa au rey de armas de Ongria, dels duc de Borgonha, de Bretanha, de Borbon, et [als] trompetas et autres menestriers, losquals cridavan : *largessa*, tout au long de la sala. Et outra plus mondit seignor lo comte fec bailhar au rey de armas deu rey de Ongria dex aunas de veloz.

(1) *Armes*, mot qui n'a pas de sens et que la copiste aura mal reproduit. Doat traduit: *oiseaux armés*, ce qui ne signifie rien.

(2) *Bet*, forme gasconne pour *bel; deu* pour *del; coralh*, signifie *collier* et est mis pour *colail, l* s'est changé en *r*. *Lic* est un mot sans doute mal transcrit par le scribe et est pour *ligat* ou *liat*.

(3) *Escapulhas*, capes Béarnaises, capulets.

(4) *Dariola* ; d'après le glossaire français de Ducange, la dariole serait une sorte de gâteau, dont la composition n'est pas indiquée.

(5) *Estrats de cresma* ; impossible de déterminer ce qu'on entend par *estrats*. Là encore n'y a-t-il pas une faute de transcription? Dans *le théâtre d'honneur*, on trouve *plats de crèmes*.

Lo sixiesme servici foc [de] hypocras roije ab las oblias et rolas de tropas faissos.

Lo quart entremeys, apres l'hypocras, foc un home à cabalh sus un rossi feyt ben propramen, la cuberta de sati cramesi, cargada d'aurfavraria, un gran chaintre (1), un gran plumalh dessus. L'home abilhat deu medeys port[ava] un jardinet feyt et obrat de cera, là oun avia de toutas conditios de flors et rosas ; [foc] pausat lodit jardinet davans las damas. Et foc trop presat lodit entremeys.

Lo septiesme servici foc de espicarias de grans leos, cervis, singes et tropas faissos de bestias et ausels feyts de sucre ; cascun portava una baniera ab las armas deu rey de Ongria et dels dessus dits seignors.

Apres foc portat un paon vif dins un gran vaissel (2) ; portava lodit paon au col las armas de la regina de Fransa ; tout autour del vaissel [eran] las armas de toutas las damas de la cour. Et aqui fen los bots (3) touts los seignors, ben grans et nobles, com poirets saber per la relatio deu rey de armas, [et dels] herauts, que eran aqui en la dita festa.

Au mietj de la dita sala foc feyt un cadafal, en que foren metuts los chanturs (4) et las orgas, et cantans et sonans tant quant los seignors disnavan.

Aqui fec cridar mondit seignor lo comte una justa contra touts venens au dex hoeytiesme jorn apres seguen, ainsy et per la maniera contengu[da] en los articles, losquals son estats bailhats à las damas.

Lo cinquiesme jorn apres lodit banquet, Mosseignor lo comte de

---

(1) *Chaintre*; ce terme ne se trouve dans aucun glossaire et signifie sans doute la ceinture, la sangle, la housse du cheval, dont le harnachement aurait été ainsi complété. Doat n'a pas traduit ce mot ; Favyn dit simplement qu'il y avait un *chaintre* et ne parle pas du plumet ou panache que portait le cheval.

(2) Il était d'usage dans ces grands dîners du xv.ᵉ siècle qu'à la fin du repas on apportât un paon, sur la tête duquel tous les seigneurs présents faisaient un vœu. Tel s'engageait à partir pour la croisade, tel autre de rester fidèle à sa dame. Les vœux, qui furent prononcés à ce dîner du comte de Foix, nous ont été conservés par le récit de Georges Chastellain. La phrase veut donc dire : tous les seigneurs firent leurs vœux très grands et très nobles. Dans le manuscrit 5404, il n'est pas question des vœux faits en cette circonstance.

(3) *Bots*, vœux, de *votum*.

(4) *Chanturs*; forme toute moderne, toute française ; c'est sans doute un mot qui se sera glissé sous la plume du dernier copiste ; il faudrait *cantaires*.

Maine (1) aprestava ben autramen per festejar losdits Ongres. Devian venir deves lo rey los ducs de Bretanha, de Orlians, de Borbon, et gran cop de autras seignorias, per se trobar à las fermalhas deu rey de Ongria [et] de la dita filha deu rey de Fransa, Madama Magdalena (2). Don apres tres jorns deldit banquet feyt, vengueren las novelas en la cour com lo rey de Ongria era mort de empedunia. (3)

De laqual mort an cessats autres banquets, festas, justas, et autres esbatamens que forian estats feyts. Et s'es estat gran pietat del dol et tristessa que losdits Ongres an menat de lor rey, qu'es mort; s'en son tornats ab gran tristessa en lor pays. De que lo rey, la regina et touts los autres seignors de la cour ne son trists; las honos, apres la festa de Nadal, foren feytas à la gleisa de Sant Marti de Tors.

En l'an mil IIII^eLVIII, en lo mes d'agoust, en la villa de Vendosma, lo rey de Fransa, ab tout son conselh fec [Mosseignor lo comte de Foix] un des doutze pars de Fransa (4), oun (5) touts los seignors de

(1) Charles d'Anjou, comte du Maine, cousin de Charles VII.

(2) Madeleine, fille de Charles VII et sœur de Louis XI, épousa le 7 Mars 1462, à Bordeaux Gaston, prince de Viane, fils et héritier de Gaston IV, comte de Foix. Ils eurent deux enfants, François-Phœbus et Catherine de Navarre. En 1470, le prince de Viane fut tué dans un tournoi, et, en 1473, à la mort de Gaston IV, la succession passa directement à son petit-fils, François-Phœbus, qui, à cause de son jeune âge, fut placé sous la tutelle de sa mère Madeleine.

En 1479, par suite de la mort de son aïeule, Éléonore, princesse de Navarre, femme de Gaston IV, François-Phœbus devint roi de Navarre. Dans une clause de son testament, Éléonore avait stipulé que Madeleine de France aurait l'administration du royaume pendant la minorité de son fils. En 1483, le jeune prince, à peine âgé de seize ans, vint à mourir et tout l'héritage passa à Catherine, sa sœur cadette, qui fut également mise sous la tutelle de sa mère.

Ce fut Catherine qui porta les domaines de Foix, de Béarn et de Navarre, dans la maison d'Albret, par suite de son mariage avec Jean, fils d'Alain d'Albret, (14 juin 1484).

L'avènement de Catherine souleva des protestations, et Jean de Foix, vicomte de Narbonne, second fils de Gaston IV, contesta les droits de sa nièce et réclama tout l'héritage de François-Phœbus. Cette prétention donna lieu à la longue et sanglante guerre de la succession de Navarre et Foix, qui se termina par le triomphe de Catherine.

(3) Ladislas, roi de Hongrie, mourut de la peste.

(4) Le comte de Foix fut créé pair de France, en même temps que le comte d'Eu, pour siéger dans le procès du duc d'Alençon (*Arch. des Basses-Pyrénées*, E. 443; *Archives Nationales*, JJ. 192, fol. 61 r°). Sur ce procès, voir Beaucourt, *op. cit.* t. VI, p. 179 et suiv.

(5) *Oun touts los seignors de Fransa eran presens, exceptat Bretanha et Borgonha*, cette partie de la phrase aurait du se trouver après *Vendosma*.

Fransa eran presens, exceptat Bretanha et Borgonha, tenen cour ab los autres pars et mestres de Parlamen de Paris, en loc del comte de Tolosa. Laqual honor a conquestada et entrec (1) aqueste seignor à la casa de Foix perpetualamen de estre par de Fransa, per donar sentencia contra lo duc de Alanso. Loqual foc condamnat sentencialamen et confisquat cos et bes com malvat, ainsi com appar per son proces, per las empresas per lu accordadas ab lo rey de Anglaterra, et ainsi que per sas lettras et confessio es estat justificat et provat.

L'an mil quatre cens LX, en cort de Parlamen à Paris, sentencialamen foc condamnat à confiscatio de cos et de bes lo comte de Armanhac (2), et s'en fugic en Roma.

L'an mil IIII^eLX, lo comte Daunoyx vendec à Mosseignor de Foix sa part de la terra del Captalat (3).

Item l'an mil IIII^eLXI, lo vingtiesme jour del mes de julhet (4), Mossen Carles, rey de Fransa, foc sobsterrat à... (5) pres de Borges (6). Mosseignor lo comte partic per anar à.... (7) per denonciar la mort del rey à la regina, ab d'autres seignors.

DESCRIPTIO DEL COMTAT DE FOIX (8)

Et, per so que lo Comtat de Foix es estat gran causa en lo temps passat et es de presen, lo rey Phelip de Fransa lo fec limitar per sos seneschals de Tolosa et de Carcassonna, cum plus à ple appar per lo instrumen, que es al cartulari de Foix.

Se estenden [las limitatios] entro al port de Picmauren, ainsi cum

---

(1) *Entrec...* ce seigneur a conquis cette dignité pour la maison de Foix et l'y a fait entrer pour qu'elle jouisse à perpétuité du titre de pair de France.

(2) C'est le 13 mai 1460 que fut rendu l'arrêt du Parlement, bannissant du royaume Jean V d'Armagnac et confisquant ses biens *(Arch. Nationales,* X 2a 29, fol. 107 v°; 118 v°). Il implora en vain l'intercession du pape Pie II et dut se réfugier en Aragon jusqu'à la mort de Charles VII.

(3) On a vu plus haut (p. 72) que Gaston IV et Dunois avaient acheté, de moitié chacun, le captalat de Buch.

(4) Ce fut le 22 juillet 1461, et non le 20, que mourut Charles VII.

(5) Lacune dans le texte et dans la traduction de Doat.

(6) Le roi mourut à Mehun-sur-Yèvre, Cher, arr. de Bourges, chef-lieu de c^{on}.

(7) Lacune dans le texte. Doat n'indique aucun endroit. Guillaume Leseur dit que le comte se rendit à Chinon, t. II, chap. XVI.

(8) Esquerrier, dans le chapitre consacré à Roger-Bernard III, comme on l'a vu plus haut

la nautessa del puch aiga bessa deves Foix, et ainsi d'aqui en fora los colhs et los monts soviras portenden deves Cers et partissen la diocesa de Tolosa et la diocesa de Urgel, so es assaber, del port de Picmauren entro al port de Fontargente, et d'aqui en fora al port de Balamur, que partis Andorra et lo Comtat de Foix ab la terra del comte de Palhas, et d'aqui en fora al port de Lerilha, et d'aqui en fora al port de Saurat, ainsi que la nautessa del puch aiga bessa et partis lo Comtat de Foix ab la terra de Massat del vescomte de Coserans, et d'aqui en fora ab la serra de Massat que passa entro al port de Porteilh, et d'aqui en fora per la serra entro al estang de Comalonga, et de l'estang ainsi cum puja à la terra de Cadarcet, et ainsi cum d'aquy en fora regarda al traves dreyt al Casse de Eletpuilador ou à la mota de Peyrafita, et d'aqui en fora al fluvi de Bolp, ainsi cum d'aqui en fora la serra de Argans partis enta Dalmaza et Volvestre et devalha entro Montesquiu et Toars et entro los terminals de Lobaut et de la Tor, et d'aquy en fora à la serra de Banet, ainsi cum la dita serra partis la seignoria entre Lezat et Marquafava, et d'aquy en fora à Riutort entro Caujac Calers, et d'aqui en fora à tant cum dura la seignoria del castel de Saverdu deves lo fluvi de Aricja et la granja de Estremas Aigas, et d'aqui en fora entro lodit fluvi d'Arieja, à tant cum dura la seignoria de Saverdu entro la seignoria de Mazeras et en torn et outra lo fluvi de Lers, ainsi cum deves Cers las seignorias de Mazeras et de Calmont [se estenden], ainsi cum se conclusen las seignorias de Montlandier et de Lalouviera ab Lauragues entro à Sant Serni ab sas appartenansas

(p. 87-88), a parlé de l'enquête qui se fit, le 6 juillet 1272, par ordre du roi Philippe-le-Hardi, après la reddition du comte rebelle et la confiscation de son domaine. Le roi se proposa de rechercher quelles étaient exactement les limites et la composition du fief mis sous séquestre. L'enquête a été publiée dans l'*Histoire de Languedoc* par D. Vaissète (T. X. *preuves* cc, 88-93). Depuis la seconde moitié du XIII° siècle, les limites du pays de Foix n'ont pas sensiblement varié ; le 30 août 1426, le roi Charles VII, à la demande du comte de Foix Jean I", prescrivit au Parlement de Toulouse de faire rétablir les bornes et les autres marques de délimitation qui, en exécution des mesures prises à la suite de l'enquête de 1272, avaient été mises sur divers points. (*Bulletin Historique et Philologique du Ministère de l'Instruction Publique*, année 1892, N° 1, PASQUIER, Renouvellement des marques indiquant les limites du Comté de Foix.)

Au temps d'Esquerrier, il était donc facile de se rendre compte de l'étendue du Comté de Foix, soit par les textes tirés des archives, soit par les monuments qui en étaient la consécration.

inclusivamen, et d'aqui en fora al fluvi de la Versieja entro al colh de Ausapans, exceptat lo tenemen de Planha, et deldit colh de Ausapans à traves Picvert, à tant que s'esten la diocesa de Tolosa entro en Razes, et ainsi cum puja entro la terra de Saut, concluden los castels de Montalio et de Pradas et à tant cum dura la diocesa Tolosana (1) entro al castel de So, et d'aqui en fora al port de la Faja, et d'aqui en fora al port de Picmauren dessusdit, ainsi cum los monts aiga bessan.

Exceptat la terra de Mirapeys per la pats de Paris, cum ainsi conta la carta; car era estada bailhada, per la conquesta de iretjia, à Mossen Guilhem de Levis, mareschal de Fransa, et lo rey la ostec de l'homenatge del comte de Foix.

Las ditas limitatios comensan al cap entro là jos ves Santa Gavella, ainsi cum devalha lo fluvi de Arieja, et apres ainsi cum devalha lo fluvi de la Leza entro als terminis de Lezat inclusivamen, et tant cum descend lo fluvi de Ariza entro al termini de Montesquiu, et lo fluvi de Lers.

Dedins las ditas limitatios et terminals son los castels, villas, locs et masatges dejos expressats, tant aquels que son tenguts de Mosseignor lo comte de Foix, oun a seignorias hautas et bassas, mer et mixti imperi et autres dreyts, tant [aquels] de gentilshomes, cum las seignorias hautas, bassas et mietjannas, fieufs nobles ques tenen de Mosseignor lo comte de Foix, et los locs et villas, ciutats, oun a pariatge ab gens de gleisa, ainsy cum dejos particularamen es devisit, se declarara et se monstrara.

1. — CASTELANIA DE FOIX (2)

Foix, Amplaing, Montoliu, Sanhaux, Genevat, Prayols, Ferrieras, Gairiac, Ganac, Brassac, Burges, Caraybat, Abenac, Marseilhas, l'Herm, Villanova, Sant Pey de Riviera, Serras, Monlaur, Ordenac, Sant Marty, Cos, Cadarcet, Cadayrac, Sant Johan de Verges, Baulou, Lobens, Lobieras, Vernejol, Pradieras.

---

(1) *Diocèse de Toulouse.* Depuis l'enquête de 1272, le diocèse de Toulouse avait été démembré dans cette région où furent créés les diocèses de Pamiers en 1297 et de Mirepoix en 1317. Esquerrier se servait des termes qu'il avait trouvés dans les actes par lui consultés.

(2) L'énumération des villages est donnée dans l'ordre où ils se trouvent dans le texte d'Esquerrier. Dans les notes explicatives, qui viennent ci-après, nous avons établi l'ordre alphabétique, afin de faciliter les recherches.

II. — CASTELANIA DE MERENX

Merenx, l'hospital de Santa Suzanna.

III. — CASTELANIA D'AX

Ax, Orleu, Orgeix, Asco, Sorjat, Ignaux, Vaychis, Savignac, Perlas, Tignac.

IV. — CASTELANIA DE MONTALIO

Montalio, Pradas.

V. — CASTELANIA DE LORDAT (1)

Lordat, Axiat, Vernaus, Garano, Lassur, Urs, Bebre, Sortadel, Luzenac, Unac, Savenac, Causso, Appy, Sanconac, Cayssac.

VI. — CASTELANIA DE CASTEL BERDU

Albies, Berdu, Las Cabanas, Lo Pug, Castel Berdu, Asto, Larcat, Boan, Sinsat, Aulos.

VII. — CASTELANIA DE VICDESSOS

Vicdessos, Sauzel, Auzat, Saleix, Golier, Sem, Arconac, Orus, Sentenac, Suc, Ilhier, Olbier, Ornac.

La baronia de Miglos es (2) per se meteys, mes dedins lo Comtat et del homenatge del comte de Foix et del ressort.

IX. — CASTELANIA DE QUIER

Junac, Siguer, Sulhac, Gesties, Lercol, Aliat, Capolech, Genat, Lapujada, Laburat, Anhaux, Quier, Arnhac, Rabat, Gorbit, Enat, Bedeilhac, Banat dessus, Banat dejos, Sobira, Saurat, Florac.

X. — CASTELANIA DE TARASCO

Tarasco, Ornolac, Bompas, Larnat, Mercus, Garrabet, Gernat, Croquier, Arnava, Alens, Cazanova.

XI. — SEIGNORIA DE SANT PAUL

Sant Paul, Sant Paulet, Labat, Langlada, Lo Carpedor, Antras, Belmont, Freyxinet, Cayrolgasc.

---

(1) Pour les raisons indiquées dans la note concernant la châtellenie de Lordat (p. 108), nous donnons l'énumération d'Ollnagaray, et non celle d'Esquerrier.

(2) *Es per se meteys*, c'est-à-dire, ne fait pas partie d'une châtellenie, a son autonomie et relève directement du comte.

XII. — CASTELANIA DE MONTGAILHARD

Montgailhard.

XIII. — CASTELANIA DE LA BASTIDA DE SERO

La Bastida et los bordaliers, (1), Montaganha, Los Plas de Sero, Castelnau, Sers, Durban, Alheras, Milhas, Lo feyt d'Avant, Montasels, Brosenac, Antuzan, Bunhas, Brocareilh, Fons, Ribamala, Aro, Unjat, Galasteich, Aujola, Las Fitas, Cavastelhas, los Barrs, Tartein.

XIV. — CASTELANIA DE CAMARADA

Lo Mas d'Asil ab los bordaliers, Clarmont, Savarat, Las Bordas, Camarada, Campagna, Dalmaza, Monfa, La Bastida de Besplas, Fornels.

XV. — CASTELANIA DEL CARLA

Castet, Meras, Lobaut, Siuras, Guinholas, Lo Carlar, Monesple, lo Fossat.

XVI. — CASTELANIA DE SANT YBARS

Sant Ybars, Lezat, Las Fizas, Santa Suzanna, Durfort.

XVII. — CASTELANIA DE SAVERDU

Justiniac, Bria, Unzent, Sant Quircq, Lissac, Labatut, Cante, Saverdu, Lo Vernet, Bonac, Valnera.

XVIII. — CASTELANIA DE VARILHAS

Mazeras, Montaut, Pamias, Escossa, Varilhas, Riu de Pelaport, Crampanha, Vernhola, Las Rivas, La Terrassa.

Mazeras, Montaut et Calmont no son de la castelania de Varilhas.

Le passage suivant ne se trouve ni dans notre manuscrit, ni dans Olhagaray ; nous le reproduisons d'après la version de M. A. Garrigou, qui n'indique pas la version dont il s'est servi (2) dans sa publication, (pp. 327-328), et qui n'hésite pas à l'attribuer à Esquerrier, sans en fournir la preuve.

---

(1) *Los bordaliers*, les métairies qui en dépendent.

(2) Nous avons mis l'orthographe en harmonie avec celle que nous avons adoptée pour la publication du manuscrit.

Plusieurs termes comme : jusqu'à, quoique, bien que, *sont français et d'autres, comme :* plusurs, citoyans, *ont à peine la forme romane.*

Dans Olhagaray, après la nomenclature des châtellenies, se trouve le passage concernant Mazères, Calmont et Pamiers, et dont Garrigou a donné le texte roman. Il y a plusieurs variantes dans les paragraphes relatifs à Pamiers.

Mazeras ni Calmont ne son de aucun capitani. Mazeras a specialament lo priviletge que cap de capitani nou pot lotja aqui à titre de capitani del castel ; so que es estat loung temps contestat entre los habitans del dit loc et aquelis que s'y bolian establir, et verificat davans los seignors et coseignors (1). Las quatre villas mestressas son Foix, Mazeras, Tarasco et Saverdu.

Pamias es una ciutat que qualques unis cresen ave estat un petit realme que appartenia à Fredelas ; an aquel aquesta pluma (2) foc tirada de l'ala per los comtes de Carcassonna. Y avia plusurs villatges que dependian d'elo, et s'en trova à las archivas de Carcassonna jusqu'à trenta dos. Lo comte de Foix y aguec toutjoun qualque dreit, quoique fort petit ancianamen ; car soven on y fassia qualque affront, quand entreprenia re contra las libertats dels citoyans. Ainsi n'es pas del Comtat, bien que sia dins lo terminaire.

[La ciutat] es devisada en sieis parts oun y a sieis cossols ; et appelan cada partitio un pam, doun la villa a pres son nom. Cado *pam* a sas armorias : lo del *Mercadal* un lion ; lo de *Villanova* las tres flors de lis (3) ; lo de la *Plassa* tres barras ; lo de *Romengous* una agla à doas testas ; lo dels *tres barris* un castel ; lo de *Loumet* un orme (4).

Lo rey de Fransa Phelippe III, en MCCLXXXV, donec à Roger Bernard, X^e comte de Foix, tout so que avia dedins Pamias de dreits, per

---

(1) Il y eut notamment une contestation en 1578 ; Daudon, gouverneur de la province, voulut y établir comme capitaine Bachouin ; les habitants refusèrent de le recevoir, alléguant que, par la teneur de leurs privilèges, ils ne devaient avoir d'autres gouverneurs que leurs consuls. Le capitaine se pourvut devant le roi de Navarre ; la cause fut juridiquement examinée et il fut décidé que « la garde du château estoit commise auxdits habitants selon « l'ancienne coustume. » (Lescazes, édition Pomiès, p. 106.)

(2) Ce qui nous fait supposer que, si ce texte est bien l'œuvre d'Esquerrier, il y a eu des interpolations, c'est l'emploi de cette comparaison, qui n'est pas dans le ton habituel de notre auteur.

(3) Olhagaray n'indique pas le nombre de fleurs de lis.

(4) Ces six armoiries réunies forment aujourd'hui le blason de la ville de Pamiers.

que gardessa la frontiera de Espagna, mes s'en reservee la soveranitat. Donec en mesme temps à la ciutat belcop de priviletges, que se son perduts (1).

Sant Antoni es patro de l'abbadia, que foc elevada (2) en avescat per lo papa Bonifaci, contra la volentat del rey, en MCCCII. Lo qual foc lo premier avesque s'appelava Aragones (3), home letrut et couratjus.

---

(1) Le passage cité par Olhagaray présente de telles variantes que nous croyons devoir le reproduire intégralement.

« *Or le roy de France Philippe, IIIe de nom, estant en Espagne, en la ville de Villeneuve en Catalogne, l'an MCCLCCCV, donna à Roger Bernard, IXe comte de Foix, afin qu'il luy gardast la frontière de l'Espagne, tout ce qu'il avoit de droit dans la ville. Il se réserva le ressort de la souveraineté et ottroya de mesme à la dite cité une infinité de privilèges, que la nonchalance de nos prédécesseurs nous a fait perdre. Estant ledit Philippe-le-Bel à Paris, l'an MCCXCIII, le samedi avant la feste de la Purification, il confirma la mesme donation.* » Garrigou ne mentionne pas la confirmation de 1303.

Le roi Philippe-le-Hardi voulut récompenser Roger-Bernard des services qu'il avait rendus pendant la campagne de Catalogne, et le 21 septembre 1285, se trouvant au camp de Villeneuve-d'Ampurias, il lui octroya une charte en vertu de laquelle, il lui restituait le paréage de Pamiers, aliéné à la couronne de France en 1270. Cet acte ne fait pas mention que la concession fut octroyée au comte « afin qu'il gardast la frontiere de l'Espagne. » Pour tout ce qui a trait au paréage de Pamiers, voir : 1° *Histoire de Languedoc*, t. vi, pp. 888-889, t. ix, p. 111, p. 190, p. 309, t. x, c. 477 ; 2° Ourgaud, *Notice historique sur Pamiers*, pp. 257-262. 3° Barrière-Flavy, *Paréage de Pamiers, entre le roi Philippe-le-Bel et l'évêque Bernard Saisset*. 4° *Gallia Christiana*, province de Toulouse, Pamiers.

(2) En ce qui concerne l'érection de l'évêché, voici ce que dit Olhagaray :

« *Saint Antonin est le patron de ceste abbaye et conseiller avec le comte de Foix, ayant esté appelé par le passé en paréage avec le Roy de France, l'an 1508. Touchant sa légende, je n'en diray rien, désirant entretenir le lecteur dans les barrières d'une vraye histoire. Ceste abbaye néantmoins fut érigée en évesché dans l'archevesché de Tholose par Boniface, pape, contre la volonté du Roy, l'an MCCCII. La personne eslevée fut Estienne Aragonois, homme docte et éloquent, et marqué par un grand courage, combien qu'il a esté de la plus grand part jugé fort téméraire, ayant osé prendre la charge, de la part du Pape, de porter au Roy paroles fascheuses et indignes d'un prélat.* » Suit une citation latine, tirée de *Paulus Emilius in vita Pulchri.*

(3) Le premier évêque de Pamiers s'appelait Bernard Saisset et appartenait à une famille Toulousaine. Nous ne voyons pas pourquoi Esquerrier et Olhagaray ont pu se tromper ainsi au sujet du premier évêque de Pamiers. L'abbaye de Saint-Antonin fut érigée en évêché par bulle du pape Boniface VIII, en 1295. L'opposition à la création de l'évêché vint de Mascaron, évêque de Toulouse, qui protesta contre le démembrement de son diocèse. De ce que Bernard Saisset entra en lutte avec Philippe-le-Bel et soutint le souverain Pontife, le chroniqueur en a sans doute conclu que le roi s'était montré hostile au nouveau siège, ce qui est inexact ; la querelle ne commença qu'en 1300 et eut une tout autre cause.

ÉTUDE

SUR LES LIMITES ET LES CHATELLENIES DU COMTÉ DE FOIX

Au lieu de rejeter au bas des pages les notes explicatives qui, par leur développement, auraient absorbé la majeure partie de l'espace, nous avons préféré, en ce qui concerne les mots employés dans la description des limites, dresser un répertoire alphabétique. De cette façon, on évite les répétitions et les renvois, on rend les recherches plus faciles et on fournit des renseignements plus précis.

Pour les châtellenies, nous les reprenons une à une, en donnant la traduction et l'identification de chaque terme et en indiquant la situation de chaque localité.

Bibliographie relative à la géographie du Comté de Foix.

I. Histoire du Languedoc, édition Privat.

T. III, pp. 226-227. *Testament de Roger I, comte de Carcassonne.* (1)

Ibid. pp. 228-230. *Origine du Comté de Foix.*

Ibid. pp. 477-478. *Traité entre Roger II, comte de Foix, et la vicomtesse Ermengarde pour terminer leurs différends et se léguer mutuellement leurs domaines à défaut d'enfants légitimes.* 1095.

---

(1) Les citations en italiques renvoient au texte même de Dom Vaissète, tandis que les citations en caractères ordinaires indiquent les chartes publiées par cet historien.

T. V., cc. 344-346, pièce 162. Testament de Roger I, comte de Carcassonne, 1002. C'est la première fois qu'il est question de la terre et du château de Foix.

T. V., cc. 405-407, pièce 201. Partage entre Pierre, évêque de Girone, et Roger I, comte de Foix, son neveu. 1034.

Ibid. cc. 736-737, pièce 388. Accord entre Roger II, comte de Foix, et la vicomtesse Ermengarde, au sujet des comtés de Carcassonne et de Razès. *(Indication de domaines dans le Pays de Foix.)*

T. VIII, cc. 1510-1514, pièce 505. Aveu et dénombrement rendus au roi de France par le comte de Foix. 1263. *(Indication des fiefs que possédait le comte de Foix ; quelques-unes des terres, quoique faisant partie des domaines du comte, n'ont jamais fait partie du Pays de Foix).*

T. IX, pp. 17-20. Conquête, délimitation et séquestre du Comté de Foix par le roi Philippe-le-Hardi, 1272.

T. X., cc. 88-93, pièce 5. Enquête sur les limites du Comté de Foix, Juillet 1272. *(Description des limites et énumération des principales localités composant le Pays de Foix).*

Ibid. cc. 323-327. Limites du Comté de Foix et des terres du seigneur de Mirepoix, accord du 31 mai 1295.

T. XII, note XVIII : Géographie de la province de Languedoc au moyen-age.

1º Géographie ecclésiastique. Diocèses : Alet, 145 ; Toulouse, 156 ; Pamiers, 159 ; Rieux, 161 ; Mirepoix, 165 ; Couserans, 174.

2º Géographie civile. *Pagus Tholosanus*, pp. 196-200.

3º Epoque féodale. Comtes de Foix, de Comminges et de Bigorre, pp. 238-244.

4º Le Languedoc au XIIᵉ siècle... seigneuries laïques: Comté de Foix, pp. 292-294 ; seigneurie de Mirepoix, pp. 308-309.

5º Géographie administrative, ressort du parlement de Toulouse: viguerie des Allemans, *paréage de Pamiers*, p. 327. Jugerie de Rieux, pp. 336-337. — Diocèses civils. Diocèse de Rieux, p. 347 ; Diocèse de Mirepoix, p. 349.

Autres ouvrages.

Baby : *Guide-Route... dans le département de l'Ariège*, Foix, Gadrat, 1891.

Barrière-Flavy : *Dénombrement du Comté de Foix sous Louis XIV*. Toulouse, Chauvin, 1889.

— *Cintegabelle au xve siècle*, Toulouse, Chauvin, 1888.

— *Le diocèse de Pamiers au xvie siècle*, d'après les procès-verbaux de 1551, Toulouse, Privat, 1891.

— *Histoire de Saverdun*, Toulouse, Privat, 1889.

— *Le paréage de Pamiers entre le roi Philippe-le-Bel et l'évêque Bernard-Saisset, le 23 Juillet 1308*, Toulouse, Privat, 1891.

— *La Baronnie de Calmont en Languedoc*, Toulouse, Privat, 1893.

Cassini : *Cartes du Languedoc, du Comté de Foix et du Comminges*.

Castillon d'Aspet : *Histoire du Comté de Foix*, Toulouse, Cazaux, 1852, 2 vol. in-8°.

Gallia christiana, T. I, Province d'Auch :
Diocèse de Couserans, cc. 1123-1146.

— T. xiii, Province de Toulouse :
Diocèse de Toulouse, cc. 10-115.
— de Pamiers, cc. 150-185.
— de Rieux, cc. 186-225.
— de Mirepoix, cc. 267-298.

Documents à la suite du tome XIII :

Diocèse de Pamiers, cc. 160-163. *Appamiensis abbatia in episcopatum erigitur*. (Bulla Bonifacii VIII, 1295).

Diocèse de Rieux, cc. 160-163. *Paragium actum ab abbate Mansi Azili cum comite Fuxensi, 1247* (1).

— *Bulla Johannis xxii de erectione episcopatus Rivensis, 1367*.

Diocèse de Mirepoix, cc. 236-238. *Bulla erectionis Vaurensis et Mirapiscensis in episcopales sedes, 1317*. (Bulla Johannis xxii).

Garrigou (Adolphe) : *Etudes Historiques sur l'ancien Pays de Foix*, Première partie, Toulouse, Hénault, 1846. (Descriptio del Comtat de Fouich, d'après Esquerrier, pp. 325-329). Seconde partie, Toulouse, Connac, 1863.

— *Sabar*, Toulouse, Labouisse-Rochefort, 1849.

Lahondès (Jules de) : *Annales de Pamiers*, Toulouse, Privat, 1884,

---

(1) Cette charte se trouve dans la **Monographie de la Bastide-de-Sérou**, pp. 178-184.

T. II., préface. (Carte du diocèse de Pamiers et composition de ce diocèse).

— *Bulletin de la Société Ariégeoise des Sciences, Lettres et Arts*, T. II, p. 129. (Les diocèses de Mirepoix et de Rieux sous Louis XIV.)

MARCA (PIERRE DE) : *Marca Hispanica sive Limes Hispanicus.*

— *Histoire de Béarn.*

PASQUIER (FÉLIX), archiviste de l'Ariège : *Constitution du Comté de Foix, 1034*, texte publié d'après la charte originale. (Musée des Archives Départementales, Paris, Imprimerie Nationale, 1878).

— *Donation du fief de Pailhès en 1256*, Foix, Pomiès 1890.

— *Renouvellement des marques indiquant les limites du Comté de Foix ; ordre de Charles VII au Parlement de Toulouse, 30 Août 1426.* (Bulletin historique et philologique du Comité des Travaux Historiques, publié par le Ministre de l'Instruction publique, 1892, n° 1, pp. 205-208).

RUMEAU : *Monographie de la Bastide-de-Sérou*. Foix, Pomiès, 1882.

VOYAGE PITTORESQUE DE LA FRANCE, par une société de gens de lettres ; Description du Comté de Foix. Paris, 1788, in-folio avec une carte du Comté de Foix. Ch. I, *Description historique et géographique* ; Ch. II, *Description des villes* ; Ch. V, *Administration.*

RÉPERTOIRE ALPHABÉTIQUE

DES NOMS CITÉS DANS LA DÉLIMITATION DU COMTÉ DE FOIX

ARIÈGE : cette rivière qui, après avoir pris sa source dans la haute chaîne des Pyrénées, traverse le Comté de Foix dans toute sa longueur, est indiquée comme servant de limite du côté de la seigneurie de Saverdun.

ARGANH : petite chaîne de collines sur la rive droite de l'Arize, servant à délimiter le pays de Foix, au delà de Daumazan, du côté de Loubaut, près de Montesquieu-Volvestre. Actuellement ces collines ne sont plus désignées sous cette dénomination.

ARIZE : cette rivière, qui prend sa source dans les montagnes d'Esplas-de-Sérou, forme un bassin intermédiaire entre ceux de l'Ariège et du Salat. Après avoir traversé les cantons de la Bastide-de-Sérou et du Mas-d'Azil, elle entre dans le département de la Haute-Garonne, un peu en amont de Montesquieu-Volvestre, et se jette dans la Garonne à Carbonne.

AUSSAPANS ou AUZAPANS : collines servant de limites entre le Lauragais, le Razès et le pays de Foix ; il y avait une seigneurie de ce nom dont il est question ci-dessus, *p. 19, notes 7, 8*. Actuellement ces collines ne sont plus désignées sous la même dénomination qu'au Moyen-Age.

BALAMUR (port de) : col des Pyrénées au-delà de celui de Fontargente à l'ouest ; Olhagaray écrit *Balaver* ; c'est sans doute une erreur de transcription, car l'enquête de 1272 porte *Balamur*. Ce col doit être celui qui met en communication la haute vallée de Vicdessos avec celle de Tabascan en Espagne et qui aujourd'hui doit être le port de l'Artigue.

BANET : petites collines entre l'Arize et la Lèze situées en Languedoc et séparant Lézat de Marquefave.

BÉLESTA : commune de l'arr. de Foix, canton de Lavelanet, voir *Puyvert*.

BESSIGA : rivière, voir *Vixiège*.

BOUET (port de) : ce col des Pyrénées, venant à l'Ouest avant celui de Balamur, est aussi appelé Port Vieil ; il est situé au fond de la vallée de Soulcen, à côté de Médacourbe, près le Montcalm.

BOLP : ruisseau, voir *Volp*.

CADARCET : commune. Ariège, arr. de Foix, canton de la Bastide-de-Sérou. Si cette localité est indiquée comme servant de limite au Comté de Foix, c'est que dans la Barguillère, sur la rive gauche de l'Arget et dans la partie supérieure du bassin de l'Arize, Alzen, Nescus, Montels et Larbont formaient une seigneurie relevant du Languedoc.

CALERS : abbaye Bénédictine dans le Languedoc ; commune de Gailhac-Toulza, canton de Cintegabelle, arr. de Muret, Haute-Garonne.

CALMONT : ville située sur l'Hers, canton de Nailloux, arr. de Villefranche-de-Lauragais, Haute-Garonne. Cette seigneurie, quoique ayant à diverses époques appartenu aux comtes de Foix, n'a jamais fait partie du Comté de Foix, malgré l'assertion d'Esquerrier. Le 12 juin 1263, en rendant hommage au roi de France, le comte Roger IV cita Calmont au nombre de ses domaines. En 1446, ce fief figure comme étant la propriété du comte Gaston IV ; c'est ce qui explique l'erreur commise par Esquerrier, qui n'a pas établi de distinction entre les terres du Comté de Foix et celles voisines de ce pays, dépendant de la Maison de Foix, quoique se rattachant au Languedoc. (1)

CAUJAC : canton de Cintegabelle, arr. de Muret, Haute-Garonne.

CELLES : arr. et canton de Foix ; c'était une baronnie relevant du Languedoc, voir *Puyvert*.

CINTEGABELLE : chef-lieu de canton de l'arrondissement de Muret, Haute-Garonne. La limite du Comté de Foix et du Languedoc se trouvait entre Saverdun et Cintegabelle. Cette dernière localité a toujours dépendu de la province de Languedoc, quoique, sous le règne du roi Philippe de Valois, elle ait été engagée au comte de Foix en garantie des dettes contractées envers lui par la Couronne de France. (2)

On écrivait autrefois, surtout antérieurement au xviie siècle, *Sainte-Gabelle*, *Sancta Gavela*, du nom de la sainte à laquelle elle devait sa désignation première. (3)

COMBELONGUE, *Comalonga* : abbaye de Prémontrés, au diocèse de Couserans, près de Rimont, arr. et canton de Saint-Girons.

COUSERANS : ce pays était une vicomté dépendant de la Gascogne, et limitrophe du Comté de Foix, du côté de l'Ouest ; c'est aujourd'hui l'arrondissement de Saint-Girons.

DAUMAZAN : commune située sur l'Arize à l'extrémité Nord-Est du canton du Mas-d'Azil, arr. de Pamiers.

DONEZAN : voir *Son*.

ELETPUILADOR : Olhagaray, écrit *Exiculador*. D. Vaissète, *Yssiulador* ; quelle que soit la forme, sous laquelle le mot est écrit, la localité ne peut être identifiée.

ERET (port d') : voir *Larilha*.

ESTREMAS AIGAS (granja de) : *Inter ambas aquas*, Tramesaigues, Haute-Garonne, arr. de Muret, commune et canton de Cintegabelle ; ce territoire était compris dans le comté de Foix.

FAGE (port de la) : col des Pyrénées à l'est de celui de Puymorens, mais dont la situation exacte est indéterminée.

FONTARGENTE (port de) : port des Pyrénées, situé à l'ouest après celui

---

(1) Barrière-Flavy, *La Baronnie de Calmont en Languedoc*. Toulouse, Privat. 1893.
(2) Barrière-Flavy, *Cintegabelle au xve siècle*, Toulouse, 1888.
(3) Lahondès, *Bulletin de la Société Ariégeoise des Sciences, Lettres et Arts*, t. II, p. 130, note 2. Les diocèses de Mirepoix et de Rieux sous Louis XIV.

de Puymorens ; il met en communication, dans la vallée de l'Ariège, le canton des Cabannes avec l'Andorre.

Hers (l') *(Ircius)* : rivière, qui prend sa source, au-dessus de Lavelanet, dans les Pyrénées et forme un bassin intermédiaire entre ceux de l'Aude et de l'Ariège ; il se jette dans l'Ariège à Tramesaygues, près de l'endroit où s'éleva la seconde abbaye de Boulbonne. De ce côté, il servait de limite entre le Comté de Foix et le Lauragais. Jusqu'à l'époque de la cession de la terre de Mirepoix à Guy de Lévis, au commencement du XIIIe siècle, la haute vallée de l'Hers, sur la rive gauche, appartenait au Comté de Foix. On trouve aussi *Lers*, il serait plus régulier d'écrire *l'Ers*.

Lalouvière : Aude, arr. de Castelnaudary, canton de Salles-sur-l'Hers. Cette terre, avec celle de Molandier, tout en faisant partie du domaine des comtes, n'appartenait pas au Comté de Foix.

Larilha : c'est la traduction de *Lereyo* du texte latin de l'enquête ; ce col est indiqué, dans la table du t. X de l'*Histiore de Languedoc*, comme étant le port d'*Eret* à l'Ouest de Vicdessos.

Latour (La Tor) : Haute-Garonne, arr de Muret, canton de Montesquieu-Volvestre ; point indiqué comme limite du Comté de Foix.

Lauragais : pays situé sur la rive droite de l'Hers et voisin du Comté de Foix dans la vallée inférieure de cette rivière. Les comtes de Foix possédaient dans cette region des fiefs, qui étaient réunis à leurs domaines sans faire partie du Comté de Foix.

Lers : voir l'*Hers*, rivière.

Lézat : Ariège, arr. de Pamiers, canton du Fossat ; c'était le siège d'une importante abbaye. Le territoire, dont cette ville était le centre, formait une pointe s'avançant dans le Languedoc.

Lèze : rivière qui prend sa source dans le canton de Varilhes, forme un bassin secondaire sur la rive gauche et dans la vallée inférieure de l'Ariège où elle va se jeter en aval d'Auterive. La Lèze traverse le canton du Fossat dans sa longueur.

Loubaut : *(de Lupo alto)*, arr. de Pamiers, canton du Mas-d'Azil ; cette localité est située dans le territoire formant pointe dans le Languedoc.

Marquefave : Haute-Garonne, arr. de Muret, canton de Carbonne, non loin de Lézat.

MASSAT : au moment de l'enquête de 1272, cette seigneurie appartenant au vicomte de Couserans. (Voir *Saurat*).

MAZÈRES : ville située sur la rive gauche de l'Hers en face du Lauragais, tenue en paréage par le comte de Foix et par l'abbé de Boulbonne.

MOLANDIER : *(Mons Landerius)*, village sur la rive droite de l'Hers, et qui appartenait au Comté de Foix, sans faire partie du Comté. (1)

MONTAILLOU : arr. de Foix, canton d'Ax.

MONTESQUIEU-VOLVESTRE : ville située sur l'Arize, à la limite du Comté de Foix, arr. de Muret, chef-lieu de canton, Haute-Garonne.

PALHAS (comté de) : situé en Catalogne sur le versant des Pyrénées, voisin de l'Andorre et communiquant avec le canton de Vicdessos par le port de Balamur. Voir *Balamur* (2).

PIERRE-FITE : d'après Cassini, ce serait un hameau près de Clermont, arr. de Pamiers, canton du Mas-d'Azil, où on avait dû planter une des bornes indiquant la frontière du Pays de Foix. En ce cas, il faut rectifier le texte et écrire *meta* et non *mota* de Peirafitta ; l'enquête de 1272 porte *meta*, qui signifie *borne*.

PLAIGNE : *(Planha, Planhanum)*, Aude, arr. de Castelnaudary, canton de Belpech.

PORT-VIEIL : voir *Bouet*.

PORTEIL : col dont l'emplacement est indéterminé et qui doit se trouver au-dessus des montagnes de Massat et former la séparation entre le Comté de Foix et le Couserans, en se dirigeant vers l'étang de Combelongue.

PRADES : arr. de Foix, canton d'Ax.

PUYMORENS (port de) : *(Picmaurens)* port aux sources de l'Ariège, reliant la Cerdagne et le Comté de Foix.

PUYVERT : *(Podium Viride)*, Aude, arr. de Limoux, canton de Chalabre ; il y avait un château important. Dans la haute vallée de l'Hers, nous ne trouvons que ce Puyvert, qui se trouve loin d'Aussapans situé dans les environs de Cintegabelle. Malgré la réserve faite par les enquêteurs de 1272, au sujet de la terre de Mirepoix distraite du Comté de Foix par le traité de Paris en 1229, on semble néanmoins la comprendre dans les limites de ce Comté, puisque l'on continue d'indiquer Puyvert comme voisin de la frontière et se trouvant au point

---

(1) Barrière-Flavy, *Annales du Midi*, avril 1893, coutumes de Molandier en 1246.
(2) Le comté de Pallas s'appelait aussi comté de Villemur, de *Bielmur*.

extrême de la ligne dont le point de départ est à Aussapans. Cette ligne longe ou traverse la terre de Mirepoix. En 1445, pas plus qu'en 1272, la frontière orientale du Comté ne se rapprochait de Puyvert; elle devait être portée plutôt en deçà de Roquefixade et de Celles sur le versant du bassin de l'Ariège.

Razès (*Reddesium*) : contrée située entre l'Aude et la rive droite de l'Hers, en remontant vers les Pyrénées.

Rieutort : il n'existe aucune localité de ce nom dans le voisinage de Lézat ou de Calers. Le mot aurait été défiguré par les scribes, et, en se reportant à l'enquête, on voit qu'il s'agit d'un ruisseau appelé *Tos, ad rivum* tos, que les rédacteurs des tables du T. X de l'*Histoire de Languedoc* supposent être le Létou, affluent de la Lèze.

Roquefixade (*Roqua Fissada*) : Ariège, arr. de Foix, canton de Lavelanet, siège d'une ancienne châtellenie du Languedoc, aux confins du Pays de Foix et de la terre de Mirepoix (voir *Puyvert*).

Saint-Sernin : Aude, arr. de Castelnaudary, canton de Belpech.

Santa-Gavela : voir *Cintegabelle*.

Saurat : arr. de Foix, canton de Tarascon ; le port de Saurat ne doit être autre que le col de Port qui met en communication Massat et Saurat.

Saut *(de Saltu)* : Pays de Saut, vaste plateau s'étendant entre Bélesta, le Donezan et les vallées supérieures de l'Aude et de l'Hers.

Saverdun : Arr. de Pamiers, chef-lieu de canton et siège d'une ancienne châtellenie, qui se trouvait à l'extrémité septentrionale du Comté.

Son : (château de), (castrum de *Sono*, castel de *So*), aujourd'hui *Usson*.

Ce château, situé au confluent de l'Aude et de la Bruygante, est dans la commune de Rouze, canton de Quérigut, arr. de Foix.

Ce canton, dans le bassin supérieur de l'Aude, est l'ancien Donezan, petit pays qui, au XIIIe siècle, fut acquis par les comtes de Foix. Depuis cette époque jusqu'à la Révolution, il a conservé son autonomie et est resté distinct du Pays de Foix. C'était à Son que se trouvait le siège de l'administration du Donezan, qui était limitrophe des anciennes châtellenies d'Ax et de Prades. C'est dans ce sens qu'il faut entendre que le Comté de Foix touche non pas au château d'Usson, mais à son territoire.

THOUARS : arr. de Pamiers, canton du Mas-d'Azil, dernier village du Comté de Foix aux confins du Volvestre, sur les bords de l'Arize.

Tos (ruisseau de) : voir *Rieutort*.

TRAMESAIGUES : voir *Estremas aigas*.

USSON : voir *Son*.

VERSIEJA : voir *Vixiege*.

VIXIÈGE : ruisseau qui se jette dans l'Hers, près de Belpech ; il formait, sur la rive droite de cette rivière, la limite des domaines des comtes de Foix plutôt que du Comté de Foix, lequel était borné de ce côté par l'Hers.

VOLP : rivière, qui prend sa source à Lescure dans le canton de Saint-Girons, traverse le canton de Sainte-Croix et se jette dans la Garonne, près de Cazères ; sa source se trouve sur la limite de l'ancien Comté de Foix et du Couserans et pouvait servir de point de repaire.

VOLVESTRE : région s'étendant sur les confins du Pays de Foix, du côté du Mas-d'Azil, comprenant la vallée du Volp et la partie inférieure de celle de l'Arize.

YSSUILADOR : voir *Eletpuilador*.

OBSERVATIONS SUR LES FRONTIÈRES

ET LA COMPOSITION DU COMTÉ DE FOIX

Au sud, la frontière du Comté de Foix est nettement déterminée par les Pyrénées, que notre chroniqueur appelle les *monts soviras* ; au Nord, elle est tout arbitraire ; la ligne divisoire rentre et ressort brusquement, suivant les contours du territoire Fuxéen, à mesure qu'il empiète dans le Languedoc.

Les anomalies, que présentent les limites orientales et occidentales, s'expliquent par l'histoire qui montre que, d'après les circonstances, le domaine des comtes s'est accru ou amoindri.

Le pays se partageait géographiquement et politiquement en haut et bas comté. Le Pas-de-la-Barre, entre Foix et Saint-Jean-de-Verges, était le point de jonction entre ces deux parties. Les comtes de Barcelone élevaient des prétentions de suzeraineté sur le haut comté, tandis que les comtes de Toulouse, puis les rois de France, se faisaient rendre hommage pour le bas comté.

Au commencement du XIe siècle, c'est-à-dire, au moment où les vallées de l'Aude, de l'Hers et de l'Ariège furent partagées entre les membres de la maison de Carcasonne, le Comté de Foix comprenait : 1º le bassin supérieur et le bassin moyen de l'Ariège jusqu'à Boulbonne, où se trouve son confluent avec l'Hers ; 2º la rive gauche du bassin de l'Hers, de la source à l'embouchure, et quelques villages sur la rive droite.

Par suite de la cession de la seigneurie de Mirepoix à Guy de Lévis après la guerre des Albigeois, la rive de gauche de l'Hers, avec ses tributaires le Touyre et le Douctouyre, fut enlevée au Comté de Foix, qui cependant garda : 1º en amont, la châtellenie de Prades et de Montaillou, située sur un affluent de l'Hers; 2º en aval, près de son embouchure, Mazères et les autres dépendances de l'abbaye de Boulbonne.

La limite orientale est marquée par les collines qui, partant perpendiculairement de la grande chaine, établissent une séparation entre le bassin de l'Ariège et celui de l'Aude jusqu'à la châtellenie de Prades. De ce point, la frontière se poursuit entre le bassin de l'Ariège et celui de l'Hers et de ses affluents sur la rive gauche. Dans le bas comté, en se rapprochant du confluent de l'Ariège et de l'Hers, la rive gauche de ce dernier cours d'eau, dans les territoires appartenant à l'abbaye de Boulbonne, comme Mazères, et autour de Montaut, est restée Fuxéenne.

Pour la frontière occidentale, dans tout le haut comté, les collines qui, comme celles de l'autre rive, descendent perpendiculairement du massif central, formaient la limite entre le Couserans et le pays de Foix, c'est-à-dire, entre les bassins supérieurs de l'Ariège et du Salat. Pour le bas comté, les collines de la rive gauche ne constituaient plus la frontière. Entre le Salat et la Garonne, d'une part, et l'Ariège, de l'autre, il y a deux bassins secondaires, celui de l'Arize et celui de la Lèze. Ces deux rivières, qui prennent leur source, dans le massif secondaire des Pyrénées, sortent du Comté de Foix pour aller se jeter : la premiere dans la Garonne à Cazères, en Comminges, la seconde dans l'Ariège, près de Clermont en Languedoc. Le pays de Foix se prolonge le long de ces cours d'eau et forme deux sortes de presqu'iles au milieu d'un territoire étranger.

Le bassin supérieur de l'Arize est compris entre ceux de l'Ariège et du Salat; celui de la Lèze se développe entre ceux de l'Ariège et de l'Arize.

En résumé, si l'on veut rendre un compte exact de l'étendue du Pays de Foix depuis le milieu du xiii⁰ siècle jusqu'à la Révolution, il suffit d'énumérer les cantons du département de l'Ariège formés dans les limites, telles que nous venons de les décrire, mais dont il convient de défalquer les enclaves Languedociennes.

ARRONDISSEMENT DE FOIX

1º Ax-les-Thermes.

2º Les Cabannes.

3º Vicdessos.

4º Tarascon-sur-Ariège.

5º Foix, moins les communes de Celles et de Leychert, qui étaient Languedociennes.

6º La Bastide-de-Sérou, moins les communes d'Alzen, Larbont, Montels et Nescus, qui formaient une enclave Languedocienne, relevant de l'évêché et de la judicature de Rieux, tandis que les autres villages compris dans le canton ressortissaient, sous le rapport ecclésiastique, au diocèse de Couserans.

Aigues-Juntes relevait d'une autre enclave Languedocienne.

ARRONDISSEMENT DE PAMIERS

1º Canton de Varilhes, moins Calzan, Coussa, Dalou, Gudas, Malléou, Saint-Félix-de-Rieutort, Ségura, qui faisaient partie de la seigneurie de Mirepoix, et Cazeaux et Montégut, compris dans l'enclave Languedocienne s'étendant entre Pamiers et le Fossat.

2º Canton de Pamiers, moins Arvigna, les Issards, Ludiès, les Pujols, Saint-Amadou, qui appartenaient à la seigneurie de Mirepoix, les Allemans, Bénagues, le Carlaret, Lescousse, Madière, Rouzaud, Saint-Martin-d'Oydes, Saint-Michel, Saint-Victor, Villeneuve-du-Paréage, rattachés au Languedoc.

3º Canton de Saverdun, moins La Bastide-de-Lordat, Gaudiès, Trémoulet, qui etaient Languedociens.

4º Canton du Fossat, moins Artigat, Castéras, Lanoux, Monesple, Pailhès, compris dans une enclave Languedocienne.

ARRONDISSEMENT DE SAINT-GIRONS

1º Dans le canton de Saint-Girons, les communes de Castelnau-Durban, d'Esplas-de-Sérou.

2º Dans le canton de Sainte-Croix, Mérigon et Mauvezin-de-Sainte-Croix.

Il faut, en outre, désigner, comme appartenant au Comté de Foix, le territoire de Boulbonne au confluent de l'Ariège et de l'Hers, et aujourd'hui rattaché à la Haute-Garonne.

Ainsi qu'on vient de le voir, le Comté de Foix renfermait dans ses limites deux enclaves Languedociennes, qui ne pouvaient communiquer avec le reste de cette province qu'en traversant le territoire Fuxéen. La première enclave était formée par les villages d'Alzen, de Nescus, de Larbont et de Montels, situés auprès de La Bastide-de-Sérou.

La seconde enclave, plus considérable, commençait dans la banlieue de Pamiers, rejoignait, à travers la vallée de l'Estrique, le bassin supérieur de la Lèze et ne quittait cette vallée qu'au-dessous d'Artigat. L'enclave comprenait : Aigues-Juntes, Artigat, Artix, Bénagues, Castéras, Cazeaux, Gabre, Lanoux, Lescousse, Madière, Montégut, Pailhès, Rouzaud, Saint-Bauzeil, Saint-Martin, Saint-Michel, Saint-Victor.

La formation de cette enclave remontait à deux causes. La première doit être attribuée à l'organisation du paréage conclu entre l'évêque de Pamiers Bernard Saisset et le roi de France Philippe-le-Bel, en 1308. En vertu de ce traité, l'évêque, associa le roi à la jouissance et à la propriété des droits qu'il possédait en un certain nombre de villages. Ce paréage, qui a subsisté jusqu'à la Révolution, donna lieu à la création de la viguerie royale des Allemans, comprise dans le Languedoc et qui dépendait de la Sénéchaussée de Carcassonne.

Sur la rive gauche de l'Ariège, le paréage ne comprenait que Bénagues, Saint-Bauzeil et quelques hameaux autour de Pamiers (1) ; les autres se trouvaient sur la rive droite (2).

Pailhès constituait un fief dont les seigneurs reconnaissaient comme

---

(1) Histoire de Languedoc.; T. IX. p. 309; T. XII. p. 327. Barrière-Flavy, *le paréage de Pamiers*, pp. 13-14.

(2) Ces villages étaient les Allemans, le Carlaret et Villeneuve-du-Paréage.

suzerains les comtes de Toulouse, malgré les réclamations des comtes de Foix. Toujours est-il qu'en juillet 1272 (1), au moment où l'on entreprit l'enquête sur les limites du Pays de Foix, les commissaires ne comptèrent pas Pailhès au nombre des fiefs appartenant à Roger-Bernard III. Quant aux autres localités complétant l'enclave Languedocienne, il serait difficile et parfois impossible, faute de documents précis, d'expliquer les causes qui les ont empêchées de faire partie du Comté de Foix.

Aussi, après avoir déterminé la situation géographique du pays, avons-nous dû rectifier certaines assertions de notre chroniqueur. De ce que certaines localités, voisines du pays de Foix, étaient comprises dans le domaine des comtes, Esquerrier n'a pas hésité à les ranger comme partie intégrante du Comté ; c'est ce qu'il a fait notamment pour Calmont, Molandier, qui sont restées Languedociens, et pour le Donezan, qui a conservé son autonomie jusqu'à la Révolution.

Nous nous sommes bornés à faire connaître quelle était la composition du Comté de Foix au point de vue purement politique. Il ne peut rentrer dans notre cadre de décrire les différentes administrations dont dépendait le pays sous le rapport judiciaire, ecclésiastique ou militaire. La diversité la plus grande se manifestait dans tous les services ; telle région était soumise à la juridiction épiscopale de Rieux ou de Couserans et ressortissait au Présidial de Pamiers. Pour donner à nos lecteurs l'idée de l'organisation administrative de la province à la fin de l'ancien Régime, et telle qu'elle résultait de l'évolution historique dont notre chroniqueur Esquerrier a marqué une des phases, nous renvoyons à la *Description du Comté de Foix* publiée en 1788 (2).

CHATELLENIES DU COMTÉ DE FOIX

Esquerrier, le premier auteur qui se soit occupé de mentionner les châtellenies, se contente de donner l'énumération des localités en composant le ressort ; il n'indique ni à quelle époque elles furent fondées,

---

(1) Pasquier, *Donation du fief de Pailhès en 1256*, p. 6.
(2) Voir plus haut la Bibliographie.

ni quelle en fut l'origine, ni quelle en était l'organisation. Les renseignements nous manquent pour suppléer au silence de notre chroniqueur. Nous pouvons seulement établir que les châtellenies étaient autant de circonscriptions entre lesquelles était répartie l'administration du pays. A la tête de chacune d'elles se trouvait un gouverneur ou châtelain, dont les attributions étaient surtout militaires. Il devait veiller à la garde de la contrée, convoquer et commander les gens de guerre ; il était le représentant du comte, et, à ce titre, il avait mission d'exiger l'accomplissement des devoirs féodaux, auxquels les vassaux étaient tenus envers le souverain. En conséquence, il percevait les impôts en argent et en nature, obligeait les habitants à s'acquitter des charges personnelles qui variaient suivant les régions, telles que l'accomplissement de corvées pour la réparation des châteaux, etc. En fait de justice, nous ignorons si le châtelain avait des attributions précises ; nous pensons que sur ce point son pouvoir était restreint et que la connaissance des causes civiles et criminelles revenait aux juridictions consulaires ou seigneuriales. En supposant qu'il dût intervenir en pareille matière, il ne le pouvait guère que pour procéder à l'exécution des sentences rendues par les diverses juridictions ; c'était une prérogative que le comte avait expressément réservée à l'autorité souveraine, ainsi que le formulaient les chartes des coutumes communales.

Dans le dénombrement de 1450, on trouve l'indication des droits du comte dans chaque localité ; c'est au milieu de cette énumération que l'on rencontre diverses mentions relatives au rôle et à la fonction des châtelains. On voit notamment que des émoluments, payables par les gens du pays, étaient attribués à ces officiers, lorsqu'ils ne touchaient pas directement une solde acquittée par le trésor du comte. (1)

L'office de châtelain a survécu à la réunion du Comté de Foix à la Couronne ; au XVIIIe siècle, on relève encore des nominations de châtelains pour plusieurs localités. La division par châtellenies a subsisté jusqu'à la Révolution ; ainsi, sous le règne de Louis XVI, les droits domaniaux de la châtellenie de Quié furent l'objet d'un engagement de la part du gouvernement.

---

(1) Archives des Basses-Pyrénées, registre E. 391.

I. — CHATELLENIE DE FOIX

Toutes ces localités, à l'exception d'Amplaing qui relève du canton de Tarascon, Cadarcet de celui de La Bastide-de-Sérou, et Loubens de celui de Varilhes, appartiennent à celui de Foix, et constituaient ce qu'on appelait, avant la Révolution, le Consulat de Foix. Aujourd'hui cette dénomination est encore usitée pour désigner un syndicat pastoral, formé pour assurer la libre dépaissance des montagnes de la Barguillère aux communes faisant partie de cet ancien Consulat. Quelques-uns de ces hameaux n'ont pas une existence distincte et sont compris dans le ressort d'une commune voisine. (1)

Abenac	Bénac	C
Amplaing	Amplaing	C
Brassac	Brassac	C
Baulou	Baulou	C
Burges	Burges	Brassac
Cadarcet	Cadarcet	C
Cadayrac	Cadirac	Foix
Caraybat	Caraybat	Soula
Cos	Cos	C
Ferrieras	Ferrières	C
Foix	Foix	C
Gairiac	Gariac	Foix
Ganac	Ganac	C
Genevat	Ginabat	Montoulieu
Herm	L'Herm	C
Lobieras	Loubières	C
Lobens	Loubens	C
Marseilhas	Marseilhas	Villeneuve-du-Bosc
Monlaur	Montlaur	L'Herm
Montoliu	Montoulieu	C
Ordenac	Ourdenac	Saint-Martin-de-Caralp

(1) Les noms en italiques de la première colonne sont ceux donnés par Esquerrier sous leur forme romane ; ceux de la seconde colonne indiquent la traduction et l'identification des termes romans. La lettre capitale C dans la troisième colonne désigne que la localité est chef-lieu de communes ; quand il s'agit d'un simple hameau, le nom porté sur cette troisième colonne fait connaître la commune dont il dépend.

Pradieras	Pradières	C
Prayols (1)	Prayols	C
Sant Johan de Verges	Saint-Jean-de-Verges	C
Sant Marti	Saint-Martin-de-Caralp	C
Sant Pey de Riviera	Saint-Pierre-de-Rivière	C
Senhaus	Seignaux	Montoulieu
Serras	Serres	C
Vernajol	Vernajoul	C
Villanova	Villeneuve-du-Bosc	C (2)

II. — CHATELLENIE DE MÉRENS

Elle occupe, dans le canton d'Ax, la partie supérieure de la vallée de l'Ariège.

Merens	Mérens	C
Hospital de Santa Suzanna (3)	L'Hospitalet	C

III. — CHATELLENIE D'AX

Elle est tout entière comprise dans le canton d'Ax, autour de cette ville.

Ax	Ax	C
Ascou	Ascou	C
Inhaus	Ignaux	C
Orgeix	Orgeix	C
Orleu	Orlu	C
Perlas	Perles	Perles-Castelet
Savignac	Savignac	C
Sorjat	Sorgeat	C

(1) En latin, *Prayols*, devient *Pradiola*, et Saint-Jean-de-Verges, *Sanctus Joannes de Virginibus*.

(2) Dans l'énumération d'Olhagaray et de Garrigou, on ne trouve pas Brassac, Baulou, Burges, Gariac, Loubières, Loubens, Ourdenac.

(3) Il y avait en cet endroit un refuge, un hôpital destiné à recevoir les voyageurs circulant par les cols de la frontière.

Tignac	Tignac	C
Vaychis	Vaychis	C

IV. — CHATELLENIE DE MONTAILLOU

Tout entière dans le canton d'Ax, elle dépend du bassin de l'Hers.

Montalio	Montaillou.	C
Pradas	Prades.	C

Cette dernière localité était désignée dans les anciens textes sous le nom de *Pradas d'Alio*.

Dans notre manuscrit, il y a confusion dans la répartition des villages entre les châtellenies de Montaillou et de Lordat ; nous croyons que c'est une erreur imputable au scribe. En effet, Lordat, qui était sans conteste le siège d'une châtellenie, se trouverait, d'après cette division, compris dans le ressort de Montaillou, ainsi que plusieurs autres villages qui sont placés dans sa circonscription. En nous référant à Olhagaray et à Garrigou, en consultant les livres terriers conservés aux archives départementales de l'Ariège, et le dénombrement du Pays de Foix en 1672, publié par M. Barrière-Flavy, nous pouvons rectifier l'erreur commise, et nous adoptons pour notre texte la version d'Olhagaray. Nous citons, à titre de simple renseignement, le passage de notre manuscrit concernant les deux châtellenies.

Castelania de Montalio. — Pradas, Montalio, Lordat, Axiat, Bernaux, Garano, Lassur, Urs, Bebre, Sortadel.

Castelania de Lordat. — Luzenac, Unac, Savenac, Causso, Sanconac, Appy, Cayssac.

Dans les deux châtellenies, Olhagaray omet Prades.

V. — CHATELLENIE DE LORDAT

Toute cette châtellenie est entièrement comprise dans la partie sud du canton des Cabannes, sur la rive droite de l'Ariège.

Appy	Appy	C
Axiat	Axiat	C
Bebre	Vèbre	C
Bernaux	Vernaux	C
Causso	Caussou	C
Cayssac	Caychax	C

Garano	Garanou	C
Lassur	Lassur	C
Lordat	Lordat	C
Luzenac	Luzenac	C
Sabenac	Sabenac	C
Sanconac (1)	Senconac	Caussou
Sortadel	Sourtadel	Luzenac
Unac (2)	Unac	C
Urs	Urs	C

VI. — CHATELLENIE DE CHATEAU-VERDUN

La circonscription de cette châtellenie forme la partie nord du canton des Cabannes, située, sauf Verdun et Albiès, sur la rive gauche de l'Ariège.

Château-Verdun était une des plus anciennes et des plus célèbres baronnies du Pays de Foix ; c'est dans son ressort que se trouve Gudanes qui, à partir du XVIe siècle, est devenu le fief le plus important de la circonscription et de celle de Lordat.

Albies	Albiès	C
Asto	Aston	C
Aulos	Aulos	C
Boan	Bouan	C
Las Cabanas	Les Cabannes	C
Castel-Verdu ou *Castel-Berdu*	Château-Verdun	C
Larcat	Larcat	C
Larnat	Larnat	C
Lo Puch	Le Pech	C
Sinsat	Sinsat	C
Verdu ou *Berdu*	Verdun	C

Jusqu'au No VII, l'énumération des châtellenies, telle qu'elle se trouve dans notre manuscrit, concorde avec celle donnée par Olhagaray. A partir de ce No, notre manuscrit contient deux intercalaires, l'une pour la châtellenie de Vicdessos et l'autre pour la baronnie

---

(1) C'est par erreur qu'on écrit parfois aujourd'hui Saint-Conac au lieu de Senconac.
(2) En latin Unac est *Huguenacum*.

de Miglos. Ni Olhagaray ni Garrigou ne parlent de la châtellenie de Vicdessos, dont ils attribuent quelques villages à la châtellenie de Château-Verdun, c'est-à-dire, Orus, Sentenac, Ilhier. Quant aux localités, telles que Vicdessos, Olbier, Goulier, etc., elles ne sont pas citées. Pour Siguer, Gestiès et Lercoul, il n'y a pas de doute, ils ont toujours été du ressort de la châtellenie de Quié.

La châtellenie de Vicdessos prenant le N° VII dans la nomenclature d'Esquerrier, les châtellenies suivantes reculent d'un rang et la concordance n'existe plus avec la liste d'Olhagaray qui n'en porte que seize, tandis que notre chroniqueur en cite dix-sept.

VII — CHATELLENIE DE VICDESSOS

Malgré le silence d'Olhagaray, la haute vallée de Vicdessos a dû, ce nous semble, former le ressort d'une châtellenie, dont le siège devait se trouver à Montréal. C'était un château sur un rocher situé auprès d'Olbier et dominant la vallée dans le repli que fait la rivière près d'Auzat. Montréal *(Mons regalis)* est fréquemment cité dans les textes du Moyen-Age, et les châtelains figurent plusieurs fois, à titre de témoins, dans des actes importants. Pourtant, il convient de remarquer que le gouverneur de cette forteresse pouvait avoir le titre de *châtelain*, sans que les villages de la région lui fussent soumis et formassent une circonscription administrative sous le titre de *châtellenie*.

Le dénombrement de 1672 qualifie Vicdessos de chef-lieu de châtellenie, et, ainsi que nous le déclarons plus haut, nous sommes d'avis de considérer ce pays comme tel; ce qui porte à dix-sept le nombre de châtellenies dans le Comté.

La haute vallée de Vicdessos, qui forme la majeure partie du canton de ce nom, s'arrête au pont de Laramade, au confluent du ruisseau de Siguer ; toute la basse vallée appartenait à la châtellenie de Quié.

Arconac	Arconac	Vicdessos
Auzat	Auzat	C
Golier	Goulier	Goulier-Olbier
Ilhier	Ilhier	Ilhier-Laramade
Olbier	Olbier	Goulier-Olbier

Ornac	Ournac	Auzat (1)
Orus	Orus	C
Saleix	Saleix	C
Sausel	Sausel	Vicdessos (2)
Sentenac	Sentenac	Suc-et-Sentenac
Sem	Sem	C
Suc	Suc	Suc-et-Sentenac
Vicdessos	Vicdessos	C

VIII — CHATELLENIE DE QUIÉ

Cette châtellenie comprenait les villages de la rive gauche de l'Ariège, situés dans la vallée de Saurat et dans celle de Vicdessos jusqu'au pont de Laramade, c'est-à-dire, jusqu'à l'entrée de la vallée de Siguer qu'elle renfermait également dans son ressort. A l'exception de Siguer, Gestiès et Lercoul qui appartiennent au canton de Vicdessos, les localités ci-dessous énumérées se rattachent au canton de Tarascon.

Aliat	Aliat	C
Anhiaux	Niaux	C
Arnhac	Arignac	C
Aynat	Aynat	Bédeilhac-et-Aynat
Banat dejos	Banat d'en bas	id.
Banat dessus	Banat d'en haut	Banat
Bedeilhac	Bédeilhac	Bédeilhac-et-Aynat
Capoulech	Capoulet	Capoulet-Junac
Florac	Florac	Surba
Genat	Génat	C
Gesties	Gestiès	C
Gorbit	Gourbit	C
Junac	Junac	Capoulet-Junac
Laburat	Laburat	(3)
Lapujada	Lapujade	Niaux

(1) *Ournac* était un village, à l'entrée de la vallée d'Artiès, dans les dépendances d'Auzat; il fut détruit par une avalanche et il n'en reste que quelques granges.

(2) *Sausel*, quartier du village de Vicdessos, du côté d'Auzat.

(3) Montagnes qui séparent la vallée de Vicdessos de celles de Rabat et Gourbit et qui s'étendent sur les territoires de Gourbit, Rabat, Génat. Sur ces montagnes se trouvent des cabanes.

Lercoul	Lercoul	C
Quier	Quié	C
Rabat	Rabat	C
Saurat	Saurat	C
Siguer	Siguer	C
Sobira	Surba	C
Sulhac	Suilhac	Siguer

N. B. Olhagaray et notre manuscrit portent bien *Sobira*; il s'agit certainement de *Surba*.

Olhagaray et Garrigou citent *Aménat* et *Scamer*, qui restent indéterminés et dont Esquerrier ne fait pas mention.

Nulle part, il n'est question de *Lapège*, commune qui se trouve au-dessus de Niaux et dépend du canton de Tarascon.

Rappelons que Miglos, dont le territoire est enclavé dans la châtellenie de Quié, formait une baronnie indépendante, relevant directement du comte, sans être soumise à la juridiction d'un châtelain.

IX. — CHATELLENIE DE TARASCON

Les localités de cette châtellenie sont situées sur la rive droite de l'Ariège et font partie du canton de Tarascon. Seul, Larnat relève du canton des Cabannes et est placé sur la rive gauche. (1)

Arnava	Arnave	C
Bompas	Bompas	C
Casanova	Cazeneuve	C
Croquier	Croquier	Mercus
Garrabet	Garrabé	Id.
Gernat	Jarnat	Id.
Larnat	Larnat (2)	C
Mercus	Mercus	C
Ornolac	Ornolac	C
Tarasco	Tarascon	C

X. — CHATELLENIE DE SAINT-PAUL-DE-JARRAT

Dans notre manuscrit, cette circonscription est désignée comme *seignoria*. Aussi dans Olhagaray trouve-t-on qu'elle est de création

---

(1) Sabart, qui se trouve sur la rive gauche, au confluent de la rivière de Vicdessos, était revendiqué comme faisant partie de la châtellenie de Quié. (Garrigou, *Sabar*, pp. 191, 193).

(2) Olhagaray et Garrigou ne font pas mention de Larnat.

récente ; le texte de Garrigou porte : *la de Sant Paul qu'es boutada al reng de las castelanias et compren.* Le territoire s'étend au Sud-Ouest du canton de Foix.

Antras	Antras	Saint-Paul-de-Jarrat
Belmont	Belmont	Freychenet-et-Gabachou.
Lo Carpidor	Indéterminé	
Cayrolgasc	Id.	
Freisinet	Freychenet	Freychenet-et-Gabachou
Labat	Labat	Saint-Paul-de-Jarrat
Langlada	Langlade	Id.
Sant Paul	Saint-Paul-de-Jarrat	Id.
Sant Paulet	Saint-Paulet	Id.

XI. — CHATELLENIE DE MONTGAILHARD

Comprise dans le canton de Foix, elle se réduit à la commune de Montgailhard.

XII. — CHATELLENIE DE LA BASTIDE-DE-SÉROU

Formée de la haute vallée de l'Arize, cette châtellenie s'étendait jusqu'au Mas-d'Azil ; elle comprenait une enclave languedocienne, relevant de la judicature et du diocèse de Rieux et constituée par la baronnie d'Alzen, avec les villages d'Alzen, de Larbont, Montels et Nescus.

Olhagaray et Garrigou placent le Mas-d'Azil dans cette châtellenie, tandis qu'Esquerrier le range dans celle de Camarade. Les documents nous font défaut pour trancher la question. Au point de vue topographique, le Mas-d'Azil est plus près de Camarade et appartient à la basse vallée de l'Arize. Ce qui pourrait expliquer son rattachement à la Bastide-de-Sérou, c'est que l'abbaye du Mas-d'Azil, en 1247, avait cédé cette ville en paréage au comte de Foix. D'après cette convention (1), les deux parties contractantes se partageaient l'exercice de la jouissance

---

(1) Le texte du paréage a été publié : 1° dans le *Gallia Christiana*, t. XIII, Province de Toulouse, *Instrumenta diocœsis Rivensis*, n° XVI, cc. 160-165 ; 2° Rumeau, *Monographie de la Bastide-de-Sérou*, pp. 178-181 ; 3° Pasquier, *Documents historiques sur la Bastide-de-Sérou*, Foix, Pomiès 1882.

des droits féodaux dans le territoire de cette localité. Peut-être le comte de Foix, afin de mieux surveiller les agissements de son co-seigneur, dont les intérêts se trouvaient mêlés aux siens, avait-il réuni la ville du Mas-d'Azil à la juridiction de la Bastide-de-Sérou.

Toute cette châtellenie a été englobée dans le canton de la Bastide-de-Sérou, à l'exception d'Esplas et de Castelnau-Durban qui font partie du canton de Saint-Girons.

Alheras	Aillères	C
Antuza	Antuzan	La Bastide-de-Sérou
Aro	Aron	Id.
Aujola (1)	Aujole	Id.
La Bastida de Sero	La Bastide-de-Sérou	C
Bolasteich	Boulastet	La Bastide-de-Sérou
Brocareilh	Indéterminé	
Brosenac	Brouzenac	La Bastide-de-Sérou
Bunhas	Bugnas	Id.
Camisels	Indéterminé	
Castelnau	Castelnau-Durban	C
Cavasltelhas	Indéterminé	
Durban	Durban	C
Faus	Faux	La Bastide-de-Sérou
Los Ferris (2)	Les Ferrys	La Bastide-de-Sérou
Lo Feyt d'avant	Indéterminé	
Las Fitas	Lasfittes	La Bastide-de-Sérou
Lo Mas d'Azil	Le Mas-d'Azil	C
Milhas	Milhas	La Bastide-de-Sérou
Montaganha	Montagagne	C
Montasels	Montazets	La Bastide-de-Sérou
Los Plas de Sero	Esplas-de-Sérou	C
Rivamala	Rivemale	La Bastide-de-Sérou
Tarteing	Tartein	Id.
Unjat	Unjat	Id.

(1) Olhagaray écrit *Aviola*, ce qui est une erreur. Sous le nom d'*Aujole*, on désigne un petit ruisseau, qui est un affluent de l'Arize.

(2) *Los Ferrys*, c'est un hameau de la section d'Aron.

XIII. — CHATELLENIE DE CAMARADE

Elle pouvait être considérée comme la châtellenie de la Basse Arize; tout le territoire en a été rattaché au canton du Mas-d'Azil.

L'abbaye de Combelongue, possédée par les Prémontrés dépendait du Comté de Foix ; l'abbé, comme ceux de Boulbonne, Foix, Lézat, du Mas-d'Azil, était membre né des Etats de la province. Combelongue devait se rattacher à la châtellenie de Camarade ; c'est aujourd'hui un hameau de la commune de Rimont, qui après avoir été comprise dans le Couserans, fait partie du canton de Saint-Girons.

La Bastida de Besplas	La Bastide-de-Besplas	C
Las Bordas	Les Bordes	C
Camarada (1)	Camarade	C
Campanha	Campagne	C
Clarmont	Clermont	C
Dalmaza	Daumazan	C
Fornels	Fornex	C
Montfach	Montfa	C
Sabarat	Sabarat	C

XIV. — CHATELLENIE DU CARLA

Le territoire de cette châtellenie est réparti entre le canton du Mas-d'Azil pour Castex, Loubaut, Méras, et entre celui du Fossat pour le Carla, le Fossat, Monesple et Sieuras.

Lo Carla	Le Carla-Bayle	C
Castet	Castex	C
Lo Fossat	Le Fossat	C
Guinholas	Guignolas	Lapeyrère, canton de Montesquieu-Volvestre (Haute Garonne).
Loubaut	Loubaut	C
Meras	Méras	C
Monesple	Monesple	C
Siuras	Sieuras	C

(1) Voir ci-dessus, dans la châtellenie de la Bastide-de-Sérou, p. 113-114, ce que nous avons dit à propos de l'attribution du Mas-d'Azil, soit à la Bastide-de-Sérou, soit à Camarade.

XV. — CHATELLENIE DE SAINT-YBARS

Le territoire de cette châtellenie est compris en entier dans le canton du Fossat.

Durfort	Durfort	Villeneuve-Durfort
Las Fizos	Indéterminé	
Lezat	Lézat	C
Santa Suzanna	Sainte-Suzanne	Lézat
Sant Ybars	Saint-Ybars	C

XVI. — CHATELLENIE DE SAVERDUN

A l'exception de Bonnac et d'Unzent, qui sont rattachés au canton de Pamiers, toutes les localités de cette châtellenie sont comprises dans le canton de Saverdun. (1)

Ni Esquerrier ni Olhagaray ne comptent Esplas dans leur nomenclature ; en divers ouvrages et sur plusieurs cartes, cette localité figure comme comprise dans l'enclave languedocienne du Comté de Foix *(voir plus haut p. 000)*, cependant elle est généralement citée comme relevant de la châtellenie de Saverdun (2).

Bonnac	Bonnac	C
Bria	Brie	C
Cante	Canté	C
Labatut	Labatut	C
Lissac	Lissac	C
Sant Quirc (3)	Saint-Quirc	C
Savardu	Saverdun	C
Unzent	Unzent	C
Valnera (4)	Valnègre	Saverdun
Lo Vernet	Le Vernet	C

(1) En ce qui concerne la châtellenie de Saverdun, voir l'ouvrage de M Barrière-Flavy : *Histoire de la Ville et de la Châtellenie de Saverdun* ; chaque localité est l'objet d'une notice, p. 176-219.

(2) Barrière-Flavy. *Histoire de la Ville et de la Châtellenie de Saverdun*, Esplas, p. 200-201.

(3) Barrière-Flavy, Notice Historique sur Saint-Quirc, Toulouse, Chauvin, 1886.

(4) Située entre Unzent et Saverdun, Valnègre était une abbaye de religieuses de l'ordre de Citeaux, qui fut supprimée au xv° siècle. Il ne reste plus en cet endroit qu'un domaine, appelé Balnègre, et même Bannègre. (Barrière-Flavy. *Histoire de Saverdun*, p. 215-219).

Olhagaray cite le lieu *d'Insemat*, dont au xviie siècle on ne trouvait plus mention.

XVII. — CHATELLENIE DE VARILHES

La nomenclature des localités, telle que la donne notre manuscrit, diffère de celle fournie par Olhagaray et Garrigou.

Esquerrier, dans son énumération, comprend Mazères et Pamiers, mais dans une note il se hâte d'ajouter que ni Calmont, ni Mazères, ni Pamiers ne dépendent de la châtellenie de Varilhes ; aussi avons-nous suivi la version d'Olhagaray. Pour tout ce qui a trait à la situation administrative de Mazères et de Pamiers, nous renvoyons les lecteurs aux notes qui accompagnent, à la fin du texte d'Esquerrier, la nomenclature des châtellenies (1).

Pour Calmont, voir la notice concernant cette localité dans le répertoire alphabétique (2).

A l'exception d'Escosse, dépendant du canton de Pamiers, et de la Terrasse, annexe de la commune de Saint-Jean-de-Verges dans le canton de Foix, toutes les localités sont comprises dans le canton de Varilhes.

Crampanha	Crampagna	C
Escossa	Escosse	C
Montaut	Montaut	C
Puch de Pelaporc	Indéterminé	
Las Ribas	Les Rives	Varilhes
Riu de Pelaporc	Rieu-de-Pelleport	C
La Terrassa	La Terrasse	Saint-Jean-de-Verges
Varilhas	Varilhes	C
Vernhola	Verniolle	C

N. B. Comme document concernant la délimitation du Comté de Foix, vers le Roussillon et la Cerdagne, il convient d'indiquer un acte, qui aurait dû être cité plus haut *p. 92*; c'est la sentence arbitrale rendue, le 15 juillet 1304, à Perpignan, pour régler les diffé-

---

(1) Voir plus haut, p. 89.
(2) Voir plus haut, p. 95.

rents entre le comte de Foix et le roi de Majorque, sur les limites de leurs juridictions. Le texte de cette charte est perdue ; une copie s'en trouve à la Bibliothèque Nationale *(collection Doat, vol. 178)* ; ce qui a trait au Capcir a été publié en note dans l'*Histoire du Languedoc*, t. VII, p. 278, n° 6.

(1) *Histoire du Languedoc*, t. IX, p. 275.

CHRONIQUE DE MIÉGEVILLE [1]

LO COMTE DE CARCASSONA

Roger me fau nommar
Comte de Carcassona et de Barssalona,
Et si he feit per mon bon sen
Que foc senhor dels Foixens.
Bernad, mon segon filh,
Comte de Foix es lo prumier,
Car contra los Turcz el vol anar,
Fer armas et besonhar.

Cum se liec en las istorias de Karles Mayne, rey de Franssa et emperador de Roma, conquestec Carcassona, Narbona et infinitz d'autres pais à la fe crestiana; et comensec à regnar l'an de Nostre Senhor sept cens et septanta et regnec quaranta et sept ans. Et

[1] Ainsi qu'on l'a vu dans l'*Introduction*, il existe deux textes de cette chronique : l'un dans le ms. 3920 de la Bibl. Nat., l'autre dans le vol. 102 de la collection Du Chesne. Tous deux sont l'œuvre de fort mauvais copistes ; sans prétendre rétablir rigoureusement l'orthographe de l'original, on a essayé, en combinant les deux leçons et en apportant quelques modifications nécessaires, de rendre au texte une pureté relative. On n'a mentionné les variantes que lorsqu'elles ont paru assez importantes, et on a désigné par *A* le texte du ms. 3920, par *B* celui de Du Chesne. La copie de Du Chesne porte en titre : *Comensement d'histoire et généalogie des Comtes de Foix*.

constituic duc, comte de Narbona et comte de Tholosa et de Carcassona et de Veses [et] de Barssalona moss. Aymeric de Narbona. Et foc lodit moss. Aymeric marques d'Avinhon, de Provensa, comte d'Ampurias et de Rossilho, d'Urgelh, per donation que luy fec Karles Mayne ; et foc un dels dotze pars de Franssa. Et de luy demoren dos filhs : Torsonus, que foc comte de Tholosa et duc de Narbona, et Re[n]gart, [que] foc comte de Carcassona et de Barssalona, et apres la fin de moss. Aymeric de Narbona, que foc tant valent cavalher en lo secors de Karles Mayne, cum se liec en las ditas istorias. Et d'aqui son dessendutz los comtes de Carcassona et de Tholoza ; dels quals laissi los noms, se no per so que l'aubre voli comensar don dreitament son dessendutz totz los comtes que son estatz en Foix ; quar davant se disia comte de Carcassona et de Barssalona et senhor dels Foixens.

Et apres, venent la drecha successio, moss. Arnaut, comte de Carcassona et de Barssalona et senhor dels Foixens, en l'an de Nostre Senhor nau cens nonanta et quatre (1), laissec las subditas senhorias de Carcassona à moss. Roger, son filh, loqual foc filh de madona Arsenda ; et donec à sant Volsia de Foix la gleysa d'Amplan.

Moss. Roger foc apres comte de Carcassona et de Barssalona, senhor dels Foixens. Et en l'an mil LXII, regnant Enric, lo XLI rey de Fransa, fec son testament et laissec los comtatz de Carcassona et Barssalona à Ramon, son prumier filh, et à Bernad, son segon filh, et à dona Aladaïs, sa molher, mayre de Bernad, lo castel de Foix ab la terra Foixenca, la vigaria de Savartes, Castelpenent, la meytat del comtat de Coserans et de Bolbestre, Dalmasanes et Podagues, et lo bosc de Borbona. Et Peyre, son ters filh, foc abat de la Grassa am d'autras gleisas apertenens à l'abadia.

Davant Karles, no se troba qui senhorejava los Foixens. Empero, segon las fondation[s] de las gleysas de Foix, Carcassona et Veses, son fundadas à la honor de sant Nasari, que pres martiri al temps de sant Peyre et sant Paul per Nero, emperador de Roma. Et per so, Foix avia estat crestia davant Karles Mayne grant temps, segon lo adveniment de sant Volsia, arcevesque de Tours, que pres martiri,

---

(1) Catel, qui n'a connu que Miégeville, a adopté cette date (*op. cit.* p. 626), dont Marca a prouvé la fausseté ; c'est ici la première différence que l'on signale avec Esquerrier.

entre Pamias et Varilhas, per los Gotz al temps de Clotayre, lo XIIII rey crestia de Fransa, en lo an de Nostre Senhor CCCCC^ens et XIX, la V^a kalenda de feurier (1); et miraculosament foc portat am dos biaus sus una careta à la gleysa de Sant Nazari de Foix qu'era entre lo castel de Foix; et aqui se repausec en gloria. Et foc arcevesque de Tours VII ans et dos meses et foc successor de sant Asthochius. Et apres sant Volsia foc sant Grogori, loqual ordenec et fec l'offici de sant Volsia, cum se liec en sa ligenda.

En l'an mil et nonanta IIII, en la gleysa de Foix foc consecrada per moss. Jorda, avesque de Coserans, la gleysa que apres foc consecrada l'an mil nonanta cinq. (2)

LO PRUMIER COMTE DE FOIX

Diu qu'es de tot ben comencement
Me ha feit de Foix comte prumier.
Bernad me fau nommar per bontat
Et filh del comte de Carcassona.
Et per so me voli armar contra cels
Que non tenen la ley bona,
Am Godofre de Vilhon lo pros,
Que mante la guera bona. (3)

Moss. Bernad foc filh de moss. Roger, comte de Carcassona, et de madona Aladays; et foc marit de dona Beatrix de Veses; et foc feit lo prumier comte de Foix en l'an de Nostre Senhor mil et LXII en son atge de quaranta ans. Aquest moss. Bernad foc valent cavalier et pros et valeros en armas et tenc (4) son pais en pax. Et donec à sant Volsia de Foix, Cos, Cadirac, Campredon, Serras ab lo[s] deumes. Et anec à la conquesta de la santa terra de Jherusalem ab Godofre de Vilhon, duc de Lorenha et amb autres nobles princes et valentz senhors; et moric à la presa de la ciutat de Damieta l'an mil XC et huit, regnan Jhesu Christ.

(1) Cette date ne se trouve pas dans Esquerrier.
(2) A : 1094. Ce paragraphe a été ajouté par Miégeville.
(3) Ces vers, pas plus que ceux qui sont en tête de la biographie précédente, ne se trouvent dans Michel du Bernis; ils sont sans doute tirés de l'épître d'Honoré Bonet, prieur de Selonnet, qui est, on l'a vu, la source principale où ces chroniqueurs ont puisé pour retracer l'histoire des premiers comtes de Foix.
(4) B : tenguec.

Et es sabedor per que aquel an se entitulava : *regnan Jhesu Christ.* Car foc stremada al rey Felip de Fransa aquela gracia, per so que papa Urba lo avia escuminiat ; car avia laissada sa molher Berta, filha del comte de Orlanda et sor del comte de Flandras, (1) et avia presa autra molher appelada Bertranda, comtessa d'Angies. Et foc escuminiat et tot son realme tot aquel an, so es, l'an de Nostre Senhor mil XCIIII ; et tornat que foc am Berta, li foc tornada aquela gracia.

Et foc comte XXXVI ans.

LO SEGON COMTE DE FOIX

Per so me fau Roger nommar,
Car lo nom sec la persona.
Et si se gros os rossegar,
Car ho conquestat Carcassona.
Encara cresi que mon destrier
Poyra del Rose à Barssalona
Corre per tot sens nulh danger,
Si Diu longa vida me dona. (2)

Moss. Roger foc filh de moss. Bernard et de madona Beatrix de Beses, et foc marit de madona Arsenda ; et foc comte l'an mil cent et quatre. (3) Aquest senhor foc valent cavaler, pros et ardit et de grant empresa. Aquel an conquestec Carcassona, et apres en l'an meteis lo restituec à madona Mengart de Veses, sa cosina germana, et à Bernard Atho, son filh, ab pactes que, si demoressen sens enfans, devia tornar de la un à l'autre, et aixi ben lo Comtat de Foix, cum par per las cartas que son al castel de Foix, feitas à XXIII de may l'an mil XCV. (4) Et l'an mil CVII, (5) fec translatar lo cors sant de sant Anthoni de Lesat et lo cors sant de sant Anthoni de Pamias et lo cors sant de sant Volsia de Foix et lo cors de sant Ferriol, et foren portatz à la gleysa de Mongausi. Et donec à sant Volsia la vila de Ganac.

(1) Le texte de Miégeville est ici meilleur que celui d'Esquerrier ; cf. ci-dessus, p. 14.
(2) Ce sont les mêmes vers que dans Michel du Bernis (édit. Buchon, p. 576).
(3) A noter la différence de date avec Esquerrier, qui donne 1006.
(4) La date d'année est exacte (tandis que celle donnée par Esquerrier est fausse), mais non celle de mois : c'est le 22 avril, et non le 23 mai, que fut passée cette transaction (cf. ci-dessus, p. 16, note 1).
(5) A : 1122. Les deux dates sont d'ailleurs fausses ; Esquerrier donne la vraie (1111).

Et en l'an mil XCIX, foc à la conquesta de la ciutat de Jherusalem am Godofre de Vilhon, duc de Lorenha; que foc presa per los Crestias. (1)

Et moss. Roger moric l'an mil CXI, et foc comte XVII ans.

LO TERS COMTE DE FOIX

Roger me fau nommar
Senhor de la Bassa Provensa.
Mon pais voli ampliar
Per acort et per valensa.
Am nulh non voli gueregiar
Ne aver mala ententa,
Et si tenre mon pais en patz
Per ardiment et per valenssa.

Moss. Roger Tibaud (2) foc filh de moss. Roger et de madona Arsenda, et foc marit de madona Estefana. Et foc comte l'an mil et CXI et senhor de las marchas de la bassa Proensa. Et foc valent cavaler et pros et tenia son pais en patz, et tropas causas conquestec en sa vida.

Et aquel an fec lo pariatge de Sant Antoni de Pamias, et donec al convent de Pamias la vila de Fredelas per los damnatges que sos predecessors comtes de Carcassona lor avian donatz. Et donec à Sant Volsia de Foix aucus casals prop de Foix.

Et en l'an mil CXIIII sant Bernat comensec l'orde de Cisteus. Et en l'an mil CXXI, Robert fondec l'orde de la cavalaria dels Templers, losquals portavan l'abit blanc et la crotz rogia; et eran ordenatz per defendre la terra crestiana et fer guerra contra los infisels; et apres fen tantas malas obras cum avant ausiretz. (3)

Et moss. Roger moric l'an mil CXLIIII et foc comte XXXIII ans.

---

(1) Ce paragraphe est sans doute une interpolation : d'après Miégeville, le premier et le second comte de Foix auraient accompagné en Terre-Sainte Godefroy de Bouillon ; voir plus haut les corrections à apporter sur ce point au texte des chroniqueurs (p. 17).

(2) Miégeville a emprunté ce nom à Michel du Bernis ; Esquerrier appelle le troisième comte de Foix Roger. Quant aux vers qui précèdent, ce ne sont pas les mêmes que ceux qu'on trouve dans Michel du Bernis (p. 576).

(3) Miégeville commente ici le texte plus concis d'Esquerrier.

LO QUART COMTE DE FOIX

Roger Bernard lo Gros me fau nommar,
Car lo nom mostra la persona ;
Et si me platz estar en patz,
Car al mon nom es atal besonha. (1)

Moss. Roger Bernard lo Gros foc filh de moss. Roger et de madona Eixemena ; et foc comte l'an mil cent quaranta et quatre. Et foc marit de madona Cecilia, filh[a] de Ramon Trencabel, comte de Carcassona et vescomte de Veses, am conselh de moss. Ramon, comte de Barssalona, princip d'Arago, son cosin germa ; et aguec per dot lo castel de Santa Gavela, lo castel de Montaut, lo bosc de Borbona, la senhoria d'Ausapans entro la ribieyra de l'Arieja, am XI^m sos de molgares (2). L'an mil CLI, lo comtat de Carcassona et de Veses era del homenatge del rey d'Arago (3).

Et foc valent cavalher et pros et tenia son pais en patz. Et donec à Sant Volsia de Foix la vila de Bebre, lo castel de Perlas, la meytat de la leuda del pont de Foix et la meytat dels forns de Foix ; et li donec los deumes de Càdarcet (4) et de Baulo, de Serras et de la Barra am lo castel de la Barra et la vila de Savinha. Aquest bon senhor moric l'an mil CLXXXVIII et foc comte XLIII ans.

LO SINQUE COMTE DE FOIX

L'on me apela Ramon Roger,
Comte de Foix lo sinque ;
Et platz me contra cels anar
Que an la ley de Sarrasine.
Trop desiri la sanc venjar
De Jesu, lo filh del Autisme ;
Car ben aure lo bon loguier
A la gloria del aut regisme. (5)

---

(1) Ces vers sont également différents de ceux de Michel du Bernis.
(2) Ce chiffre est plus exact que celui donné par Esquerrier (ci-dessus, p. 19).
(3) Addition de Miégeville.
(4) D'après Esquerrier, la donation était plus importante ; voir l'énumération, p. 20.
(5) Ces vers se retrouvent textuellement dans Michel du Bernis (p. 577).

Moss. Ramon Roger Au Be Pe (1) foc filh de moss. Roger Bernad et de madona Cecilia, et foc marit de madona Phelipa ; et foc comte l'an mil cent et LXXXVII. Et foc valent cavaler et ardit, et foc al socors de moss. Gui, rey de Jherusalem, contra Saladin, soldan de Babilonia et de Damas, l'an que foc feit comte. Et en l'an mil CCVIII, conquestec la terra de Donesa per donation que li fec lo rey En Peyre d'Arago. Et moss. Bernad, comte de Comenge, li fec aquel an homenatge per las terras que tenia en Volvestre.

Et en l'an mil CCXI (2), comensec la error de la iretgia en lo pays de Tholoza, Albeges, Carcasses et Bedarres, Avinhon et Provensa, sus so que tenian que los angels avian tant de poder cum Diu et autras malas errors contra la veraya fe crestiana ; laqual se comensec à Paris per aucuns mestres en teologia. Et lo rey sant Loys (3), spirat de la divinitat et consultat am lo conseilh del papa, fec perseguir totz aquels que aquela fe et iretgia tenian. Et foc perseguidor sant Guilhem, arcevesque de Borges, loqual perseguic Trencabel, vesconte de Veses et comte de Carcassona (4). Et en aquel an meteys foc donada la conquesta al noble comte Simon de Montfort contra lo[s] comte[s] de Tholoza, de Carcasso[na], Veses, Foix, Comenge et los de lor sequela.

Et en l'an mil CCXXI, moss. Ramon Roger, comte de Foix, tenguec lo seti al castel de Mirapeis entro que li aguon feit homenatge acostumat. Et aqui prenguec sa malautia, de que moric l'an mil CCXXIII. Et aquel meteis an, moss. Trencabel, vescomte de Veses et comte de Carcassona, laissec hereter moss. Ramon Roger, com par per las cartas que son al castel de Foix ; et devia demorar al plus vivent et à lors enfans.

Mala foc la error de la iretgia, per la qual se perdec lo heretatge de

---

(1) Ce surnom est encore emprunté à Michel du Bernis ; il ne se trouve pas dans Esquerrier.

(2) La date diffère de celle d'Esquerrier, qui donne 1209.

(3) Ce n'est pas sous saint Louis, mais sous Philippe-Auguste qu'ont eu lieu les divers faits racontés dans ce paragraphe.

(4) Addition de Miégeville.

Veses et de Carcassona que à Foix fora endevengut (1); car lo rey lo a pres per la successio de la conquesta que fec lo comte de Montfort.

Et foc comte XXXVI ans; et avia una filha, madona Esclarmonda, que foc molher del rey de Malhorqua.

LO SIXSE COMTE DE FOIX

Hom me apela Roger Bernad
Lo Gran, ardit de ma persona.
De mon pais he decassat
De Montfort lo comte Simo,
Per mantenir la fola error,
Que tenia lo darrier comte de Tholoza,
Contra lo rey sant Loys; per so
He perdut lo pais de Veses et Carcassona. (2)

Moss. Roger Bernad lo Gran foc filh de moss. Ramon Roger et de madona Phel[i]pa; et foc marit de madona Brunissen de Castelbo; et foc comte et vescomte l'an mil CCXXIII. Et foc valent cavaler en armas et tenguec lo partit am lo comte Ramon de Tholoza per la iretgia que tenian contra la Gleysa et contra lo rey de Fransa. Et per so foc donada la conquesta contra lors adherens al noble comte Simo de Montfort, loqual conquestec lo comtat de Tholoza, Albeges et lo[s] comtat[s] de Foix et de Comenge, Carcassona et Veses; et ausiguec moss. Trencabel, vescomte de Veses et comte de Carcassona; et à li demorec la terra per conquesta.

La guerra seria long à splicar. Empero apres lo comte Simo foc assetiat al castel de Muret per lo comte Ramon de Tholoza et lo rey d'Arago et lo[s] comte[s] de Foix et de Comenge. Lo comte de Montfort, presa que aguec benadiction de moss. Folco, avesque de Tholoza et de VII prelatz que eran am luy (3), eixic fora lo castel en bathalha am mil combatens et escofic sons adversaris que eran cent mila combatens; et entre Garona et Arieja foc mort lo rey En Peyre d'Arago, et

---

(1) On sent ici, malgré toute la sécheresse du récit, une note personnelle; l'annaliste, dévoué aux intérêts de la maison de Foix, ne peut s'empêcher de regretter l'aliénation d'une partie de l'héritage de ses maîtres.

(2) A comparer avec les vers de Michel du Bernis qui proviennent d'une inspiration différente.

(3) Addition de Miégeville.

lo comte de Montfort lo trainec à la coha de son cavalh. Et los comtes Ramon de Tholoza et Roger Bernad de Foix, Roger de Comenge et de Palhas s'enfugin, et lo comte de Foix se retraguec al castel de Foix. Et lo comte de Montfort correc tot lo Comtat et afoguec tot lo borg de Foix et fec grans damnatges, et conquistat que aguec tot lo pais (1). Et apres, la conquesta li foc confermada per lo legat del papa et per lo rey sant Loys.

Apres lo comte de Montfort moric et lo rey aguec la successio et venguec à Tholoza. Et lo comte de Tholoza se metec à sa merce et donec sa filha à Alfonso, fray del rey, et s'en anec à Paris am luy; et de Paris en fora, lo comte Ramon autreguec al comte de Foix que se fes amic del rey, car el li quitava lo sagrament. Et per la despensacion (2) d'aquel foc trames lo cardenal de Sant Angel, legat per lo papa, am set prelatz à Sant Johan de Verges, (com par [per] las letras que son al cartulari de Foix), so es, moss. Peyre, arcevesque de Narbona, Folco de Tholoza, C. de Carcassona, Guilhem de Tornassen, C. de Coserans, avesques, et Bernad de la Grassa, Pey de Borbona et [Johan] de Comalonga, abatz, moss. Guilhem, abat de Foix, moss. Pey de Calames, vice gerent del cardenal de Sant Angel, moss. Mathiu Malhac, vice gerent del rey Loys de Fransa, Guilhem de Levis, mariscalc de Fransa, Lambert de la Tor, et trops autres clercs et laics, ajustatz à Sant Johan de Verges.

Et apres, lo comte de Foix anec fer lo prumer homenatge al rey de Fransa, à Molins, lo XXIX de setembre l'an mil CCXXIX; et lo rey sant Loys li donec mil liuras de renda en Carcasses; et la patz et lo acort [foc] feit am lo legat et am lo rey. Empero, en la patz à Paris, foc reservat l'homenatge al rey que lo senhor de Mirapeix fasia al comte de Foix per lo castel de Mirapeix per causa de la conquesta, que foc donada à moss. Guilhem, senhor de Levis, d'aquela terra de Mirapeix; aixi ben avian tengut lo partit de la iretgia; et d'aqui avant an feit homenatge al rey de Fransa. Et aixi ben es demorat Carcassona et Veses al rey per causa de la conquesta de la iretgia et per la succession del comte de Montfort.

---

(1) Cf. le récit d'Esquerrier, qui est plus détaillé et plus précis.

(2) *Despensacion*, ce passage signifie que le légat fut envoyé pour relever le comte de Foix de son serment.

Et apres, aquest senhor donec las mil liuras de renda à la regina de Malhorca, sa sor, per son stat; et per so moss. Simo Brisatesta, senescalc de Carcassona, per so que, sens conget del rey de Fransa, las avia transportadas à la dita regina, ac botec jus la ma del rey; et demora en pleyt à la cort de Parlament à Paris (1).

Aquest senhor comte aguec doas filhas : la una foc molher del vescomte de Cardona, apelada madona Esclarmonda; l'autre, madona Cecilia, foc molher del comte d'Urgel.

Et l'an mil CCXXXV foc una granda famina al realme de Fransa, que las gens mangiavan las herbas per los camps com las bestias.

Aquest senhor moric l'an mil CCXLI et foc comte XVIII ans; et per la iretgia perdec lo heretatge de Veses et de Carcassona (2).

LO SETEN COMTE DE FOIX

Ieu cresi que james no fos
Que lo comte de Foix non agues enveios;
Et puxque aixi me appellan totz
Comte Roger Bernad lo Pros,
Per so al rey Guy de Jherusalem,
Ire donar mon socors
Am lo rey de Fransa Loys
    Sant et pros. (3)

Moss. Roger Bernad lo Pros (4) foc filh de moss. Roger Bernad et de madona Brunissen de Castelbon, et foc marit de madona Brunissen de Cardona; et foc comte l'an mil CCXLI et foc valent cavalher, ardit et fort. Aquel an fec lo pariatge am lo abat de Lesat et am lo abat de Combalonga et am lo abat de Borbona. Et anec al socors del rey sant Loys de Fransa en la santa terra de Jherusalem et à la presa de la ciutat d'Acra. Et lo rey foc pres per lo soldan Malahedin. Et los Pastorels

---

(1) Miégeville est ici plus complet et plus clair qu'Esquerrier. Ce paragraphe ne se trouve pas à sa vraie place dans A; c'est B qui donne la bonne leçon.

(2) Le chroniqueur revient ici sur l'idée déjà exprimée plus haut, et qui lui tenait au cœur.

(3) Ces vers ont dû être altérés; on peut les rapprocher de ceux de Michel du Bernis, qui fournissent la bonne leçon (p. 578).

(4) Ce surnom, qui, pas plus que les précédents, ne se trouve dans Esquerrier, est emprunté à Michel du Bernis.

se leven per anar al socors del rey et se meten à raubar et fasian grans mals am lo capitani d'Ongria, lor capitani ; et per ordenansa de la may del rey foren totz destruitz et mortz en lo realme de Fransa en l'an mil CCL un. Et lo rey sant Loys moric à Cartatges prop de l'aiga (1).

Aquest moss. Roger Bernad moric, quitat que foc l'an mil CCLV; et foc comte XV ans et son pais tenguec en patz bonament.

LO HUITESME COMTE DE FOIX

A mi be platz gardar mon pais,
Mons dretz et estre senhor de ma terra,
Et desiri trop de veser
Que entre Crestias agues fin la guerra,
Que totz anassen sus los Sarrasis
A onor de Diù et de sa mayre,
Per conquestar los dretz sius
Et la gloria de Diu lo Payre (2).

Moss. Roger Bernad foc filh de moss. Roger Bernad et de madona Brunissen de Cardona et foc marit de madona Mengard de Narbona, et foc comte l'an mil CCLVI. Et foc à la guerra contra los Sarrasis al socors del rey Sant Loys, am la assemblada que foc feyta à Paris en l'an mil CCLX contra los Cartanays et Damas ; et foc valent cavalher et pros.

Aquest senhor aguec doas filhas : dona Agnes foc molher de moss. Squivat, comte de Bigorre, laqual foc mayre de madona Constansa, molher de moss. Gaston de Bearn, à laqual madona Constansa venguec la succession del comtat de Begorra et de Marssa (3) ; dona Phelipa foc molher de moss. Arnaut d'Espanha, vescomte de Coserans.

Aquest moss. Roger Bernad moric l'an mil CCLXII et foc comte VI ans, et moric à Damas. En laqual guerra foc moss. Gaston, senhor de Bearn, capitani de la gran artilharia del rey de Fransa.

---

(1) Addition de Miégeville.
(2) Ces vers sont identiques à ceux de Michel du Bernis (p. 578).
(3) Addition de Miégeville.

MOSSEN GASTON DE MONCADA, SENHOR DE BEARN (1)

> Gaston es mon dreit nom,
> De Moncada la dreita lina.
> Los Bearnes me anen sercar
> Per tenir de Bearn la senhoria.
> En la terra santa d'Outra mar,
> Ane passar per gardar la gran artilharia
> Am lo bon rey Frances, que als Turcs
> Gran et bona guerre fasia.

En las canonicas de Fransa se liec que, en l'an de Nostre Senhor Diu CCCCC et XV (2), Karles Martel, rey de Fransa, que foc pay del rey Pepi, en lo temps de papa Gorgori, fec gran guerra contra los Sarrasis et mescresens am sos guerriers et valedors en los pais de Guiayna et de Gasconha et los conquestec. Et per lo bon secors que feit li avian, lor donec los deumes, et als guerregiadors, que eran de Berna en Alamania, donec la terra de Bearn am los deumes que encara tenen, et los fec de franc alo per las valentisas que feitas avian contra los Sarrasis. Apres foren al secors de Karles Maynes à la conquesta de Narbona contro lo rey Marsil, rey dels Sarrasis ; et foren en nombre am los Gascos LXX milia combatens, ont firen de valentas armas, cum se liec en las istorias. Et per la nation dont venian, foc impausat ad aquela terra per nom *Bearn*.

Et demoren sens senhor entro que anen sercar en Alvernia un cavalher, loqual auciguen per so que no los tenia en los fors et costumas. Et apres anen sercar un cavalher en Begorra, loqual no los volguec tenir en fors et costumas, et lo auciguen am un espiut sus lo pont d'Auseranh. Et apres anen en Catalonha à moss. Guillhem, senhor de Moncada, requerer per senhor un de sos filhs ; loqual lor donec leyta de dos, losquals eran adormitz en un lieyt, et prenguen aquel que tenia la ma uberta ; loqual foc moss. Gaston.

Et son payre et l'autre filh morin à l'assaut et conquesta de la ciutat

---

(1) La biographie de Gaston de Béarn, beau-père de Roger-Bernard, ne se trouve point dans Michel du Bernis ; les vers qui suivent sont donc vraisemblablement l'œuvre de Miégeville : on les reconnaît facilement à leur facture, qui est plus défectueuse que celle des vers d'Honoré Bonet.

(2) C'est 715 qu'il faudrait, comme dans Esquerrier.

de Malhorca per la guerra que lo rey En Jaumes d'Arago lor fasia, l'an mil CCXXIX. Et moss. Gaston demorec hereter de Moncada et Vic d'Alsona, de Martorelh et de Castelvielh de Roanes et d'autras senhorias aqui apertenens, et del pais de Bearn. Et tenguec lo pais de Bearn en los fors et costumas que solian estar. Et aguec per molher madona Constansa, filha de moss. Squivat, comte de Begorra, et de madona Agnes de Foix (1) ; de laqual dona Constansa aguec doas filhas : la una foc molher del comte d'Armaniac et l'autra del comte de Foix.

Et en l'an mil CCLX, passec en la santa terra de Jherusalem contra los Turcs et Sarrasis am la assemblada que foc feita à Paris, et foc capitani maior de la gran artilharia del rey de Franssa. Et en l'an mil CCLXXXVI, fec guerra al rey de Navarra ; et lo comte Roger Bernad am sa poixansa (2) lo socorec et li fec sons acors am lo rey de Navarra. Et per so fec heretera dona Margarida, sa filha, comtessa de Foix, per lo bon socors que lo comte de Foix li avia feit, so es, del pais de Bearn et del comtat de Begorra, del vescomtat de Marsa, de las senhorias de Moncada, de Vic d'Alsona, de Martorelh, de Castelvielh de Roanes et de lors pertenensas.

Moss. Gaston moric à Ortes, la vespra de Sant Marc, l'an mil CCXCI. Et demorec senhor moss. Roger Bernad, comte de Foix et madona Margarida, sa molher.

LO NOVE COMTE DE FOIX ET SENHOR DE BEARN

 Roger Bernad me apelan,
 Comte de Foix per mon dreit nom;
 Armanhac am me se volia combatre
 Davant lo rey valeros,
 A Gisors, per una Pentecosta.
 Si no fos lo comte d'Artoys valent et pros,
 En lo camp lo scofia,
 Que aguera conegut son mescap;
 Per Bearn li movia la envegia,
 Que de bon dret à mi es demorat,

---

(1) Miégeville commet ici une erreur qui ne se trouve pas dans Esquerrier : la femme de Gaston VIII de Béarn s'appelait Amate et non Constance ; ce dernier nom revient à une des filles de Gaston. (Cf. ci-dessus, p. 31, note 4).

(2) A : companhia.

De Begorra et de Marssa ayssi,
Que per dret heretatge los agui.
Et conquesti Pamias, la rica ciutat.
Que al Mercadal me tengnin assetiat.
Las armas de Foix et de Bearn
Per mi son ajustadas ;
Diu las gart de mescap ! (1)

Moss. Roger Bernad foc filh de moss. Roger Bernad et de dona Mengart de Narbona, et foc marit de dona Margarida de Bearn, et foc comte l'an mil CCLXII. Et fec la unio de Foix et de Bearn l'an mil CCLXXXVI ; car moss. Gaston de Moncada, senhor de Bearn, lo fec hereter, et dona Constansa, que era filha de moss. Squivat, comte de Begorra, et de dona Agnes de Foix (2), de la terra de Bearn et del vescomtat de Marsan et del comtat de Begorra ; car moss. Gaston foc pacific comte de Begorra, et dona Margarida, sa molher, filha de moss. Gaston et de la dita dona Constansa, per causa de bon socors que feit li avia contre lo rey de Navarra.

Apres, moss. Roger Bernad fec guerra à moss. Estache de Beumarches, senescal de Tholosa. Et lo rey Phelip metec en arrest lo comte et la comtessa et los s'en menec jus lo arrest en Fransa, et metec lo Comtat en sa ma et lo fec limitar. Et apres li perdonec totas offensas, que feytas avia à son senescal et à sas gens. Et apres lo rey lo fec capitani de cinq cens homes d'armas en lo dugat de Guiayna. Et per los gatges que li foren degutz, tant per la guerra de Flandras com per la guerra del dugat de Guiayna, lo rey li vendec lo vescomtat de Gavardan et Malbesi et autras terras.

Et l'an mil CCXCIII, à Gisors, davant lo Rey Phelip, se combatec cors et cors am lo comte d'Armaniac en camp claus ; et lo comte d'Armaniac tombat que foc de son cavalh ; à la requesta del comte Robert d'Artoys, lo rey meteis los traguec del camp (3) et lo dol del camp anulec, non entenden detrayre lo dreit que cascun avia al pays de Bearn.

Et l'an mil CCXLVI (4), conquestec Pamias, la rica ciutat, per so que lo avian assetiat à la gleisa del Mercadal.

(1) Ces vers sont dus à l'inspiration originale de Miégeville.
(2) Passage obscur et sans doute interpolé.
(3) Le sens n'est pas ici plus clair que dans le texte d'Esquerrier, voir p. 39, n. 2.
(4) C'est 1296 qu'il faut lire ; cf. ci-dessus, p. 42.

Et aguec tres filhas : dona Brunissen foc molher de moss. Alias, comte de Peyragord ; dona Constansa foc molher de moss. Johan de Levis, senhor de Mirapeis ; dona Johana foc molher de moss. Pey, comte d'Ampurias, filh del rey d'Arago.

Aquest senhor moric à Tarasco, la vigilia de Nostra Dona d'agost, l'an mil CCCVI (1) ; et foc comte quaranta et quatre ans.

LO DESME COMTE DE FOIX

>Om me apela prumier Gaston,
>Que jamas fos en mon linatge.
>Per Bearn e cambiat lo nom
>Que à Foix es vengut per heretatge.
>Ara se garde lo Leo ;
>Que sus la Vaca no prenga gatge,
>Que ja non fara son pros,
>Se Diu me garda de dampnatge (2).

Moss. Gaston foc filh de moss Roger Bernad et de madona Margarida de Bearn, et foc marit de madona Johana d'Artoys, cosina segonda del rey Phelip et filha del comte Robert d'Artoys, et foc comte l'an mil CCCVI. Et l'an mil CCCIX, lo[s] comte[s] d'Armaniac, Comenge et Labrit lo accusen davant lo rey que lor avia rompuda la patz et lor avia feit grans dampnatges, et presenten gatge de batalha. Lo rey prenguec sus si l'acort et ordenec que la patz que era estada feyta tengues. Et lo[s] comte[s] d'Armaniac, Comenge et Labrit demanderen seguransa, cum par per las letras reals que son al castel de Foix ; apar que paor avian. Et apres lo rey Phelip fec capitani lo comte de Foix de cinq cens homes d'armas per fer guerra al comte Robert de Flandras, per so que era rebele al rey (3).

(1) Il mourut, d'après D. Vaissète, le 3 mars 1302, cf. ci-dessus, p. 42, n. 3. Par conséquent, la date de l'avènement de Gaston Ier doit être reportée à 1302.

(2) Miégeville reprend ici, en les modifiant un peu, les vers de Michel du Bernis, (p. 579, éd. Buchon.) Les quatre derniers vers n'ont pas un sens très clair. Il est à croire que Leo est une allusion à la Castille ou plutôt au royaume de Léon, au blason duquel figurait un lion. Vaca signifierait le Béarn, qui dans ses armoiries avait une vache. Que le lion, c'est-à-dire, l'Espagnol se garde de porter atteinte à la vache, c'est-à-dire, au Béarn ; il ne fera plus son vaillant, si Dieu me préserve de tout dommage.

(3) Miégeville donne ici quelques détails de plus qu'Esquerrier ; il ne les a point empruntés à Michel du Bernis, qui consacre à Gaston Ier une biographie beaucoup plus abrégée que nos deux chroniqueurs.

Aquest senhor aguec tres filhs : moss. Gaston, pay de Febus, moss. Roger Bernad, vescomte de Castelbo, moss. Robert, avesque de Lavaur, et una filha, madona Blanca, que foc molher de moss. Johan de Grali, captau de Bug et de Pug Pauli, en l'an mil CCCXXXVII, laqual foc maridada per moss. Gaston, son fray (1).

Aquest senhor moric à Pontoysa, venent de la guerra de Flandras, et foc sostarat als Jacobis de Paris l'an mil CCCXVI (2). Aquest senhor fec translatar lo Comtat de Foix de la senescalsia de Carcassona à la senescalsia de Tholosa, et aguec lo priviletge del apel et de la conoyxensa de falsas monedas. Et foc comte X ans.

LO ONZE COMTE DE FOIX

Hom me apela Gaston lo pros,
Et per so seguire mon usatge.
Contra los Moros voli anar,
En Granada fer lo passatge
Al socors dels reys d'Arago,
De Castela et de Navarra ;
Et là ire fenir mons jorns
Per mantenir la ley crestiana (3).

Moss. Gaston foc filh de moss. Gaston et de madona Johana d'Artoys, et foc comte l'an mil CCCXVI en l'atge de VII ans. Et en l'atge de XV ans foc marit de madona Alienor, filha de moss. Bernad, comte de Comenge. Et en l'an mil CCCXXI fec guerra al comte d'Ampurias per la restitucion del dot, et li fec grans dampnatges (4).

Aquel an foren crematz los mesels per tot lo mon, per los grans mals que fasian.

Et en l'an mil CCCXXI (5), am sa poixansa, anec en Fransa al socors del rey Phelip contra lo rey d'Anglaterra que tenia assetiada la

---

(1) Miégeville, comme Esquerrier, ne nomme qu'une des filles de Gaston 1er (cf. ci-dessus, p. 44).

(2) Michel du Bernis donne la date de 1315 ; c'est la vraie.

(3) Ces vers sont tout différents de ceux que donne Michel du Bernis, lequel a versifié d'ailleurs une grande partie de la biographie de Gaston II, notamment ses adieux à la comtesse de Foix et à son fils, au moment de partir pour la guerre d'Espagne (édit. Buchon, p. 579).

(4) Addition de Miégeville.

(5) B : 1331 ; c'est la vraie date (cf. ci-dessus, p. 46).

villa de Tornay en Picardia et levec lo seti. Et lo rey s'en aguec à tornar en Anglaterra am tot son poder. Et tenguec la guerra en Normandia à sons despens contra lo rey Angles. Et apres, en l'an mil CCC et XL, lo rey Angles passec en Fransa, et se combatec am lo rey de Fransa davant Carsi et lo scoffic (1), et apres lo rey Angles metec lo seti à Cales et lo prenguec, et apres s'en tornec. Et foc degut à moss. Gaston per sos gatges per la guerra susdita XXV mil et VIIIᵉ liuras, per laqual soma lo rey Phelip li vendec lo vescomtat de Lautrec, Calmont et Marcafava. Et apres, tornat que foc de la guerra, comprec Lanameza de moss. Guiraud d'Aura, senhor de Montalba (2). Et apres, am tota sa poixansa, s'en anec al socors del[s] rey[s] d'Espanha, Arago et Navarra en Granada, al seti que tenian en Algesira contra lo rey de Granada et auciguec moss. Guilhem Ramon, filh del rey d'Algar, infisel. Et moss. Gaston moric per lassesa de batalhar, l'an mil CCCXLIIII, et se fec portar à Borboña ; et foc comte XXIX ans.

LO DOTSEME COMTE DE FOIX

A cascun deu sovenir
Quand fi en Prucia lo passatge
Contra cels de Sarasine
Per mantenir dels Crestias lo droit usatge.
Febus me fi nommar
Per mantenir lo rey Frances,
Que avia perdut lo heretatge. (3)
Armaniac et son partit
A Launac ausin lo crit,
Que à Foix tenguen hostatge.

Moss. Gaston, apelat Febus, foc filh de moss. Gaston et de madona Alienor de Comenge et foc marit de madona Johana (4) Agnes, infanta de Navarra, et foc feit comte l'an mil CCCXLIIII.

(1) Il semblerait, d'après Miégeville, que la bataille de Crécy eut lieu en 1340; on sait qu'elle fut livrée en 1346. Le chroniqueur commet d'ailleurs la même erreur qu'Esquerrier; Gaston II était mort depuis trois ans, quand eut lieu cette bataille.
(2) Addition de Miégeville.
(3) Ces vers, qu'on ne trouve point dans Michel du Bernis, ont dû subir des altérations; les 4ᵉ et 5ᵉ vers sont supprimés dans *B*.
(4) Ce mot *Johana*, qui se trouve dans les deux textes que nous avons de la chronique, provient sans doute d'une interpolation.

Et en sa joynessa (1) partic del castel de Foix am sa poissansa et s'en anec al socors del Mestre de Prucia à la batalha contra los Sarrasis ; et foc son governador moss. Corbayan, senhor de Rabat. Et gasanhada la batalha, s'en tornec per Fransa, on trobec que la duquessa de Normandia, dalfina de Viana, era assetiada per los Jacomars de Paris ab auguns de Bria. Lo comte Febus am la spasa los scofic, et tornec lo rey Johan et la regina en sa seda à Paris. Et apres lo demandec lo homenatge per la senhoria de Bearn et lo fec arrestar à Paris. Et lo rey, agudas novelas que lo princep de Galas era arribat à Bordeu, Febus s'en tornec al Comtat et d'aqui en Bearn, et deffendec son pais contra los Angles ; et no volguec estre en la obediensa dels Angles (2). Et lo princep s'en passec à Tholosa et d'aqui à Carcassona et d'aqui en Fransa ; et s'en menec pres lo rey Johan de Fransa à Londres ; et lo dugat de Guiayna et Gasconha demorec Angles del an mil CCCLI entro l'an mil CCCLXVII que lo[s] comte[s] d'Armanhac, Labrit et los de lor sequela se apelen del rey Angles davant lo rey Frances d'aucuns greuges que lor fasia. O bon et leal comte Febus, que no vos calguec apelar ! (3)

Et en l'an mil CCCLX, lo jorn de Sant Nicolau, foc destruit lo orde dels Templers per tot lo mon, per XI pecatz de iretgia que cometian. Et eran estatz ordenatz per deffendre la Christianitat contra los Infisels ; et se trasin de la ciutat d'Acra et foren causa que lo soldan prengues lo rey sant Loys ; et distribuin la finansa en autres usatges, per que lo rey aguec à demorar pres. Los pecatz que fasian serian oribiles et loncs à contar. (4)

Et en l'an mil CCCLXII, en desembre, lo XV° dia,(5) acompanhat de sos aliatz et [de sa] baronia, ont eran moss. Jorda, comte de la Ylha, moss.

---

(1) B : *jobensa*.

(2) On peut remarquer que Miégeville supprime les anecdotes historiques que conte Esquerrier : telles celle du mariage de Gaston II avec Eléonore de Comminges (ci-dessus, p. 45), et, en cet endroit, celle du défi porté par Gaston-Phœbus au prince de Galles (*ibid.* p. 53).

(3) Il importe de noter la forme originale donnée par le chroniqueur à cet éloge de la conduite du comte Phœbus ; elle contraste singulièrement avec la sécheresse habituelle du récit.

(4) On en peut voir le détail dans Esquerrier (ci-dessus, p. 54-56).

(5) B : *lo cinquiesme dia* ; c'est la vraie date.

Sentolh, comte d'Estarac, los comtes de Cardona et de Palhas, moss. Roger Bernard, vescomte de Castelbo, lo vescomte de Coserans et autres valedors, davant Launac prenguec lo comte Johan d'Armanhac et lo comte de Comenge, moss. Pey Ramon, qu'era fray de madona Alienor, et per son mal asur (1) lo comte de Montlasur, lo vescomte de Fesensaguet, et de Labrit tot lo tropel, sons frays et sas sors, (2) sons cosins et totas sas baronias, et pres (3) de Fesensac, lo senescal d'Armanhac et de Ribiera, et lo senhor de Fiumarco, et moss. Johan de Labarta, senhor de la val d'Aura, lo[s] senhor[s] de Faudoas et de Negrapelissa, et lo vescomte de Bruniquel, et moss. Gassio del Castel, et moss. Arsiu de Montesquiu, et Pey de Montaut, donsel, et lo sendic de la Trau, et lo senhor de Castelnau, et moss. Menaud de Barbasa, et moss. Pey de Montaut, et moss. Bertran de Tarrida, moss. Bertran de Lantar, et son frayre plus gran, et moss. Lorc de Lorcat, et lo senhor de Juniac, et lo senhor de Monpesat et de Sentaralha, moss. Forti, et moss. Guiraut de Gauli, et lo senhor de Severac, et lo senhor de Tursac, et lo senhor de Potenas, et lo senhor de Lussagnet (4); al castel de Foix los alotgec ; et apres à finansa los metec. D'autres nau cens y a que assi no se fan à nommar.

Et l'an mil CCCLXXV, moss. Menaud de Barbasa et Raton de Landorta, Armanhagues, entre Pamias et Montaut foren pres. Et apres lo comte Febus prenguec lo senhor de Mirapeis et son filh, que d'Armanhac tenian lo partit et guerra se fasian entre pay et filh.

Et apres, l'an mil CCCLXXVII, lo comte d'Armanhac se alogec à Mirapeis am sa poixansa per intrar en batalha al loc de Bon Repaus, ont avia feit plantar lo pal ; mas non ausec demorar et s'en anec per Carcasses dreit à Tholosa. Et Febus lo y anec sercar et ardre fec los barris del Castel Narbones per ne gitar lo raynart, si y fos. Et apres las gens de Tholosa anen metre lo seti à Miramont, pensant que Febus y fos. Febus y venguec am sa poixansa et los metec totz à l'espasa, que res non escapec. Aital dampnatge pres Tholosa per amparar lo comte d'Armanhac.

(1) Jeu de mot qui ne se trouve pas dans Esquerrier.
(2) Ces trois mots proviennent d'une interpolation ; la version de B ne les donne pas.
(3) Mot incompréhensible ; il faudrait à la place le prénom du seigneur de Fezensac.
(4) Il y a quelques différences entre cette liste de seigneurs et celle moins complète que donne Esquerrier,

Et en l'an mil CCC et LXXVIII, foc feit lo matrimoni de dona Beatrix, apelada la gaya Armanhaguesa, am Gaston, filh de Febus(1).

Et l'an mil CCCLXXX, (2) lo duc de Berri am sa poixansa volia despausar Febus del govern de Lengadoc. Et la noeyt de la Magdalena, als barris de Rabastens, Febus prenguec VII capitanis del duc de Berri et li auciguec sept cens homes. Et apres foc d'acort am lo duc et demorec governador.

Las autras valentisas et proessas serian longas à esplicar, que vos iria prolongar. XVII castels anec far. Et de li non demorec degun filh leal (3). Aquest senhor moric à Sauvaterra, tocan una flauta (4), lo prumier jorn d'aost l'an mil CCCXC ; et foc comte XLVI ans.

LO TRETSEME COMTE DE FOIX

> Ara se garden avan et reyre
> Catalas et Aragones,
> Car jo lor fare gran guerra
> Per lo realme que meu es.
> Car ben saben que la senhora
> Es filha del rey d'Arago,
> Et à ela perte lo heretatge
> Per la dreita successio. (5)

Moss. Mathiu foc filh de moss. Roger Bernad de Foix, vescomte de Castelbo, senhor de Moncada, de Vic d'Alsona, de Martorelh et de Castelvielh de Roanes ; loqual vendec Moncada à la ciutat de Barssalona per XXXVI mil floris. Et foc moss. Mathiu filh de madona Girauda de Navalhas et foc feit comte l'an mil CCCXC, et foc marit de madona Johana, infanta d'Arago, filha del rey En Johan. Et, mort que foc lo rey, fec sas requestas als tres estatz del realme volguessen recebre per regina la infanta madona Johana, sa molher ; et d'aquo li feren gran contradictio, et per so lor aguec à fer guerra. Et am sa poixansa passec en Catalonha la vespra de Totz Santz l'an mil

---

(1) Voir plus haut Esquerrier, p. 61, n. 3 et Vaissète, t IX, p. 857.

(2) Miégeville donne ici la vraie date ; on a vu (p. 61) qu'Esquerrier recule à tort de dix ans cet évènement.

(3) Même remarque que plus haut, p. 62, note 5.

(4) Miégeville adopte ici la grossière erreur signalée déjà dans Esquerrier, p. 62, note 7.

(5) Michel du Bernis ne donne pas de vers pour Mathieu de Castelbon.

CCCXCVI, et y demorec dos meses et y fec paucas besonhas (1). Et la regina de Secila, molher del rey Marti, fray deldit rey Johan, que se disia rey d'Arago, fec penre Martorelh et Castelvielh de Roanes jus la ma deldit rey, et despuix en sa l'an tengut.

Et l'an XCVII, lo mes de may, moric ladita madona Johana sens enfans, et moss. Mathiu moric lo mes d'aost l'an mil CCCXCIX (2), et foc comte IX ans, et demorec sens enfans. Et succedec sa sor madona Ysabel, molher de moss. Archambaut, captau de Bug.

LO CATORSEME COMTE DE FOIX

Ben me platz patz et concordia
Entre los Frances et Angles,
Car vey (3) que guerra no es bona
A mi ne à deguna res.
Et aixi ben patz fossa fermada
Do mi am los Armanhagues,
Que per totz temps me duressa !
Que guerra plus no y agues !

Moss. Archambaut de Grali, captau de Bug et de Pug Pauli, vescomte de Benaugas et de Castilho, foc marit de madona Ysabel de Foix, sor del comte Mathiu, laqual dona foc heretera del comte Mathiu. Moss. Archambaut foc filh de moss. Pey de Grali, que foc filh de madona Blanca de Foix, que foc filha de moss. Gaston et de madona Johana d'Artoys, cosina germana del rey Phelip de Fransa; et moss. Archambaut era filh del cosi germa del comte Febus, filh de fray et de sors (4). Et foc feit comte l'an mil et quatre cens. Empero li era ja estat feit guerra et contrast per moss. Loys de Sanserra, conestable de Fransa, per so que era Angles en lo dugat de Guiayna; et foc mes lo Comtat à la ma del rey. Et feit l'homenatge à Paris, lo rey li restituic lo heretatge à madona Ysabel et à li; et d'aqui avant tenguec son

---

(1) Cf. ci-dessus, p. 64, note 2.

(2) Miégeville complète ici le texte d'Esquerrier qui, on l'a vu *(loc. cit.)* p. 64, est altéré en cet endroit.

(3) *Vey*, cette forme, qui est dans les deux manuscrits, est irrégulière; mieux vaudrait *besi*. Michel du Bernis ne cite aucun vers à propos de ce comte.

(4) Au sujet de cette généalogie, voir la note 5 de la page 65.

pais en patz. Et demoren de lor cinq filhs : moss. Johan, moss. Gaston, moss. Archambaut, moss. Mathiu, fray Pey, cardenal de la Santa Gleysa de Roma. Aquest bon senhor moric l'an mil CCCCXIIII (1), et foc comte XIII ans.

LO QUINSEME COMTE DE FOIX

Ben me platz la batalha
Contra los Sartz et Narbones,
Et do mantenir la bona guerra
Per la nobla flor de lis
Contra aquels que cridavan : Viva Borgonha !
Per laissar lo rey Frances ;
Et de penre la conquesta
De la ciutat d'Avinho,
Per so que eran rebeles
Al papa que era lor senhor.

Moss. Johan [foc] filh de moss. Archambaut et de madona Ysabel de Foix, et foc marit de madona Maria, infanta de Navarra, filha del rey Carles, de laqual no aguec negun enfant; et foc comte l'an mil CCCCXIII.

Et estan vescomte de Castelbo, l'an mil CCCIX, am sa poixansa passec en Sardanha am lo rey En Marti d'Arago et contra lo vescomte de Narbona, per so que los Sartz rebelavan al rey d'Arago, lor senhor, et avian feit duc de Alborcia et de Sardanha lo vescomte de Narbona ab causa de sa molher. Et lo escofin en doas grans batalhas, et lo rey demorec senhor. Et apres s'en anec (2) combatre en Navarra am lo comte de Mendosa et gasanhec la ensenha del Drago. Apres, anec al seti de Lorda contra los Angles et [lo] tornec à la obediensa del rey Frances. Et foc al seti de Borc, apres al seti de Toget, am lo senhor de Sant Jorge (3), contre lo comte d'Armanhac que era rebele al rey.

En l'an mil CCCCXIII et apres l'an mil CCCCXV, lo comte d'Armanhac am los rotiers de Fransa li fec gran guerra, estan moss. Johan al pelegrinatge de Sant Jacme de Galicia. Et foc asignada batalha, mas

---

(1) B. 1413. 1412 est la vraie date.
(2) Il s'agit du comte de Foix et non, comme on pourrait le croire, du roi d'Aragon.
(3) Addition de Miégeville.

y foc acordada patz per cent et un an. Et lo comte d'Armanhac s'en tornec en Fransa et foc pessejat à grant desonor à Paris.

Et l'an mil CCCCXVI, anec à Perpinha veser l'emperador d'Alemanha, que era vengut per la sisma de la Gleisa. Et lo rey En Fernando d'Arago li comprec Martorelh et Castelvielh de Roanes per XXXVI mil floris, et per aquels li metec en paga Castilho de Farfanha (1).

Et l'an mil CCCCXXIX, lo pais de Lengadoc se rebelec al rey et obesia al duc de Borgonha et al princep d'Aurenja, son loctenent. Et moss. Johan, am sa poixanssa et am forsa d'armas, foraguec lo princep et tornec tot lo pais de Lengadoc à la obediensa del rey, lor senhor; et apres foc governador per lo rey en Lengadoc, et fec batre moneda apelada *guilhems* à la ciutat de Pamias.

Et en l'an mil CCCCXXII, à XXIII de may, pres per molher madona Johana de Labrit. Et apres en l'an mil IIII^c et XXIX, foc feit governador de Lengadoc et comprec lo vescomtat de Vilamur. Et anec en Fransea contra los Angles am sa poixanssa; et fec penjar Johan Valeta, capitani dels layros et dels rotiers, davant la porta d'Uxoyre (2). Et gasanhec lo comtat de Begorra per arrest en la cort de Parlament à Paris contra lo comte d'Armanhac, que antiquament lo fec secrestar et metre en la ma del rey per via de pleit; del qual comtat fec homenatge al rey.

Et en l'an mil IIII^c et XXXIII, am sa poixansa, fec guerra al comtat de Venicia et metec lo seti en Avinho, que eran rebeles al papa Marti, et los tornec à obediencia et leixec moss. lo cardenal, son frayre, al palays de Avinho, vicari per lo papa. Et apres prenguec moss. Johan Carriera, cardenal de moss. Pey de Luna, et sismatic, que era malafeyt per papa Marti, am lo comte Johan d'Armanhac que era de sa sequela, ainxi que par per las bullas de la maladicion que son al castel de Foix. Et moss. Carier moric al castel de Foix et [foc] sebelit al pe d'un roc.

Et l'an mil IIII^cXXXVI, en may, prenguec per molher madona Johana d'Arago, filha del comte d'Urgel, et lo medix mes moric lo bon et pros comte Johan à Maseras; et foc comte XXIII ans.

(1) Miégeville rétablit ici la vérité historique altérée par Esquerrier, qui place cet évènement sous le comte Mathieu (Cf. ci-dessus, p. 64, note 5).

(2) Il s'agit vraisemblablement d'Issoire; c'est ce nom de lieu, qu'on trouve écrit *Dusserre* dans le texte altéré d'Esquerrier et qu'on n'a pu identifier ci-dessus (p. 68, note 3).

LO SEXSEME COMTE DE FOIX

Diu mantenga la corona
Que mante la flor de lis,
Et totz aquels de sa liansa
Que deffenden son pais
Contra lo rey d'Anglaterra,
Que es son grant enemic.
Car totz aquels de mon linatge
No y an james falhit,
Ni fare jo am ma poixansa.
Ainxi me done Diu paradis ! (1)

Moss. Gaston foc filh de moss. Johan et de ma dona Johana de Labrit, et foc feit comte, l'an mil CCCCXXXVI, en son atge de XIIII ans ; et foc marit de madona Leonor, infanta de Navarra. Et l'an mil IIII^{c}XL, foc feit cavaler per la ma (2) del rey de Franssa al seti de Axs en Gasconha.....

(1) Cette tirade ne se trouve pas dans Michel de Bernis, qui, à partir du règne de Jean, ne mêle plus les vers à la prose.
(2) Dans *A*, un correcteur maladroit a substitué à ces mots les suivants : *durant la vie*, qui n'ont pas de sens.

APPENDICE

FRAGMENT DE LA CHRONIQUE FRANÇAISE DES COMTES DE FOIX

CONSERVÉE DANS LE MANUSCRIT 5404 DU FONDS FRANÇAIS DE LA BIBLIOTHÈQUE NATIONALE

..... Et pour demonstrer icy comment le royaulme de Navarre est venu en la maison de Foix, fault noter que le roy dom Jehan de Navarre (1) estoit second filz du roy d'Arragon et fut maryé à madame Blanche, royne de Navarre.

Duquel mariaige issit ung filz nommé Charles (2), dont a esté parlé cy dessus (3), lequel mourut à Barselonne, banny et gecté hors du pais pour ce qu'il y faisoit guerre.

La premiere fille du roy dom Jehan et de madame Blanche de Navarre fut maryée au roy de Castille, et pour ce qu'elle estoit

---

(1) Jean II, second fils de Ferdinand I" d'Aragon, épousa le 10 juin 1420 Blanche, fille et héritière de Charles III le Noble, roi de Navarre, et, par suite de ce mariage, devint roi de Navarre à la mort de Charles III, survenue le 16 novembre 1425 (et non le 7 septembre, comme le dit Desdevises du Dézert, *Don Carlos d'Aragon, prince de Viane*, Paris, 1889, in-8°, p. 110). Cf. Arch. de la Chambre des Comptes de Navarre, *Papeles sueltos*, legajo 39, carpeta 4.

(2) Don Carlos d'Aragon.

(3) C'est une allusion à un passage précédent de la chronique, qu'il a paru inutile de reproduire, les renseignements qu'il contient se trouvant déjà dans Esquerrier, cf. pp. 76-77.

sterille, le mariaige fut separé (1) ; et par succession de temps, vint en Bearn et là mourut, et fut ensepulturée en l'église de Lesca.

La seconde fille fut nommée Alyenor et mariée à mons. Gaston, conte de Foix. Et la dicte Blanche, royne de Navarre, mourut (2) ; ainsi par vraye succession le royaulme de Navarre vint à sa fille unicque Alyenor.

Il faut aussi noter que le roy dom Jehan, roy de Navarre, avoit ung frere aisné, nommé Alphonce, et pour le droict de primogeniture succedda au royaulme d'Arragon ; cependant mourut sans hoir (3), par quoy le royaulme vint audict dom Jehan, quand fut morte Blanche, vraye heritiere de Navarre. Et apres, ledict roy dom Jehan se maria à une fille de Castille (4) et d'icelle eut ung filz nommé Ferrando, dernierement mort (5). Et voyla comment le royaulme de Navarre est tombé à Foix, et Arragon à Ferrando, pour ce que fille ne succedde. Ledict conte Gaston mourut ; par ainsi, luy vivant, madame Alyenor ne fut point couronnée royne.

(1) Cette fille s'appelait Blanche, comme sa mère, et fut en effet mariée à Henri IV de Castille. A la mort de son frère don Carlos, qui survint le 23 septembre 1461, elle hérita de ses droits sur la Navarre ; mais elle en fut dépossédée de vive force par sa sœur Eléonore et son beau-frère le comte de Foix, qui se la fit livrer et la relégua au château d'Orthez ; elle y mourut, le 2 décembre 1464, d'une mort restée mystérieuse (Arch. de Navarre, *Cuentas*, t. 498, fol. 124 v°). Les historiens navarrais, Moret, Yanguas, prétendent qu'elle fut empoisonnée par le comte de Foix ; remarquons que notre chroniqueur, favorable aux intérêts de la maison de Foix, ne laisse rien soupçonner de ce drame de famille.

En ce qui concerne la reconnaissance par Jean II de sa fille Eléonore et du mari de celle-ci, Gaston, comte de Foix, comme héritiers présomptifs de la couronne de Navarre, reconnaissance qui eut lieu à Barcelone le 3 décembre 1455, voir plus haut la chronique d'Esquerrier, p. 70, n. 8.

(2) La reine Blanche de Navarre mourut le 1ᵉʳ avril 1441 (et non dans les premiers jours de mai, comme le dit Desdevises du Dézert, *op. cit.* p. 126). Cf. Arch. de Navarre, *Papeles sueltos*, leg. 43, carp. 20. Le chroniqueur semble croire qu'au moment de cette mort Eléonore, comtesse de Foix, restait seule comme héritière de Navarre ; on vient de voir que don Carlos, son frère, et sa sœur Blanche, dont les droits primaient les siens, vivaient encore.

(3) Alphonse V, frère aîné de Jean II, mourut le 27 juin 1458.

(4) Jeanne Enriquez, fille de l'amiral de Castille D. Fadrique, épousa Jean II, le 1ᵉʳ septembre 1444 (Yanguas, *Historia compendiada de Navarra*, p. 270).

(5) Plus tard Ferdinand-le-Catholique. La mention de sa mort, qu'on trouve ici, permet de fixer approximativement la date de rédaction de la chronique ; Ferdinand mourut le 22 janvier 1516.

Ledict seigneur Gaston eut de la dicte Alyenor quatre enfans masles et cinq filles, dont sera parlé cy apres ; et mourut, en l'an mil CCCCLXXII, au lieu de Roncevaulx, et fut porté au couvent d'Orthes aux Prescheurs (1).

Sa femme Alyenor le survesquit quatre ans (2), pendant lesquelz elle fut couronnée apres la mort de son dict mary, et mourut à Tudelle, et son corps [fut] porté à Tafalle (3).

Le premier filz fut nommé Gaston, en son vivant prince de Vienne, et vivant mons. Gaston, son pere, fut marié à madame Magdeleyne, seur du roy Loys XIe, fille du roy Charles septiesme (4) ; il eut ung fils nommé François Phebus et une fille nommée Katherine. Et advint que Charles, second filz de France, filz du roy Charles septiesme, frere de Lois XIe, fut duc de Guyenne et vint faire son entrée par les villes dudict Guyenne. Ledict prince de Vienne Gaston le alla veoir à Lybourne ; et là furent faictes joustes, durant lesquelles, par quelque eschauffement, ledict seigneur Gaston mourut, vivant son pere Gaston et sa mere Alyenor, princesse de Navarre ; ce fut en l'an mil CCCCLXX (5). Et deux ans apres son pere mourut ; et sa mere Alyenor, royne de Navarre, vesquit deux ans apres la mort de son mary (6) ; et cependant fut en Navarre, acompaignée de plusieurs gentilzhommes, et fit couronner roy son hoir filz François Phebus (7).

---

(1) Gaston IV mourut en juillet 1472, à Roncevaux, au moment de passer en Navarre.

(2) Ceci est inexact : Eléonore ne mourut que le 12 février 1479 (Zurita, *Anales de Aragon*, liv. XX, chap. XXVII, fol. 300), et ne régna que vingt-et-un jours, son père Jean II étant mort le 19 janvier précédent.

(3) *Tudela, Tafalla*, deux des principales villes de Navarre.

(4) Gaston, prince de Viane, fils aîné de Gaston IV et d'Eléonore, épousa Madeleine de France, sœur de Louis XI, le 11 février 1462 (arch. des Basses-Pyrénées, E 444, original), et non le 11 mars 1461, comme on l'a quelquefois écrit (cf. Boissonnade, *Histoire de la réunion de la Navarre à la Castille*, Paris, 1893, in-8°, p. 9, note 2).

(5) Gaston, prince de Viane, mourut le 23 novembre 1470 (cf. Guillaume Leseur, *op. cit.*, t. II, chap. XVIII).

(6) Il y a ici une contradiction avec ce qui est dit quelques lignes plus haut : Eléonore survécut sept ans à son mari, et non deux, ni quatre, comme le rapporte le chroniqueur en ces deux passages ; elle mourut, ainsi qu'on l'a vu (voir la note 2 de cette page), le 12 février 1479.

(7) François-Phebus était le petit-fils et non le fils d'Eléonore ; ce ne fut pas elle qui le mena en Navarre pour le faire couronner, mais Madeleine, princesse de Viane, sa mère. Le sujet de : *fut en Navarre* devrait être *Madeleine*.

Le second filz eut nom Jehan, qui fut viconte de Narbonne et marié à la fille du duc d'Orleans, seur du roy Loys douziesme, comme il appert par la cronicque de France (1). Lequel Jehan fut en son temps l'un des vaillans chevalliers qui jamais ceignit espée, et pour tel fut nommé par le roy d'Angleterre, quant il vint en Normandie et aussi en Italie. Il fut gouverneur de Guyenne par aucun temps et depuys du Daulphiné. Il eut ung filz nommé Gaston (2), qui en son vivant fut aussi vaillant que Hannibal, Hercules et Jules César, et eut une fille, qui depuis fut royne d'Arragon et de Naples (3). Ledict Jehan fut par aucun temps gouverneur de Guyenne, fut chevalier de l'Ordre et fut enterré à Estampes.

Le tiers fils eut nom Pierre, qui fut desdyé à l'Eglise (4) et en son jeune aage fut mené en Avignon et en France, où il fut endoctriné en art d'oratorie et de grammaire, si bien que l'on disoit en son temps que ung enfant de si grande maison estoit une perle entre les autres. Et là fut faict prothonotaire; et apres la mort de son oncle (5), s'en alla en Pavie en Italie, et luy survint ung moyen bien opportun pour s'en aller. Car lors, mons. Guilhem, marquis de Montferrat, demanda pour femme une seur de mons. le prothonotaire, nommée Marie. Et, du consentement du roy Loys, le mariaige fut accordé, et ladicte dame fut menée en Italie à son mari l'an mil CCCCLXVI (6); et fut acom-

---

(1) Jean, second fils de Gaston IV, vicomte de Narbonne, puis d'Étampes, avait épousé Marie d'Orléans, fille aînée de Charles, duc d'Orléans, et sœur de Louis XII. Il accompagna Charles VIII en Italie et se distingua par sa bravoure à Fornoue.

(2) Le célèbre Gaston de Foix, duc de Nemours, qui fut tué à Ravenne le 11 avril 1512.

(3) Germaine de Foix, qui épousa Ferdinand-le-Catholique (voir ci-après, p. 155).

(4) Le cardinal Pierre de Foix, qu'on a parfois confondu avec son grand-oncle, le cardinal du même nom, fondateur du collège de Foix à Toulouse, naquit à Pau le 7 février 1449. Il n'a point encore été l'objet d'une étude approfondie; on ne possède sur lui qu'une courte étude de l'abbé Labeyrie, *Etude historique sur la vie du cardinal Pierre de Foix, dit le Jeune* (Pau, 1874, in-8°), dont les seules sources ont été les histoires de Bertrand Hélie et de La Perrière; or ces deux vieux historiens ont puisé tous leurs renseignements dans Miégeville, dont la chronique que nous publions ici n'est qu'une fidèle traduction.

(5) Le cardinal Pierre de Foix, l'ancien, mourut à Avignon le 1er décembre 1464; il était fils d'Archambaud, frère de Jean Ier et oncle de Gaston IV. (D. Vaissète, t. XI, p. 55).

(6) C'est, en effet, sous les auspices de Louis XI que fut conclu le mariage de Marie de Foix, fille aînée de Gaston IV, avec Guillaume IV, marquis de Montferrat; il était question de ce mariage dès le milieu de l'année 1465 (cf. Leseur, *op. cit.*, t. II, chap. XVIII).

paignée dudict prothonotaire, son frere ; et le gouverneur d'elle fut messire Bernard de Bearn, parangon de chevallerie (1), et plusieurs autres gens, tant que en ladicte compaignie avoit environ V^e monteures. De reciter les triumphes et magnificences faictz aux nopces seroit trop grande prolixité ; toutes foys ledict seigneur marquis de Monferrat donna audict messire Bernard de Bearn, quant il se departit de luy, tant en draps d'or, vaisselle d'argent, chevaulx et autres bagues, la valleur de plus de douze mille ducatz.

Ledict seigneur prothonotaire, apres ce faict, se partit dudict Monferrat pour aller estudier à Pavie et le feit conduire le marquis par ses gens jusques en Italye. Et se peult dire qu'il n'entra jamais prothonotaire pour estudier audict Pavye, si bien acompaigné : avoit à son service cinquante gentilshommes, et la plus grande partie estoit de robe longue pour estudier. Le gouvernement de la personne de Monsieur le prothonotaire fut donné à Monsieur Geofroy de Bassillac, evesque de Reins (2), et à Monsieur le docteur de Susauvillet (3), et aussi à Monsieur le docteur d'Ole (4), qui de present est docteur *in utroque;* et chacun d'eux estoit docteur *in utroque jure.* Quand ledit prothonotaire entra à Pavie, le duc de Milan, nommé François Sforce (5), estoit dedans Pavie et envoya tous ses gens devant ledict seigneur et luy fit un tres bon recueil ; aussi fit l'Université et pareillement la ville. Et

Louis XI dota en partie la jeune princesse (Bibl. nat. *Pièces originales*, Foix, n° 131). Ce fut au début de l'année 1466 que le futur cardinal partit pour l'Italie, escortant sa sœur. D. Vaissète (t. XI, p. 56) commet une erreur, en disant que Marie de Foix fut accompagnée par Pierre de Foix, vicomte de Lautrec ; ce dernier, frère de Gaston IV, était mort depuis plus de dix ans.

(1) Bernard de Béarn était frère naturel de Gaston IV ; ce fut un des plus célèbres chevaliers de son temps ; voir à ce sujet Olivier de la Marche, édit. Beaune et d'Arbaumont, t. II, p. 129 et suiv.

(2) Il y a ici une erreur de scribe, reproduite encore plus bas : au lieu de *Reins*, il faut corriger *Rieux* ; il s'agit de Geoffroy de Bazillac, évêque de Rieux de 1462 à 1478.

(3) Ce nom a été également très altéré : il faut reconnaître dans ce personnage Pierre de Suberville.

(4) Le chroniqueur s'est borné à franciser le nom latin de Jean de Lassalle *(Johannes de Aula),* que mentionnent plusieurs actes contemporains, et qui fut plus tard évêque de Couserans (1480-1515). D'après le *Gallia* (t. I, c. 1140), ce Jean de Lassalle aurait été condisciple du cardinal de Foix à Toulouse au collège de Foix ; ce fut lui qui, le 10 janvier 1494, couronna à Pampelune la reine Catherine et son mari Jean d'Albret.

(5) François Sforza, duc de Milan de 1450 à 1466.

demoura en ladite ville trois ans. Depuis, par prieres et grans requestes du duc Vorse, duc de Ferrare (1), laissa ladite ville et s'en alla en l'Université de Ferrare, où estoit Felinus Sandée (2). Ledit duc lui fit un grand recueil et autant humain que s'il eust esté son frere, et luy envoya un present. Premierement y avoit cinquante hommes, chacun portant un gros sac d'avoine et l'autre portant un sac de farine; chacun pays luy envoya seize muids d'excellent vin, quatre muids de malvoisie, XXV grands fromages, et un homme n'en portoit qu'un, XXV cabats tant d'espicerie que de chandelles de cire blanche, XII veaux, XII charges de poulailles. Puis envoya jouer comedies et farces au logis de Monsieur le cardinal. Les petits enfans crioient : Vive Foix et le duc Vorse, nostre seigneur !

Lendemain, le duc fit crier par la ville que « si hardy capitaine, offi-
« cier, gardeur de portes, soit en mer ou terre, receveur de peaiges,
« gabelles en nos terres [ne fut] de donner empeschement pour aller ou
« venir aux gens de nostre cher frere Monsieur le prothonotaire de
« Foix (3); luy demander ne prendre peaige de bleds, chevaux, draps et
« autres choses, ne donner empeschement à la personne dudit seigneur
« ou à ses gentilshommes à la venation et piscation de nostre terre de
« Ferrare, de Carpe, de Modene. Car voulons que ledit prothonotaire,
« nostre frere, en tout et par tout, aye toutes franchises et puisse gaudir
« et user de toutes libertez et franchises que nous pouvons et tous les
« enfans de la maison de Ferrare ».

L'an mil CCCCLXX, de la maison de Monsieur le prothonotaire furent faits sept docteurs, et contant la personne dudit seigneur huit, sept licentiés, douze bacheliers ; et Monsieur paya tous frais et mises. Depuis Monsieur et Monsieur de Reins, à l'instance de Felein, se firent docteurs, et chacun fit examen public. Le duc Vorse s'y trouva en personne, quand Monsieur et Monsieur de Reins (4)

---

(1) Borso, duc de Ferrare, de 1450 à 1471.

(2) Félino Sandéi, auditeur de rote, évêque de Penna et d'Atri, puis de Lucques, et défenseur des droits du Saint-Siège contre les rois de France et de Naples, avait d'abord enseigné le droit à Ferrare et le droit canon à Pise.

(3) Le chroniqueur avait sans doute sous les yeux le texte des lettres du duc de Ferrare, car, sans s'en apercevoir et brisant la construction de la phrase, il en cite textuellement tout un passage, que nous avons marqué par des guillemets.

(4) Rieux, voir la note 2 de la page précédente.

les enseignes de docteurs prindrent (1)..............................
leurs maisons ledict prothonotaire. Et depuis en secret requist au pape qu'il luy donnast sa benediction et pour luy ne demanda autre chose. Toutes foys, pour les bonnes vertuz et doctrine qu'il congnut en la personne dudict seigneur prothonotaire, du consentement du pape et de tous les cardinaulx, fut creé cardinal, mais ne fut poinct pour lors publié. Et eut ledict prothonotaire pour tous ses gens mandatz, expectatives et dispences, tant qu'ilz en voulurent, le tout expedié gratis. Et ledict Sainct Pere envoya plusieurs pardons et indulgences à mons. Gaston, pere dudict prothonotaire.

Oudit an, incontinant qu'il fut retourné à Ferrare, eut nouvelles comment son frere Gaston, prince de Vyenne, estoit mort (2), dont il fut moult triste ; dont les funerailles furent faictes en l'eglise cathedralle de Ferrare, où assisterent le duc dudict Ferrare et plusieurs autres de la ville. Puys print congié dudict duc et s'en retourna en Bearn. Et luy estant à Morlans (3), eut nouvelles que le duc de Guyenne et mons. son pere estoyent au Mont de Marsan, où il fut pour le veoir. Apres s'en alla veoir le roy Loys et de là en Bretaigne, [pres] de son beau frere le duc (4), où il fut faict evesque de Vanes.

L'an mil CCCCLXXV que fut mort pape Paule (5), succeda à luy Sextus Quintus, lequel envoya audict seigneur prothonotaire le cha-

(1) Le manuscrit 5104 est privé du feuillet 18 ; à partir des mots : *et se peult dire qu'il n'entra jamais prothonotaire pour estudier audict Pavie*, qu'on trouve plus haut (p. 147), on constate une lacune ; il a été possible de la combler en partie, grâce à la copie du ms. 5104 qui se trouve dans la collection Duchesne, vol. 48, fol. 316. Mais cette copie elle-même, à laquelle est emprunté tout ce qui précède, est incomplète à partir du mot *prindrent*, et ne reprend qu'à partir d'un paragraphe qu'on trouvera à la page suivante et qui commence par les mots : *Le dict seigneur cardinal....* Il se trouve par suite qu'on ne peut remédier complètement à l'absence du feuillet 18 du ms. 5104 et qu'on doit reprendre le texte au haut du feuillet 19, qui débute, comme on le voit, par une fin de phrase. Dans la partie du texte qui fait défaut, il devait être question d'un voyage de Pierre de Foix auprès du pape à Rome.

(2) Voir ci-dessus, p. 145.

(3) *Morlaas*, Basses-Pyrénées, arr. de Pau, ch.-l. de c^{on}.

(4) Ainsi qu'on le verra plus loin, Marguerite de Foix, une des filles de Gaston IV, avait épousé François II, duc de Bretagne.

(5) Le pape Paul II était mort en 1471 (et non en 1475) et eut pour successeur Sixte IV et non Sixte-Quint. *Sextus Quintus* provient sans doute d'une erreur de scribe.

peau de cardinal *sub titulo sancti Cosme et Damiani* ; et luy fut donné avec les solempnitez requises au lieu de Lesca, où estoyent plusieurs prelatz ; là estoient aussi madame Magdaleyne et Françoys Phebus, nepveu dudict cardinal (1) ; mons. Gaston estoit mort deux ans paravant. Depuis, estant en France mons. le cardinal pour faire l'appoinctement avec le roy Loys et le duc de Bretaigne, sa mere madame Alyenor, reyne de Navarre, mourut et y eut plusieurs discenssions audict royaume (2).

Ledict seigneur cardinal retourna de France, et fut deliberé que luy et madame Magdaleyne yroyent parler au roy Ferrando (3), oncle dudict cardinal, roy d'Arragon et Castille ; ce qui fut faict, et ledict roy leur accorda tout ce qu'ilz demanderent (4) ; et ainsi les discensions furent ostées, et ledict royaume de Navarre mis en la main et obeissance dudict François Phebus. Et ledict prince fut couronné l'an mil CCCCIIII^{xx}I en l'eglise cathedrale de Pampelune (5), luy estant en l'aage de quatorze ans ; où estoient presens le cardinal et madame Magdaleyne et toute la seigneurie de Navarre et aussi plusieurs princes de Castille et Arragon et les gentilzhommes du païs, comme monsieur de Commenge et autres ; et en tout estoyent bien mil V^c hommes d'armes, tant de l'ordonnance [de] France que des terres du prince ; et ce n'est pas grant chose, car en la terre de Foix et Bearn en y a sept cens et plus. Après avoir faictz tournoy et autres esbastemens, ledict nouveau roy de Navarre alla visiter tout son royaulme, feit et crea

---

(1) C'est le 18 décembre 1476 que Pierre de Foix reçut le chapeau de cardinal (Cf. Labeyrie, *op. cit.*). Gaston IV était mort depuis plus de quatre ans, et non depuis deux, comme le dit le chroniqueur.

(2) Sur les troubles qui agitèrent à cette époque le royaume de Navarre, cf. Boissonnade, *op. cit.* p. 21 et suiv.

(3) Ferdinand-le-Catholique, né d'un second mariage de Jean II, roi de Navarre, était frère consanguin d'Eléonore et oncle maternel du cardinal.

(4) On ne sait s'il faut voir ici une allusion à la trêve d'Aoiz, conclue au mois d'août 1479, avec Ferdinand-le-Catholique, par Madeleine, princesse de Viane, ou bien aux événements de l'année 1481, qui précédèrent de très peu le voyage de François-Phœbus en Navarre (Boissonnade, *loc. cit.*). Le cardinal de Foix portait alors le titre de vice-roi de Navarre.

(5) C'est le 6 novembre 1481 que François-Phœbus fut couronné à Pampelune (Yanguas, *Historia compendiada*, p. 317). Remarquons que le chroniqueur ne commet pas l'erreur commise par Olhagaray et les historiens navarrais qui placent le voyage de François-Phœbus en Navarre en 1482.

officiers tant en justice que guerre, et garnit les places de bons cappitaines. Et apres ledit roy, madame sa mere et mons. le cardinal avec toute la compaignie se retournerent en Bearn, là où le roy Phebus François mourut (1).

L'an mil CCCC IIII^{xx}II, ou moys de janvier, y eut quelque debat sur la succession de madame Katherine, seur dudict François Phebus (2). Et neantmoins mons. le cardinal apaisa tout et s'en retourna en France pour encores de nouveau accorder le roy et le duc de Bretaigne.

En ce temps, mons. Jehan, viconte de Narbonne, oncle de la dicte dame Katherine, feit debat contre sa niepce en querellant la succession de Foix, ainsi qu'il est notoire. Et mons. le cardinal, frere de mons. Jehan, estoit de sa part contre sa niepce et madame Magdeleyne.

L'an mil CCCC quatre vingtz sept, regnant à Rome pape Innocent huictiesme, advint que au royaulme de Naples s'esleverent grandes discensions, partialitez et seditions entre le roy don Ferrando de Naples, oncle de mondict seigneur le cardinal (3), et les seigneurs du païs et royaulme ; le pape, comme souverain seigneur dudict roy, voulut faire les appoinctemens et accords, mais le roy ne luy voulut obtemperer. Par quoy y eut discenscion entre le pape et ledict don Ferrando ; le pape, voullant mectre paix entre lui et ledict roy, saichant que mons. le cardinal de Foix estoit parent dudict roy, l'envoya exorter et charitativement admonester qu'il allast parler à luy.

---

(1) Il mourut le 29 janvier 1483, de mort subite, en jouant de la flûte ; on a vu plus haut qu'Esquerrier et Miégeville, par une inexplicable confusion qui ne peut provenir que d'une distraction de scribe, rapportent cette mort singulière à Gaston-Phœbus. (Voir ci-dessus *Esquerrier*, p. 62, *Miégeville*, p. 138).

(2) Le chroniqueur ne fait ici que mentionner très sommairement, ainsi que dans le paragraphe suivant, des troubles qui survinrent en Navarre et dans le Midi de la France à l'avènement de Catherine de Foix et qui furent suscités, d'une part par les prétentions de Jean de Narbonne à la succession de son neveu François-Phœbus, d'autre part par la question du mariage de la princesse ; on trouvera l'histoire de ces événements très complexes dans l'ouvrage de M. Boissonnade déjà cité, liv. 1, chap. III et IV.

(3) Le roi Alphonse V d'Aragon avait hérité du royaume de Naples par suite de l'adoption que la reine Jeanne avait faite de lui. Quand ce prince mourut en 1458, il laissa l'Aragon à son frère Jean, roi de Navarre, et Naples à son fils naturel nommé Ferdinand. Ce prince n'était pas l'oncle du cardinal de Foix, mais le cousin germain de sa mère Eléonore, fille du roi Jean II.

Et l'an susdict, mons. le cardinal partit par ung moys d'octobre pour aller à Rome, acompaigné de plusieurs evesques, et principallement de sa maison estoient mons. de Carpentras, filz de la maison de Saluce, et mons. de Tarbe,(1) filz de la maison d'Aure. Et oultre avoit cinquante gentilzhommes de robbe courte, prothonotaires et abbez, tant que en somme estoyent envyron deux cens chevaulx. Et quant passa par Italye, les seigneurs des villes luy firent grant honneur, tant au moyen des parens qu'il avoit au quartier de delà que pour raison des congnoissances qu'il avoit faictes, quant il estoit prothonotaire estudiant à Pavye et à Ferrare.

Oudict an, au moys de janvier (2), mondict seigneur le cardinal arriva à Rome, qui fut, par commandement du pape, logié à Saincte Marye de Populo au monastere des Augustins. Toute la nuict, les portes demourerent ouvertes, et le bon seigneur ne dormit comme rien; car la plus grant partie des cardinaulx le furent visiter à secret et aussi les plus grans de Rome. Et le matin, pour l'acompaigner au consistoyre en la presence du pape, vindrent dix sept cardinaulx, la garde du pape, Vosius Colonnoys, conte Sabelles (3) et quasi tous les lignaiges de Rome, ambaxadeurs de roys, et peuple en grand nombre, tous cryans à haulte voix : Foix ! Foix ! Et tous ensemble s'en allerent à Sainct Pierre ; et là, en consistoire public, fut faicte la reception de mons. le cardinal, plus triumphant que jamais fut reception de cardinal, et ce pour l'honneur de Foix fut faicte ladicte reception. En la compaignie susdicte s'en retourna et fut logié plus pres du Sainct Pere au palays des Ursins sur Campo de Flor.

(1) Il s'agit de Menaud d'Aure, évêque de Tarbes. Le *Gallia* donne sur son épiscopat des dates incertaines. La maison d'Aure était une des plus considérables de Bigorre.

(2) Le récit du chroniqueur, dans les pages qui suivent, se trouve contrôlé par celui que donne le *Journal* de Burchard (Joannis Burchardi diarium sive rerum Urbanarum commentarii (1483-1506), édit. Thuasne, Paris, 1883, gr. in-8°, t. I. p. 283 et suiv.), et le complète à son tour. Il y eut, dans un consistoire secret, présidé par le pape, une longue discussion pour savoir comment devait être reçu, à son entrée dans Rome, le cardinal de Foix. Cette entrée eut lieu le dimanche 27 janvier 1488, et le cardinal fut logé, comme le dit le chroniqueur, à Sainte-Marie-du-Peuple. Les détails donnés ici sont si abondants et si précis qu'il est permis de supposer que Miégeville, à qui ils sont empruntés, accompagna à Rome son maître le cardinal.

(3) Il s'agit de deux des plus grandes familles romaines, les Colonna et les Savelli, dont deux membres, Jean Colonna et Jean-Baptiste Savelli, faisaient partie du Sacré-Collège.

Au second consistoire, ledict Sainct Pere luy allegea tout le differend qui estoit entre ledict roy de Naples et les seigneurs du pais et le Siege Apostolique (1). Et alla par deux foys à Napples (2) et fut honnorablement reçu tant par le roy que par la royne, [en souvenir] de madame Alyenor, sa mere. Et feist si bien ledict cardinal qui *(sic)* paciffia tous les differends, qui estoyent entre le roy, le pape et les seigneurs et gentilzhommes du pays. Et depuis s'en tourna à Rome pour fayre sa residence. Et estoit tant doulx et humain que tous estrangiers qui avoyent à besongner au pape s'adressoyent à luy, de sorte que l'on disoit à Rome que ledict cardinal *erat protector desolatorum;* et fut sur tous aymé dedans ledict Rome *sic quod poterat dici secundus papa*. Le bon seigneur demourant à Rome mourut en l'an mil CCCC quatre vingtz dix, le Xe aoust (3); fut honnorablement enterré à Saincte Marie de Populo, où il avoit faict son premier logis, quant il arriva oudict Rome.

Le quart filz de mons. Gaston eut nom Jacques, lequel, apres la mort de son pere et sa mere, se retira en France et vesquit vertueusement. La royne sa niere luy donna la conté de Montfort, et apres il mourut comme ung bon catholicque (4).

Ledict mons. Gaston et madame Alyenor eurent ensemblement et en loyal mariaige cinq filles qui furent nommées (5), c'est assavoir: la premiere eut nom Marye, qui fut mariée à ung marquis de Monferrat (6), et d'ycelle issit une fille. Et pour ce que, en la dicte maison de

---

(1) La présence du cardinal de Foix à Rome est constatée par le *Journal* de Burchard depuis la fin de Janvier jusqu'en juillet 1488.

(2) Burchard ne parle que d'un seul voyage à Naples, entrepris en juillet 1488 : « Recessit ex Urbe, dit-il en parlant du cardinal, iturus Neapolim, visitaturus regem Neapolitanum pro speciali amicitia ». D'après la même source, Pierre de Foix était de retour à Rome le 15 octobre, et on y constate sa présence pendant la fin de l'année 1488, toute l'année 1489 et les premiers mois de 1490 (op. cit. p. 315, 317, 320 à 406).

(3) Le *Journal* de Burchard présentant une lacune de quatorze mois, du 9 juin 1490 au 8 août 1491, la mort du cardinal de Foix n'y est pas mentionnée.

(4) Jacques de Foix, dit l'Infant de Navarre, comte de Montfort, prit part aux guerres d'Italie et mourut sans avoir été marié, laissant deux enfants naturels.

(5) Gaston IV et Éléonore en eurent encore une sixième, dont on ne retrouve la mention que dans un registre des comptes des arch. de Navarre ; elle s'appelait Anne et mourut presque aussitôt après sa naissance.

(6) Voir ci-dessus, p. 146.

Montferrat, filles ne succeddent poinct, la succession vint *ad collaterales*. Et fut ladicte fille mariée au marquis de Saluces (1).

La seconde fille fut nommée Jehanne, laquelle fut mariée au conte d'Armaignac (2), mais tost apres elle mourut à Pau sans hoir et fut enterrée au lieu de Lescar.

La tierce fut nommée Marguerite, dicte belle; car sur toutes les dames de son temps estoit acomplie de beaulté, saigesse, prudence et attrempence (3). Et pour le bon renom d'elle, mons. François, duc de Bretaigne, l'envoya demander pour femme (4); par quoy le mariage fut parfaict, et eut dudict seigneur duc une fille nommée Anne, qui depuis a esté par deulx fois royne de France.

La quarte fille fut nommée Katherine, qui fut mariée au conte de Candalle, capdau de Buch (5). Ladicte dame eut troys filz : le premier fut seigneur de Candalle et conte par sa femme d'Esterach (6); le second fut arcevesque de Bourdeaulx (7) et l'aultre ters marié en Bretaigne (8). Il y eut aussi une autre fille, qui fut mariée au roy de Hongrye et a esté en son temps royne de Hongrye (9).

La quinte fille fut nommée Éleonor, laquelle mourut sans estre maryée (10).

Veu ce que dessus est dict, appert que, en l'an MCCCCC et cinq, se

---

(1) Cette fille s'appelait Jeanne et épousa en effet Louis II, marquis de Saluces.

(2) Jeanne de Foix épousa Jean V d'Armagnac, le 31 août 1468 (Arch. des Basses-Pyrénées).

(3) *Attrempence*, modération, retenue.

(4) Marguerite de Foix épousa le 27 juin 1471 François II, duc de Bretagne (Arch. des Basses-Pyrénées E 411); sa fille, Anne de Bretagne, épousa successivement Charles VIII et Louis XII.

(5) Le mariage eut lieu en 1469; Gaston de Foix, comte de Candale et captal de Buch, était petit-cousin de Gaston IV, comte de Foix.

(6) Gaston de Foix, qui succéda à son père comme captal de Buch, et épousa Marthe, comtesse d'Astarac.

(7) Il s'appelait Jean, fut nommé archevêque de Bordeaux en 1501 et mourut en 1529.

(8) Pierre de Foix, baron de Langon, seigneur du Pont par sa femme Louise du Pont, fille du seigneur de Pont-l'Abbé et de Rostrenan.

(9) Elle s'appelait Anne et épousa, le 6 mars 1502, Ladislas, roi de Bohême et de Hongrie; elle mourut le 26 juillet 1506.

(10) Il s'agit ici de la cinquième fille de Gaston IV, qui devait épouser le duc de Médina-Céli, mais mourut avant l'accomplissement de ce mariage.

trouvesrent quatre roynes chrestiennes, cousines germaines, descendans dudict mons. Gaston, conte de Foix, et de madame Alyenor, royne de Navarre.

Le premier filz nommé Gaston, prince de Vienne, eut une fille nommée Katherine, royne de Navarre.

Le second filz, nommé Jehan, eut une fille nommée Germaine, (1) qui fut royne d'Aragon et de Naples.

La tierce fille, nommée Marguerite, eut une fille nommée Anne, qui fut deux fois royne de France.

La quarte fille, nommée Katherine, eut une fille royne de Hongrye.

Il y a de present proces touchant la conté de Foix en la court de Parlement à Parys entre messire Odet de Foix (2), conte de Comminge, seigneur de Lautrec, filz du dessus dict seigneur de Lautrec, et frere dudict Gaston, ayeul des filles dessus dictes, et dame Katherine, fille dudict Gaston, prince de Vyenne, royne de Navarre.

(1) En 1506, Ferdinand-le-Catholique épousa, en secondes noces, Germaine, fille de Jean de Narbonne, lequel était, ainsi que nous avons eu occasion de le dire, fils de Gaston IV et d'Eléonore ; Ferdinand, frère consanguin de cette princesse, était donc le grand-oncle maternel de sa femme. Du chef de celle-ci, il revendiqua les droits que Jean de Narbonne avait fait valoir à la mort de François-Phœbus au detriment de Catherine, épouse de Jean d'Albret. C'est en invoquant ces droits que Ferdinand envahit la Navarre en 1512 et parvint à en chasser la dynastie d'Albret.

(2) Odet de Foix, comte de Comminges, vicomte de Lautrec, était fils de Jean de Foix, vicomte de Lautrec et de Villemur, fils posthume de Pierre de Foix, frère de Gaston IV. Odet de Foix, qui fut gouverneur de Guyenne et maréchal de France, mourut au siège de Naples, le 15 août 1528.

TABLE ALPHABÉTIQUE

A

Abenac (*Bénac*), 86.
Acre, 21, 31, 32, 54, 128, 136.
Adélaïde (*Aladays*), 10, 11, 120, 121.
Afrique, 4.
Agates (*Agde*), 8.
Agarnagais, 12.
Agde (*Agates*), 8.
Agnès de Foix, 32, 34, 129, 131, 132.
— de Navarre, 51, 52, 135.
Aignan, 43.
Aigues-Juntes, 102, 103.
Aillères, 88, 114.
Aire-sur-Adour, 39.
Aladays, *voir* Adélaïde.
Alain d'Albret, 83.
Alairac, 16, 27.
Alaric, 2, 3.
Albi (*Albeges*), 8, 87.
Albiès, 87, 109.
Albigeois (pays d'), 8, 9, 24, 61, 125, 126.
— (guerre des), 101.
Albret, 53.
Albret (Alain d'), 83.
— Arnaud-Amanieu (sire d'), 58.

Albret (comte d'), 53, 133.
— (Jean d'), 147, 155.
— (Jeanne d'), femme du comte Jean I, 68, 69, 141, 142.
— (maison d'), 58, 155.
— (seigneurie d'), 57.
— (sire d'), 57, 78.
— (vicomte d'), 137.
Alençon (duc d'), 76, 83, 84.
Alens, 87.
Alep, 31.
— (diocèse d'), 92.
Alger (roi d'), (*Algar*), 51.
Algésiras, 51, 135.
Aliat, 87, 114.
Alianor, *voir* Eléonore.
Alion (d'), 22.
Allemagne, 8, 32, 67, 130.
Allemagne (chevalier d'), 57.
— (empereur d'), 67, 141.
Allemagne (*Jonas Orgas de Alamanha*), 61.
Allemands (croisés), 25.
Allemans (les), 102.
— (viguerie des), 92, 103.
Almanzor, 9.
Alphonse II, roi d'Aragon, 24, 34.
— V, (—) 144, 151.
— II, roi de Castille, 51.

Alphonse de Poitiers, 26, 29, 30, 127.
Alses (ruisseau d'), 20.
Alvare, comte d'Urgel, 28.
Alverni (Montaut d'), 72.
Alzen, 95, 102, 103, 113.
— (baronnie d'), 113.
Alzone (Vic d'), *voir* Vic-d'Alzone.
Amanieu d'Albret, 58.
Amate de Bigorre, 34, 35, 131.
Amaury de Montfort, 23, 26.
Aménat, 112.
Aménos, 50.
Amica, 15.
Amiel du Puy, évêque de Toulouse, 17.
Amiens, 51.
Amplaing, 9, 10, 17, 86, 106, 120.
Ampurias, 8, 120.
— (Pierre, comte d'), 42, 120, 133.
— (Villeneuve d'), 90.
Ancelain de Richemond, 14.
Andoins (seigneur d'), 48.
Andorre, 85, 97, 98.
Angers, 14.
— Bertrade (comtesse d'), 14, 122.
Anglais, 39, 46, 47, 50, 51, 53, 68, 70, 71, 72, 76, 74, 135, 136, 139, 141.
Angleterre, 6, 15, 39, 41, 46, 47, 53, 73, 135.
— (le bâtard d'), 73.
— (Jeanne d'), 29.
— (roi d'), 41, 46, 47, 51, 73, 84, 134, 142, 146.
Anhaux (*Niaux*), 87, 111.
Anjou (Charles d'), 30, 41.
— (Charles d'), comte du Maine, 83.
Anne de Bretagne, 153, 154, 155.
Annibal, 146.
Antioche, 31.
Antoine (saint), 4.
— (saint) de Lézat, 16.
Antonin (saint), 90, 122.
— de Pamiers (abbaye de Saint-), 122.
Antras, 87, 113.

Antuzan, 88, 114.
Aoiz (trêve d'), 150.
Appy, 87, 108.
Aquitaine, 26.
Aragon, 8, 34, 41, 64, 71, 76, 77, 78, 84, 124, 135, 151.
— Alphonse II (roi d'), 24, 34.
— — V (roi d'), 144, 151.
— Ferdinand-le-Catholique, (roi d'), 140, 150, 155.
— Ferdinand-le-Juste, (roi d'), 64, 67, 141, 144.
— Jacques, (infant d'), roi de Majorque, 23.
— Jacques Ier, (roi d'), 34, 41, 63, 64.
— Jean, (roi d'), *voir* Jean I, et Jean II, roi de Navarre et (d').
— Jeanne, (infante d'), 63, 69, 138.
— Martin (roi d'), 66, 140.
— Pierre II, (roi d'), 24, 25.
— — III, (roi d'), 37, 41.
— Pierre, (infant d'), comte d'Ampurias et de Ribagorça, 42, 125, 126.
— (reine d'), 146, 155.
— (rois d'), 24, 34, 37, 41, 42, 51, 63, 64, 66, 67, 70, 124, 125, 126, 133, 134, 138, 139, 140, 141, 143, 144, 150, 151.
Aragonais, 138.
Aragonois (Etienne), prétendu évêque de Pamiers, 90.
Arborée (duc d'), 66, 140.
Archambaud de Grailly, 63, 64, 65, 66, 68, 74, 139, 140, 146.
Arconac, 87, 110.
Aréefros de Bren, 50.
Arengosse, 50.
Argan, 85, 94.
Arget, 10, 20, 95.
Ariège, 12, 19, 20, 25, 61, 75, 85, 86, 93, 95, 97, 98, 99, 102, 103, 108, 109, 111, 124, 126.
— (vallée de l'), 101, 107.
Ariens, 2.
Arignac *(Arnhac)*, 73, 87.

— 159 —

Arignac (seigneur d'), 73.
Arize, 11, 86, 94, 95, 96, 98, 100, 101, 113, 114, 115.
Arjuzanx, 50.
Arles, 8.
Armagnac, 34, 35, 56, 58, 60, 71, 75, 131, 135, 137.
— Bernard (comte d'), 43.
— (Béatrix d'), 61, 67, 138.
— (Charles d'), 76.
— (comte d'), 34, 36, 37, 38, 39, 42, 43, 53, 56, 57, 59, 60, 61, 63, 67, 68, 70, 71, 73, 74, 76, 84, 131, 133, 140, 141, 154.
— (comte et comtesse d'), 35.
— (comté d'), 71.
— Géraud V (comte d'), 37.
— Guillaume (comtesse d'), 43.
— (Haut), 58.
— Jean (comte d'), 69, 75, 84, 137, 154.
— (maison d'), 35.
— (sénéchal d'), 43, 58, 137.
— (terre d'), 76.
Armagnagais, 11, 60, 70, 74, 138, 139.
Armanhaguesa Gaya *(la guie Armagnagaise)*, 61, 138.
Arménie, 31.
Arnagais, 11, 12.
Arnaud (comte), 9, 10.
Arnaud-Amanieu, sire d'Albret, 58.
— Guillaume, 61.
— de Bellande, 8.
— de Castelbon, 24.
— d'Espagne, 32, 129.
— de Montagut, 48.
Arnave, 87, 112.
— (Guillaume d'), 29.
Arolzet, 50.
Aron, 88, 114.
Arossa, 50.
Arouille, 50.
Arpin de Bourges, 15.
Arros (seigneur d') 48, 49.
Arsende, 9, 10, 15, 17, 18, 120, 122, 123.

Arsens, 16, 27.
Arsieu de Montesquieu, 137.
Arthur (roi), 4.
Artiès, 111.
Artigat, 102, 103.
Artix, 103.
Artois, Robert I (comte d'), 41.
— II — 38, 40, 42, 131, 133.
— (Jeanne d'), 40, 42, 44, 74, 133, 134, 135.
Artigue (port d'), 95.
Arvigna, 102.
Arya (terre d'), 78.
Arzacq, 48.
Arzens-et-Corneille, 16.
Ascou, 87, 107.
Aspet (Roger d'), 57, 58.
Aspira, 20.
Astarac (Catherine d'), 75.
— (Centoul d'), 56.
— (comte d'), 42, 56.
— (comté d'), 42, 56.
— (comtesse d'), 154.
Asté (seigneur d'), 78.
Aston, 49, 87, 109.
— (seigneur d'), 48.
Athanase (saint), 4.
Aton, 6.
— (Bernard, *voir* Bernard-Aton), 16.
Atri (évêque d'), 148.
Aubert, 6.
Auch, 39, 58.
— (archevêque d'), 43.
— (diocèse d'), 37, 39.
— (province d'), 93.
Aude, 16, 21, 97, 98, 99, 102.
Auger de Mauvezin, 49, 50.
Augustin (saint), 4.
Augustins (monastère des), 152.
Aujole, 88, 114.
Aulos, 87, 109.
Auratinensis, *(Orange)*, 8.
Aure, *(Auratz, Orange)*, 8.
— (Guiraud d'), 51, 135.
— (maison d'), 152.
— (Menaud d'), 152.
— (Sans d'), 78.

Aure (vallée d'), 76, 137.
— (terre d'), 43.
Aurignac, 73.
Auserans (pont d'), 33, 130.
Auzapans, 19, 95, 98, 99.
— (col d'), 86.
— (seigneurie d'), 124.
Auterive, 97.
Autriche, 22.
Auvergne, 33, 130.
Aux, 78.
Auzac, 19.
Auzat, 87, 110, 111.
Avignon, 8, 9, 25, 29, 68, 125, 140, 141, 146.
— (archevêque d'), 68.
— (marquis d'), 120.
Ax *(Ax-les-Thermes)*, 10, 20, 39, 62, 87, 98, 99, 102, 107, 108.
— (châtellenie d'), 87, 107.
Axiat, 87, 108.
Axs *(Dax)*, voir Dax.
Aymeri de Narbonne, 8, 9, 120.
— IV de Narbonne, 31, 66, 67, 120.
— de Roquefort, 49, 50.
Aynat *(Enat)*, 87, 111.
Ayra, 39.
Azémar de Gramont, 50.
— de Monlaur, 49, 50.

B

Babylone, 21, 30, 55.
Babylonie (soudan de), 125.
Bachouin, 89.
Bagnères-de-Bigorre, 49, 67, 78.
Balaguer, 64.
Balamur (port de), 85, 95, 98.
Balaver (port de), 95.
Balbastro *(Barbastro)*, 17.
Balnègre *(Vallis nigra)*, 116.
Banat d'en bas, 87, 111.
— d'en haut, 87, 111.
Banet, 85, 95.

Barbazan, 48, 58.
— (Manaud de), 60, 137.
— (Renaud de), 60.
— (seigneur de), 48, 57, 58.
Barcelone, 8, 9, 10, 11, 12, 13, 19, 34, 63, 76, 77, 119, 122, 138, 143, 144.
— (comtes de), 18, 100, 120, 124.
Barguies (Jean de), 67.
Barguillère, 95, 106.
Barre (château de la), 124.
— (Pas-de-la), 37.
Barrière (seigneur de la), 58.
Barris (les), 88.
— (Les trois) à Pamiers, 89.
Barry (col de), 11.
Barthe (la), 58.
Basques, 78.
Bastide-de-Besplas (la), 88, 115.
Bastide-de-Lordat (la), 102.
Bastide-de-Saint-Genès (la), 40.
Bastide-de-Sérou (la), 20, 93, 94, 95, 102, 103, 114.
— (châtellenie de la), 88, 113, 115.
Bâtard d'Angleterre (le), 73.
— de Bourbon (le), 72.
Baudouin, 14, 15.
Baulou, 20, 86, 106, 107, 124.
Bayonnais, 72.
Bayonne, 39, 48, 71, 72, 73.
Bazilhac, 57, 58.
— (Godefroy de), 147.
— (seigneur de), 57.
Béarn, 32, 33, 34, 35, 36, 37, 39, 53, 65, 67, 69, 77, 78, 81, 133, 144, 149, 151.
— (armes de), 132.
— (Bernard de), 147.
— (Constance de), 34, 131.
— (Etats de), 34, 36.
— Gaston VII de Moncade (vicomte de), 34.
— VIII — (vicomte de), 31, 32, 33, 34, 35, 36, 37, 129, 130, 131, 132.

Béarn (Marguerite de), 31, 33, 34, 35, 36, 42, 131, 132, 133.
— (pays de), 35, 36, 52, 70, 74, 78.
— (seigneurs de), 32, 35, 36, 42, 129, 140, 132.
— (seigneurie de), 136.
— (sénéchal de), 74.
— (terre de), 83, 130, 132, 150.
— (vicomtesse de), Marie, 34.
Béarnais, 6, 32, 93, 34, 69, 70, 130.
Béatrix d'Armagnac, 61, 138.
— de Béziers, 13, 14, 15, 121, 122, 138.
Beaumarchais (Eustache de), 37, 38, 132.
Beaumont-de-Lomagne, 49.
Bèbre (*Vèbre*), 20, 87, 108.
Bédeilhac, 87, 111.
— -et-Aynat, 111.
Bédériès (*Biterrois*), 24.
Bélesta, 95, 99.
Bellande (Arnaud de), 8.
Belmont, 87, 113.
Belpech, 98, 99, 100.
Bénac, 106.
Benaduc (*Benoit*), 5.
Bénagues, 102, 103.
Bénauges (vicomte de), 65, 139.
Benoit III, pape, 6.
— XIII — 67.
Benquet, 50.
Berdu (*Verdun*), 87, 108.
Bernard (saint), 18, 54, 123.
— Aton, 16, 122.
— Guy, 44.
— Jourdain, 42.
— Roger, 13.
— Saisset, évêque de Pamiers, 90, 93, 103.
— Saquet, 48.
— d'Alion, 22, 23.
— de Béarn, 147.
— de Durfort, 50.
— de Durfort de Saverdun, 49.
— de la Grâce, 26, 127.
— de Villeneuve, 49.
— VI, comte d'Armagnac, 43.

Bernard VII, comte d'Armagnac, 67.
—, comte de Comminges, 22, 125, 127, 134.
—, comte de Foix, 9, 11, 12, 13, 15, 120, 121, 122.
Bernaux (*Vernaux*), 87, 108.
Berne, 32, 130.
Berry (duc de), 61, 62, 138.
Berthe, 14, 122.
Bertrade, comtesse d'Angers, 14, 122.
Bertrand de la Ilhe, 48.
— de Lanta, 137.
— de Sandaix, 48, 49.
— de San-Celsi, 48, 49.
— de Terride, 58, 137.
— Saquet, 50.
Bessiga (*Vixiège*), 95.
Betbéser, 50.
Bézandun, 50.
Béziers, 8, 9, 10, 15, 16, 23, 28, 123, 127.
— (Béatrix de), 13, 14, 15, 121, 122, 138.
— (Cécile de), 19, 21, 124, 125.
— Ermengarde (vicomtesse de), 16, 91, 92, 122.
— (héritage de), 126, 128.
— (pays de), 126.
— (vicomte de), 19, 124, 125.
Bibé, 50.
Bidache, 72.
Bielmur, 98.
Bigorre, 13, 33, 34, 35, 36, 56, 76, 78, 130, 132, 152.
— (Amate de), 34, 35, 131.
— (comtes de), 32, 92, 129, 131, 132.
— (comté de), 35, 62, 68, 141.
— (comtesse de), 129, 131, 132.
— (Constance de), 129, 131.
— (Esquivat de), 32, 34, 35, 129, 131, 132.
— (Mathe de), 34, 35, 42.
— (procès de), 68.
— (sénéchal de), 78.
Bilsère, 58.

11

Biterrois, *(Bederies)*, 24.
Blanche de Castille (reine), 30.
— de Foix, 44, 66, 134, 139.
—, reine de Navarre, 76, 143, 144.
Blanquefort, 69.
Blois (Etienne de), 14.
Bohème, 74.
— (roi de), 79, 154.
Bolp (*Volp*), 85, 95.
Bompas, 14, 87, 112.
Bonet (Honorat), 59, 121, 130.
Boniface VIII, 90, 93, 121.
Bonnac, 88, 116.
Bonrepaux, 60, 137.
Bordeaux, 41, 53, 58, 67, 73, 83, 136.
— (archevêque de), 154.
Bordelais, 72, 73.
Bordère, 74.
Bordères (Guillaume de), 75.
Bordes-sur-Arize (les), 88, 115.
Borg, 67, 140.
Borgas, 15.
Born (place de) à Barcelone, 77.
Borreil (roi), 9, 33.
Borso, duc de Ferrare, 148.
Bouan, 87, 109.
Bouet (port de), 95, 98.
Bouillon (Godefroy de), 14, 15, 21, 29, 121, 122, 123.
Boulastet, 114.
Boulbonne (abbaye de), (*Borbonna*), 12, 21, 44, 51, 97, 101, 135.
— (abbé de), 26, 27, 29, 98, 115, 128.
— (bois de), 11, 124.
— (château de), 19.
— (Pierre de), 127.
— (plaine de), 12.
— (territoire de), 103.
Bourbon (le bâtard de), 72.
— (duc de), 63, 73, 76, 81, 83.
Bourg-de-Bigorre, 67.
Bourges, 22, 30, 84.
— (archevêque de), 125.
— (Arpin de), 15.
Bourgogne, 7, 83, 84, 140.

Bourgogne (duc de), 68, 81, 141.
Bourguignons, 68.
Brassac, 86, 106, 107.
Bretagne, 4, 83, 84, 149, 154.
— (Anne de), 154.
— (duc de), 81, 83, 149, 150, 151, 154.
— (duchesse de), 149, 154, 155.
Brétigny (traité de), 53.
Brézé (Pierre de), 80.
Brice (saint), (*Bres*), 2.
Bridoré, 74.
Brie, 52, 88, 116, 136.
Brisetête (Simon), sénéchal de Toulouse, 27, 38, 128.
Brocareilh, 88, 114.
Brouzenac, 88, 114.
Bruniquel (vicomte de), 137.
Brunissende de Cardonne, 29, 31, 128, 129.
— de Castelbon, 29, 126, 128.
— de Foix, 42, 65, 133.
Bruyante (la), 99.
Buch (Captal de), 44, 64, 65, 66, 74, 134, 139, 154, *voir* Grailly.
— (Captalat de), 72, 84.
Bugnas, 88, 114.
Burchard, 153.
Burges, 86, 106, 107.

C

Cabannes (les), 14, 16, 20, 49, 87, 97, 102, 109, 112.
Cabaret (*Cabers*), 27.
Cabers (*Cabaret*), 27.
Cadarcet, 20, 85, 86, 95, 106, 124.
Cadilhac, 74.
Cadirac, 14, 86, 106, 121.
Cahors, 8.
Calabre, 15.
Calais, 46, 47, 135.
— (siège de), 46.
Calamés (Pierre de) *(Colmieu)*, 26, 127.

Calatrava (maître de), 77.
Calers, 85, 95, 99.
Calixte I, pape, 5.
Calmont, 47, 85, 89, 93, 95, 104, 117, 135.
Calzan, 102.
Camarade, 88, 113, 115.
— (châtellenie de), 88, 115.
Camisels, 114.
Campagne, 58, 88, 115.
— (seigneur de), 57.
— (Simiel de), 58.
Campan, 78.
Campo de Flor, 152.
Campredon, 14, 121.
Candale (comte de), 74, 154.
Canté, 88, 116.
Capendu, 16, 27.
Capet (Hugues), 7.
Capoulet, 87, 111.
— Junac, 111.
Capsir, 22, 118.
Captal, Captalat de Buch, voir Buch (Captal et Captalat de).
Caraybat, 86, 106.
Carbonne, 47, 95, 97.
Carcarès, 50.
Carcassais, 27.
Carcassonne, 7, 8, 9, 10 12, 13, 16, 23, 27, 37, 53, 71, 119, 120, 122, 127, 136.
— (comtes de), 11, 18, 89, 91, 92, 119, 121, 123, 124, 125, 126.
— (évêque de), 26.
— (héritage de), 126, 128.
— (maison de), 101.
— (pays de), 27, 126.
— (sénéchal de), 38, 84, 128.
— (sénéchaussée de), 44, 103, 134.
Cardonne, 56, 57.
— (Brunissende de), 29, 31, 128, 129.
— (comte de), 137.
— (Raymond de), 28.
— (vicomte de), 28, 128.
Caribert, 6.

Carillo (cardinal), 69.
Carla (le), 88, 115.
— (châtellenie du), 88, 115.
Carlaret (le), 102, 103.
Carlos (don), voir (Viane prince de).
Carors (Jean) (Carillo), 69.
Carpe, 148.
Carpentras, 152.
Carpidor, 87, 113.
Carrière (Jean), 141.
Carsy, voir Crécy.
Cartaynes, 31, 129.
Carthage, 129.
Casaubon (Géraud de), 37.
Cassagnabère, 73.
Casse d'Eletpuilador (le), 85.
Castel (Gassion del), 137.
Castelbajac, 57, 58.
Castelbon, 77.
— (Arnaud de), 24.
— (Brunissende de), 29, 126, 128.
— (Ermessinde et Isabelle de), voir ces noms.
— Jean et Mathieu, (vicomtes de), voir Jean et Mathieu, comtes de Foix.
— (Roger-Bernard I, vicomte de), 57, 63, 66 138.
— (Roger-Bernard II), — 66.
— (vicomté de), 77.
— (vicomtes de), 44, 63, 66, 67, 134, 137, 138, 140.
— (vicomtesse de) 65.
Casteljaloux, 58.
Castelnau (Gayssiot de), 58.
— (seigneur de), 58, 59, 137.
— Durban, 103, 114.
— de-Rivière, 40.
— Magnoac, 49.
— Rivière-Basse, 40.
Castelnaudary, 97, 98, 99.
Castel-Peneni, 9, 11, 16, 120.
— Vieil-de-Roanès, 34, 35, 63, 64, 131, 138, 139, 141.
Castelsarrasin, 49.
Castéras, 102, 103.
Castex, 88, 115.

Castille, 133, 132, 144, 151.
— (amiral de), 144.
— Alphonse II. (roi de), 51.
— (Blanche de), 30.
— (Henri IV, roi de), 144.
— (reine de), 76.
Castillon (bataille de), 74.
— (vicomte de), 65, 139.
— de-Farfania, 64, 141.
— -sur-Dordogne, 65.
Castres, 8.
Catalans, 41, 138.
Catalogne, 8, 11, 21, 33, 41, 42, 57, 63, 64, 71, 76, 77, 90, 98, 130, 138.
Catherine d'Astarac, 75.
— de Foix, voir le nom suivant.
— de Navarre, 83, 145, 147, 151, 154, 155.
Caucolibrium (Collioure), 8.
Caujac, 85, 96.
Caussade, 50.
Causse, 14, 18.
Caussioda, 50.
Caussou, 87, 108, 109.
Cavastelhas, 88, 114.
Cayrolgasc, 87, 113.
Cayssac, 87, 108.
Cazaubon, 58.
Cazeaux, 102, 103.
Cazenave, 87, 112.
Cazères, 60, 100, 101.
Cécile de Béziers, 19, 21, 124, 125.
— de Foix, 28, 128.
Celles, 96, 99, 102.
Centule IV, comte d'Astarac, 56.
Cerdagne, 24, 98, 117.
Chalabre, 28, 98.
Charlemagne, 7, 8, 9, 33, 119, 120.
Charles V, 7.
— VI, 7, 62, 65.
— VII, 7, 69, 71, 76, 79, 83, 84, 94, 145.
— VIII, 146, 154.
— le-Mauvais, 52, 53, 140.
— III le-Noble, 66, 143.
— le-Simple, 7.

Charles d'Anjou, 30, 41.
— d'Anjou, comte du Maine, 83.
— d'Armagnac, 71, 76.
— duc d'Orléans, 146.
Charles (l'Empereur), 7.
— Martel, 6, 32, 130.
— de Valois, 39, 41.
— de Viane, voir (Viane, prince de).
Château-Narbonnais, 60.
— -Verdun (Castel-Berdu), 49, 87, 109, 110.
— (châtellenie de), 87, 109.
— (Pierre-Arnaud de), 49.
— (seigneur de), 48.
Châtelet, 53.
Chercorb ou Chercorbais, 28.
Childebert I, 6.
— II, 6.
Childéric I, 6.
— II, 6.
— III, 6.
Chilpéric II, 6.
— III, 6.
Chimène, (Eissemena), 16, 18, 19, 124.
Chinon, 84.
Chypre, 21.
Cintegabelle, 12, 19, 93, 95, 96, 98, 99.
Citeaux (ordre de), 18, 116, 123.
Clément (saint), 6.
— V, pape, 56.
Clermont, 88, 98, 101, 115.
— (Jean de Bourbon, comte de), 73, 76.
— (Raoul de), 39.
Clodion, 6.
Clodomir, 6.
Clotaire I, 121.
— II, 6.
— III, 6.
— IV, 6.
Clovis I, 3, 6.
— II, 6.
— III, 6.
Cluny (Hugues de), 15.
Coarraze, 48.

Coarraze (seigneur de), 48, 49.
Cocoliberum *(Collioure)*, 8.
Cocolibourna *(Collioure)*, 8.
Cohardon (Guillaume de), 38.
Collioure *(Cocolibourna)*, 8.
Colmieu (Pierre de) *(Colmieu)*, 26, 127.
Cologne, 67.
Colonna, 152.
Combelongue, 96, 98.
— (abbaye de), 115.
— (abbé de), 26, 27, 29, 128.
— (étang de), 85.
— (Jean de), 26, 127.
Comminges, 16, 24, 56, 70, 76, 101, 133, 150.
— (Bernard de), 22, 125, 127, 134.
— (comtes de), 43, 57, 65, 70, 92, 126, 134, 137, 155.
— (comté de), 73, 93.
— (Éléonore de), 45, 51, 135, 136, 137, 155.
— (pays de), 22.
— (Pierre-Raymond de), 70.
— (Roger de), 32, 125, 127, 134.
Compostelle (Saint-Jacques-de), 67, 140.
Comtat Venaissin, 68, 141.
Condom, 57, 58.
Constance de Béarn, 34, 131.
— de Bigorre, 129, 131.
— de Foix, 42, 133.
Constantinople, 28.
Corbeyran de Foix, 52, 136.
Cordoue *(Cordoba)*, 9.
Corneille, 16.
Cos, 86, 106, 121.
Cosme (saint), 150.
Couronne (la), 3. *(Corogna* ou *Corgna)*.
Couserans, 11, 16, 76, 96, 98, 100, 101, 104, 115, 120.
— (diocèse de), 92, 93, 102.
— (évêques de), 26, 27, 121, 127, 147.
— (vicomtes de), 32, 57, 85, 98, 129, 137.

Coussa, 102.
Coutras, 65.
Crampagna, 88, 117.
Crécy, 46, 135.
Croquier, 87, 112.
Curto, 58.

D

Dagobert I, 5, 6.
— II, 6.
Dalmazanais, 11, 120.
Dalou, 102.
Damas, 21, 31, 129.
— (soudan de), 125.
Damien (saint), 150.
Damiette, 15, 30, 121.
Daudon (sire de) *(d'Audou)*, 89.
Daumazan, 85, 88, 94, 96, 115.
Dauphin (le), fils de Charles VII, 71.
Dauphine de Vienne (la), duchesse de Normandie, 52, 136.
Dauphiné (gouverneur de) 146.
David, 8.
Dax (diocèse de), 39.
— (siège de), 69, 70.
— (ville de), 47, 69, 71, 73, 78.
Démètes (roi des), 4.
Dominique (saint) *(Douménge)*, 22.
Donesan, 22, 96, 99, 104, 125.
Douctouyre, 101.
Doumy (seigneur de), 48, 49.
Dragon (enseigne du), 67.
Duguesclin, 66.
Dun, 16.
Dunois (comte de), 72, 80, 84.
Durban, 88, 114.
Durfort, 88, 116.
— (Bernard de), 50.
— de Saverdun — 49.
Dusserre, 68, 144.

E

Edouard III, 46.
Eglisottes, 65.
Eissemène, *voir* Chimène.
Eléonore de Comminges, 45, 51, 135, 136, 137, 155.
— de Navarre, 69, 77, 83, 134, 144, 145, 150, 151, 153, 154, 155.
Eletpuilador, 85, 96, 100.
Elie de Périgord, 42, 65.
Elne, 8.
Empurias, *voir* Ampurias.
Enric, *voir* Henri.
Enriquez (Jeanne), 144.
Eret (port d'), 96, 97.
Ermengarde, vicomtesse de Béziers, 16, 91, 92, 122.
— de Narbonne, 28, 31, 36, 129, 132.
Ermessinde de Castelbon, 24.
Ernault Guillaume, 61.
Ers (l'), *voir* Hers (l').
Esclarmonde de Foix, femme de Bernard d'Alion, 23.
—, reine de Majorque, 23, 27, 126.
—, femme de Raymond de Cardonne, 28, 128.
Escosse, 88, 117.
Espagne, 3, 8, 13, 71, 76, 78, 90, 95.
— (Arnaud d'), 32, 129.
— (rois d'), 51, 135.
Esplas-de-Saverdun, 114, 116.
Esplas-de-Sérou, 94, 103.
Esquivat de Bigorre, 32, 34, 35, 129, 131, 132.
Estarac, *voir* Astarac.
Estiers (château des), 20.
Estifane, 18, 123,
Estremas Aigas, (*Tramesaigues*), 85, 96, 100.
Estrique (vallée de l'), 103.
Etampes (vicomte d'), 146.
Etienne Aragonois, prétendu évêque de Pamiers, 90.
— de Blois, 14.

Etiennette, comtesse de Foix, 18.
Eu (comte d'), 83.
Eudes, 7.
Eugène IV, pape, 68.
Eustache, 14.
— de Beaumarchais, 37, 38, 132.
Eustochius (saint), 2.
Evols, 22.
Evreux (Philippe d'), 52.
Exiculador, 96.

F

Fabre, 47.
Fadrique, 144.
Fage (port de la), 86, 96.
Faget (Pey), 50.
Faixas (Rondel de), 48, 49.
Falga (seigneur de), 57, 58.
Fanjeaux, 12.
Farfania (Castillon-de), 64, 141.
Fastingas, 71.
Faudoas (seigneur de), 48, 49, 137.
Faux, 114.
Felinus Sandei, 148.
Fenolas (*Fenouillède*), 24.
Fenouillède, 24.
Ferrand de Naples, *voir* Ferdinand, roi de Naples.
Ferdinand-le-Catholique, 144, 150, 155.
— le Juste, roi d'Aragon, 64, 67, 141, 143.
—, roi de Naples, 151, 153.
Fermont (*Pharamond*), 6.
Ferrare, 149, 152.
— (duc de), 148.
— (université de), 148.
Ferrières, 10, 14, 86, 106.
Ferriol (Guillaume), 58, 59.
Ferriol (saint), 122.
Ferrys (les), 114.
Feyt-d'Avant (lo), 114.
Fezensac (seigneur de), 57, 137.

Fezensaguet, 56, 58.
— (comte de), 58, 137.
Fimarcon, 58.
— (seigneur de), 57, 137.
Fitas (las), 88.
Fizas (las), 116.
Flamands, 43.
Flandre, 14, 39, 40, 43, 44, 52, 122, 132, 134.
— (Robert II, comte de), 14.
— (III, —), 39, 122, 133.
Florac, 87, 111,
Foix (abbaye de), 4.
— (abbé de), 26, 27, 59, 115, 127.
— Agnès, Blanche, Catherine, Cécile, Constance, Corbeyran, Esclarmonde, Etiennette, François, Gaston, Germaine, Isabelle, Jacques, Jean, Jeanne, Loup, Marie, Marguerite, Mathieu, Odet, Pierre, Robert, Roger, Roger-Bernard de, *voir à leur ordre alphabétique chacun de ces prénoms, qui est suivi du nom de voix.*
— (armes de), 132.
— (cardinal de), *voir* Pierre, (cardinal de).
— (cartulaire de), 127.
— (château de), 10, 11, 13, 27, 38, 39, 43, 47, 51, 52, 59, 61, 62, 69, 92, 120, 121, 122, 127, 133, 136, 137, 141.
— (châtellenie de), 86, 106.
— (collège de) à Toulouse, 68, 146, 147.
— (comtés de), 2, 7, 9, 15, 18, 22, 23, 24, 25, 26, 27, 28, 30, 31, 32, 34, 35, 36, 37, 38, 39, 40, 41, 42, 43, 44, 45, 47, 48, 50, 51, 52, 53, 56, 57, 59, 60, 61, 62, 63, 64, 65, 66, 67, 68, 69, 70, 72, 74, 75, 76, 77, 78, 79, 80, 82, 83, 84, 85, 86, 87, 89, 90, 92, 95, 98, 103, 104, 113, 114, 118, 119, 121, 124, 125, 126, 127, 128, 129, 131, 138, 140, 142, 144, 154, 155.

Foix (comté de), 1, 28, 37, 38, 44, 48, 53, 62, 65, 67, 68, 71, 75, 83, 84, 85, 86, 87, 91, 93, 94, 97, 98, 100, 101, 102, 105, 115, 116, 117, 122, 134, 155.
— (consulat de), 106.
Foix (église de), 3, 4, 17, 121.
— (Etats de), 52.
— (fours de), 124.
— (Gaston, comte de), *voir* Gaston I, II, III Phœbus, IV.
— (maison de), 35, 62, 63, 65, 68, 73, 78, 84, 126, 143, 144.
— (pays de), 38, 53, 59, 85, 92, 93, 94, 95, 98, 99, 100, 101, 102, 104, 108, 109, 150.
— (pont de), 20, 75, 124.
— (protonotaire de), 148.
— (saint Volusien de), *voir* Volusien (saint).
— (succession de), 151.
— (ville de), 1, 3, 4, 9, 10, 17, 20, 23, 33, 34, 35, 47, 49, 52, 62, 73, 75, 78, 83, 84, 85, 89, 93, 94, 96, 98, 99, 100, 102, 106, 113, 117, 120, 123, 126, 127, 144, 152.
Foix-Candale, 74, 154.
— -Castelbon, *voir* Castelbon.
— -Lautrec, 74, 75, 155.
Foixiens, 9, 113, 100, 119, 120.
Fons, 88.
Font Comtal, 20.
Fontargente (port de), 85, 95, 96.
Fontevrault, 29.
Fontia, 16, 27.
Fontiès-d'Aude, 16.
Fornels, 88.
Fornex, 115.
Fornoue, 146.
Fors de Béarn, 33.
Fortie de Santarailhe, 58, 137.
Fossat (le), 11, 88, 97, 102, 115, 116.
Foulque, évêque de Toulouse, 26, 126, 127.
Fourouil, abbé de Foix, 59.
Français, 73, 74, 139.

France, 25, 34, 36, 37, 39, 43, 44, 45, 46, 52, 53, 62, 67, 68, 70, 71. 74, 77, 78, 79, 94, 128, 134, 135, 136, 140, 141, 145, 146, 150, 153.
— (chancelier de), 80.
— (connétable de), 39, 139.
— (cour de), 71.
— (couronne de), 36, 53, 90, 96.
— (Jean, roi de), 7, 52, 53, 136.
— (Madeleine de), 79, 83, 145, 150, 151.
— (pairs de), 83, 84, 120.
— (reines de), 82. 154, 155.
— (rois de), 1, 5, 6, 7, 24, 26, 27, 28, 31, 32, 37, 38, 39, 41, 43, 46, 47, 48, 53, 54, 56, 62, 65, 69, 73, 74, 77, 78, 79, 80, 83, 84, 89, 92, 95, 100, 103, 119, 120, 121, 122, 126, 127, 128, 129, 130, 131, 136, 142, 148.
— (royaume de), 2, 3, 129.
— (seigneurs de), 83, 84.
François II, duc de Bretagne, 149, 154.
— Phœbus, 62, 83, 145, 150, 155.
— Sforza, 147.
Frédélas, 16, 18, 89, 123.
Freychenet, 87, 113.
— et-Gabachou, 113.
Fuxéens, *voir* Foixiens.

G

Gabarret, 40, 47, 50.
Gabre, 47, 103.
Gailhac-Toulza, 95.
Gaillard de Preixac, 49.
Gaillardet, 74.
Galan, 58.
Galasteich, 88.
Galice (Saint-Jacques de), 67, 140.
Galles (pays de), 4.
— (prince de) 53, 136.

Ganac, 17, 20, 86, 106, 122.
Garanou, 14, 87, 108, 109.
Gariac, 20. 86, 106, 107.
Garonne, 6, 11, 25, 61, 70, 95, 100, 101, 126.
Garrabet, 87, 112.
Garritz, 78.
Garsende, 13.
— de Moncade, 36.
Gascogne, 32, 39, 56, 58, 69, 70, 96, 130, 142.
— (duché de) 53, 136.
Gascons, 33.
Gassion del Castel, 137.
Gaston de Grailly, captal de Buch, fils du comte de Foix Archambaud, 65, 74, 140.
—, captal de Buch, comte de Candale, 154.
—, fils de Gaston Phœbus, 138.
— prince de Viane, fils de Gaston IV, 83, 149, 155.
— VII de Moncade, vicomte de Béarn, 31, 32, 33, 34.
— VIII —, 34, 35, 36, 37, 129, 130, 131, 132.
— de Foix, fils de Jean de Narbonne, 144, 154, 155.
— Ier, comte de Foix, 31, 40, 41, 42, 43, 44, 57, 63, 133, 134.
— II, comte de Foix, 44, 45, 46, 47, 51, 65, 66, 72, 134, 135.
— III, Phœbus, comte de Foix, 46, 51, 52, 53, 54, 56, 59, 60, 61, 62, 63, 65, 66, 151.
— IV, comte de Foix, 56, 60, 62, 68, 69, 71, 72, 74, 76, 77, 78, 79, 80, 83, 84, 95, 142, 145, 147, 150, 153, 154, 155.
— de Lévis, seigneur de Léran, 49.
— Phœbus, *voir* Gaston III, comte de Foix.
Gatien, 2.
Gaudiès, 102.
Gaule, 5.
Gauli (Guiraud de) 137.
Gavardan, 40, 47.

Gavardan (vicomté de), 132.
Gaya Armanhaguesa, voir Béatrix d'Armagnac.
Gayssiot de Castelnau, 58.
Geaune, 58.
Génat, 87, 111.
Géraud V, comte d'Armagnac, 37.
— de Casaubon, seigneur de Sompuy, 37.
— de Vienne, 8.
Géraude de Navailles, 63, 138.
Germaine de Foix, 146, 155.
Gérone, 8, 9, 41.
— Pierre (évêque de), 11, 12, 53, 92, 120.
Gestiés, 87, 110, 111.
Ginabat, 86, 106.
Gisors, 38, 131, 132.
Gispoy, 40.
Godefroy de Bazillac, 147.
— de Bouillon, 14, 15, 21, 29, 121, 122, 123.
Gontran, 6.
Goths, 2, 3, 121.
Goulier, 87, 110.
— Olbier, 110.
Gourbit, 87, 110.
Grâce (la), 8, 12, 127.
— Bernard (abbé de la), 26, 127.
— Pierre (abbé de la), 120.
Grailly, captal de Buch, comte de Foix, (Archambaud de), 63, 64, 65, 66, 74, 139, 140, 146.
—, captal de Buch, (Jean II de), 44, 66, 134.
—, captal de Buch, (Jean III de), 66.
—, captal de Buch, comte de Foix, (Jean de), voir Jean I.
—, captal de Buch, fils d'Archambaud, (Gaston de), 65, 74, 140.
—, captal de Buch, comte de Candale (Gaston de), 154.
—, comte de Foix (Gaston de), voir Gaston IV.
—, captal de Buch (Pierre II de), 65, 66, 139.

Grailly (maison de), 65, 66.
— (seigneurs de), 65, 66.
Grammont (Azémar de), 50.
Grégoire III, pape, 32, 130.
— (saint), 121.
Grenade, 51, 134, 135.
— (roi de), 46.
Grenade-sur-Adour, 50.
Gudanes, 109.
Gudas, 102.
Guéra (de), 72.
Guiche (Guissen), 72.
Guignolas, 88, 115.
Guillaume, comtesse d'Armagnac, 43.
Guillaume (saint), 22.
—, abbé de Foix, 28, 127.
—, évêque de Tournay, 26, 127.
— Ferriol, 58, 59.
— Raymond, 51, 135.
— Raymond de Moncade, 34.
— Unaut de Roquefort, 49, 50.
— Vaquier, 50.
— d'Angleterre, 14.
— d'Arnave, 29.
— de Bordères, 75.
— de Cohardon, 38.
— de Lévis, 28, 86, 127.
— de Moncade, 33, 34, 136.
— de Montferrat, 146.
— de Narbonne, 67.
— IV, comte de Toulouse, 12, 146.
Guiraud d'Aure, 51, 135.
— de Gauli, 137.
Gunat (seigneur de), 58.
Guy, roi de Jérusalem, 21, 125, 128.
— de Lévis, 23, 26, 28, 97, 101.
Guyenne, 5, 39, 40, 47, 51, 69, 70, 73, 130.
— (duc de), 39, 145, 149.
— (duché de), 53, 132, 136, 139.
— (gouverneur de), 146, 155.

H

Hagetmau, 40.
Hastingues, 71.
Hauterive, 60.
Henri VII, empereur, 22.
—, roi d'Angleterre, 21.
— IV, roi de Castille, 144.
— I, roi de France, 7, 20.
Hercule, 146.
Herm (l'), 49, 86, 106.
Hermengarde, *voir* Ermengarde.
Hers (l'), 12, 95, 97, 98, 99, 100, 103. 108.
— (vallée de l'), 101.
Hollande (comte de), 14, 122.
Hongrie (capitaine de), 30, 129.
— (reine de), 154, 155.
— (rois de), 79, 80, 81, 82, 83, 154.
Hongrois, 80, 81, 83.
Honorat Bonet, 59, 121, 130.
Hopital de Sainte-Suzanne, 107.
Hospitalet (l'), 87, 107.
Hougue (la), 46.
Huesca, 24.
Hugues, pape, 5.
Hugues-Capet, 7.
— le-Grand, 14.
— de Cluny, 15.

I

Ignaux, 87, 107.
Ilhe (la), 48.
Ilherda (*Lérida*), 8.
Ilhier, 87, 110.
— Laramade, 110.
Innocent III, pape, 24.
— VIII, pape, 151.
Insemat, 117.
Irlande, 8.

Isabelle d'Armagnac, 76.
— de Foix-Castelbon, 64, 65, 66, 137, 139, 140.
—, fille du roi de Majorque, 52.
Isarn de Mirepoix, 23.
Isle (l'), 48.
— (Bertrand de l'), 48.
— (comte de l'), 64, 136.
— (Jourdain de l'), 42, 56, 136.
— (seigneur de l'), 48.
— en-Dodon, 70.
— en-Jourdain, 49, 56, 58, 64, 71.
Issards (les), 102.
Issoire, 141.
Italie, 146, 147, 152, 153.

J

Jacobins de Paris, 44, 134.
Jacomars (*les Jacques*), 52, 136.
Jacques (les), 52.
Jacques-de-Compostelle (Saint-), 67.
Jacques, infant d'Aragon, roi de Majorque, 23.
— I, roi d'Aragon, 34, 37, 41, 131.
— II, comte d'Urgel, 69.
— de Foix, comte de Montfort, 153.
Jarnat, 87, 112.
Jean, pape, 6.
— XXII, —, 93.
— Carrière, 141.
— Colonna, 152.
— Lamenta, 7.
— Valette, 68, 141.
— d'Albret, 83, 147, 155.
— duc d'Alençon, 76, 83, 86.
— I, roi d'Aragon, 63, 64, 138, 139.
— II, roi d'Aragon, *voir plus bas* Jean II, roi d'Aragon et de Navarre.
— V, comte d'Armagnac, 57, 69, 75, 76, 84, 137, 154.
— de Barguies, 67,

Jean de Bourbon, comte de Clermont, 76.
—, abbé de Combelongue, 26, 127.
— de Foix-Candale, 74, 154.
— de Foix-Lautrec, 75, 155.
— Ier, comte de Foix, captal de Buch, 60, 64, 65, 66, 67, 68, 69, 87, 140, 142, 146.
— de Foix, vicomte de Narbonne, 83, 146, 151, 155.
— de Grailly, voir Jean Ier, comte de Foix.
— II de Grailly, 44, 134.
— III de Grailly, 66.
— de Labarte, 137.
— de Lanta, 58.
— de Lassalte, 147.
— de Lévis, 42, 133.
— II, roi de Navarre et d'Aragon, 66, 67, 76, 77, 143, 144, 145, 151.
— le-Bon, 7, 52, 53, 136.
— de Vienne, 63.
Jeanne (papesse), 6.
— Enriquez, 144.
— d'Albret, femme de Jean Ier, comte de Foix, 68, 69, 141, 142.
— d'Angleterre, 29.
—, infante d'Aragon, 63, 69, 138.
— d'Artois, 40, 42, 44, 45, 133, 134, 139.
— de Foix, 42, 154.
— de Naples, 151.
— de Navarre, 66, 135, 138.
Jérôme (saint), 4.
Jérusalem, 14, 15, 17, 21, 30, 31, 34, 47, 121, 123, 128, 131.
— Guy (roi de), 125, 128.
Joachim Rouault, 76.
Jonas Orgas de Alamanha, 61.
Jourdain de l'Isle, 42, 56, 136.
Juifs, 8, 45, 46.
Jules César, 146.
Julie (sainte), 3.
Julienne (sainte), 3.
Junac, 81, 111.
Juniac (seigneur de) 137.
Justiniac, 88.

K

Kœnigsberg, 52.

L

Labarre, voir Barre (la).
Labarrière (seigneur de), 58.
Labarthe, 58.
— (Jean de), 137.
Labastide, voir Bastide (la).
Labat, 87, 113.
Labatut, 88, 116.
Labort, 71.
Labourd, 71, 72.
Labourdains (les), 72.
Labrit (Albret), voir Albret.
Laburat, 87, 111.
Lacdovès (Lodève), 8.
Ladislas, roi de Hongrie, 79, 83, 154.
Lagrâce, voir Grâce (la).
Laguerre (Raymond de), 67.
Lahonce, 48.
Lairac, 16.
Lalouvière, 85, 97.
Lambert de Latour, 26, 127.
— de Turey, 27.
Lamenta (Jean), 7.
Landorde (Ratier et Raton de), 60, 137.
Landorre, 60.
Landorthe, 60.
Langlade, 87, 113.
Langon (baron de), 154.
Languedoc, 22, 26, 40, 45, 47, 53, 68, 72, 92, 93, 95, 96, 97, 99, 100, 101, 102, 103, 104, 141.
— (gouvernement de), 61, 138.
— (gouverneur de), 68, 141.
Lannemezan, 50, 135.
Lanoux, 102, 103.
Lanta (Bertrand de), 137.

Lanta (Jean de), 58.
— (seigneur de), 57.
Lapège, 112.
Lapujade, 87, 111.
Lara (Pierre de), 24.
Laramade, 110, 111.
Larbont, 95, 102, 103, 113.
Larcat, 87, 109.
Larif, 7.
Larilha (port de), 97.
Larnat, 87, 109, 112.
Laroque, 48, 49.
— (Pierre de), 49.
— -Magnoac, 49.
— -d'Olmes, 49.
Las Fittes, 114.
Las Fizas, 88.
Las Rives, 88.
Lasada, 43.
Lassalle (Jean de), 147.
Lasserade, 43.
Lassur, 87, 108, 109.
Lastours, 27.
Latour, 47, 97.
— (Lambert de), 26, 127.
Latran, 5, 6.
Latrau (syndic de), 58, 137.
Launac, 56, 57, 58, 59, 135, 137.
Laurac, 12, 13.
Lauraguais, 12, 85, 95, 97, 98.
Lautrec (Jean de Foix-), 75, 155.
— (Pierre de —), 74, 75.
— (vicomté de), 51, 135, 147, 155.
Lavallette, 27.
Lavardac, 57.
Lavaur, 71, 93, 134.
— (Robert de Foix, évêque de), 44, 134.
Lavelanet, 47, 95, 97, 99.
Lavoix, 20.
Lectoure, 58, 75, 76.
Léon IV, pape, 6.
Léon (royaume de), 133.
Léonor, voir Eléonore.
Léopold d'Autriche, 22.
Léran, 49.
— (seigneur de), 49.

Lercoul, 87, 110, 111, 112.
Léreyo, 97.
Lérida, 8, 64.
Lérilha (port de), 85.
Lers, voir Hers (l').
Lescar, 144, 150, 154.
Lescousse, 102, 103.
Lescun (seigneur de), 48.
Lescure, 100.
Létou, 99.
Lévis, 47, 58.
— (Gaston de), seigneur de Léran, 49.
— (Guillaume de), 23, 86, 127.
— (Guy de), 23, 26, 28, 97, 101.
— (Jean de), 42, 133.
— (maréchal de), 27.
Leychert, 102.
Lézat, 16, 85, 86, 88, 95, 97, 99, 116.
— abbaye, 5, 6.
— (abbé de), 29, 115, 128.
— (saint Antoine de), 16, 122.
Lèze (la), 11, 86, 95, 97, 99, 101, 103.
Lézignan, 25.
Libourne, 65, 145.
Lidoire (saint), 2.
Lifoga, 46.
Lillebonne, 46.
Limoges, 22.
Limoux, 27, 28, 98.
Lissac, 88, 116.
Loches, 74.
Lodève (Lacdovès), 8.
Lo Feyt-d'Avant, 88.
Lomagne, 58.
— (vicomte de), 70, 71.
Lombez, 49, 58, 67.
Londres, 53, 136.
Lore de Lorcat, 137.
Lordat, 16, 25, 87, 108, 109.
— (château de) 27, 38.
— (châtellenie de), 87, 108.
Lorraine, 14.
— (duc de), 121, 123.
Lothaire, 7, 9.
Loubaut, 85, 88, 94, 97, 115.

Loubens, 86, 106, 107,
Loubière, 86, 106, 107.
Louis I, le-Débonnaire, 7.
— II, le-Bègue, 7.
— III, 7.
— IV, 7.
— V, 7.
— VI, 7, 18.
— VII, 7, 20.
— VIII, 7, 26.
— IX, 7, 25, 26, 28, 29, 30, 34, 37, 40, 41, 54, 125, 126, 128, 129, 130.
— X, le-Hutin, 7, 44.
— XI, 83, 145, 146, 147.
— XII, 146, 149, 150, 154.
— XIV, 93, 94, 96.
— XVI, 105.
— (saint), *voir* Louis IX.
— de Sancerre, 65, 139.
— II, marquis de Saluces, 154.
Louise du Pont, 154.
Loumet, 89.
Loup de Foix, 23.
— (seigneur de Rabat), 44.
Lourdes (siège de), 67, 140.
Lucques (évêque de), 148.
Ludiès, 102.
Luna (Pierre de), 67, 69, 141,
Lupo Alto (de) *(Loubaut)*, 97.
Lussagnet (seigneur de) 137.
Luzenac, 87, 101, 109.
Lyon, 40.
— (bailli de), 76.

M

Mabec-Escahudin (le sultan), 30.
Madeleine de France, princesse de Viane, 79, 83, 145, 150, 151.
Madière, 102, 103.
Maguelonne, 8.
Mahomet, 55.
Maine (comte de), 83.

Majorque, 34, 131.
— (reine de), 128.
— (roi de), 23, 52, 118, 126.
Malahédin (le sultan), 128.
Malavesina *(Mauvezin)*, 49, 50.
Malec-Chiahudin (le sultan), 30.
Malec-el-Moadham-Turam-Schah (le sultan), 30.
Malhac (Mathieu de) *(Marly)*, 26, 27, 127.
Malléou, 102.
Manas, 48, 49.
— Bastanous, 49.
— (Sans Gaissia de), 48, 49.
Manaud d'Aure, 152.
— de Barbazan, 60, 137.
— de Sarravère, 50.
Marche (comte de la), 80.
Marciac, 49, 57.
Maréchal (terre du), 28.
Marestaing, 49.
— (Raymond de), 49.
Marguerite de Béarn, comtesse de Foix, 31, 33, 34, 35, 36, 42, 131, 132, 133.
— de Foix, duchesse de Bretagne, 149, 154, 155.
Marie, reine d'Aragon et de Sicile, 64.
— de Foix, marquise de Montferrat, 77, 146, 147, 153.
— de Navarre, 66, 140.
— d'Orléans, 146.
— vicomtesse de Béarn, 34.
Marly (Mathieu de) *(Malhac)*, 26, 27, 127.
Marmande, 25, 26.
Marquefave, 47, 85, 95, 97, 135.
Marsan, 35, 40, 50.
— (vicomté de), 34, 131, 132.
Marseilhas, 86, 106.
Marseille, 29.
Marsil (roi), 130.
Martel (Charles), 6, 32, 130.
Martin (saint) (église de) à Tours, 83.
— à Vernajoul, 11.
Martin IV, pape, 41.

Martin V, pape, 68, 141.
— roi d'Aragon, 63, 64, 66, 67, 68, 139, 140.
Martorelh, 34, 35, 63, 64, 131, 138, 141.
— (seigneur de), 131.
Mascaron, 90.
Mas-Cabardès, 25.
— -Garnier (le), 5.
— d'Aire (le), 40.
— d'Azil (le), 11, 47, 88, 95, 96, 97, 98, 100, 113, 114, 115.
— (abbaye du), 93, 113.
— (abbé du), 29.
Massat, 85, 98.
Mathe d'Astarac, 154.
— de Bigorre, 34, 35, 42.
Mathieu de Castelbon, comte de Foix, 57, 62, 63, 64, 65, 70, 138, 139, 140, 141.
— de Malhac, 26, 127.
— de Marly, 26, 27, 127.
— de Montmorency, 26.
Matran, roi de Narbonne, 9, 33.
Maubourguet, 40, 50.
Maubuisson (abbaye de), 44.
Mauléon, 33, 73.
— (seigneur de), 73.
— Soule, 71, 78.
Maupertuis, 53.
Maures (les), 34, 51, 134.
Mauvezin (*Malavesina*), 40, 47, 48, 49, 50, 58.
— (Auger de), 49, 50.
— de-Sainte-Croix, 103.
Mazères, 61, 62, 69, 85, 88, 89, 98, 101, 117, 141.
Meaux, 52.
Médacourbe, 95.
Médina-Cœli (duc de), 62, 154.
Mehun-sur-Yèvre, 84.
Melgueil, 19, 28.
Melun, 27.
Menaud, *voir* Manaud.
Mendoça (comte de), 67, 140.
Mengard, *voir* Ermengarde.
Mengos, 25.
Méras, 88, 115.

Mercadal de Pamiers, 42, 89, 132.
Mercus, 87, 112.
Mérens, 107.
— (châtellenie de), 87, 107.
Mérigon, 103.
Merlin l'enchanteur, 4.
Mérovée, 6.
Mesplède, 70.
Mesquin (Petit), 61.
Mets (roi des), 4.
Miélan, 49.
Miglos, 110, 112.
— (baronnie de), 87.
Milan (duc de), 147.
Milhamont, 43.
Milhas, 88, 114.
Milhau, 29.
Millemodiis (*Milhamont*), 43.
Mimort, 43.
Mingou, 25.
Miossens, 48.
— (seigneur de), 48, 49, 74.
— Bastanous, 49.
Miramont, 40.
— Sensacq, 40, 58.
Mirande, 43, 49, 56, 57, 75.
Miremont, 60, 137.
Mirepoix, 16, 28, 47, 49, 60.
— (château de), 23, 58, 125, 127.
— (diocèse de), 28, 86, 92, 93, 94, 96.
— (Isarn de), 23.
— (Pierre-Roger de), 23.
— (seigneurs de), 28, 42, 58, 60, 74, 92, 127, 133, 137, *voir* Lévis.
— (seigneurie de), 28, 86, 92, 97, 98, 99, 101, 102, 127.
Mixe (pays de), 78.
Modène, 148.
Molandier, 97, 98, 104.
Moncade, 21, 33, 34, 35, 36, 44, 63, 131, 138.
— (Garsende de), 36.
— (Gaston VII de), vicomte de Béarn, 31, 32, 33, 34.
— (Gaston VIII de), — 34, 35, 36, 37, 129, 130, 131, 132.
— (Guillaume de), 33, 34, 130.

Moncade (Guillaume-Raymond de), 34.
Moncaut (seigneur de), 58.
Monesple, 88, 102, 115.
Monférer, 47.
Monfores, 47.
Monlezun, 49.
— (comte de), 57, 58, 137.
— (Pierre-Arnaud de), 49.
— (seigneur de), 48.
Montagagne, 88, 114.
Montaillou, 86, 87, 98, 108.
— (châtellenie de), 87, 101, 108.
Montasels, 88, 114.
Montauban (Guiraud d'Aure, seigneur de), 54, 135.
Montaulieu, 50.
Montaut, 19, 60, 88, 101, 117, 137.
— (château de), 124.
— (seigneur de), 72.
— d'Alverni, 72.
— (Pierre de), 137.
Montcalm, 95.
Mont-de-Marsan, 40, 47, 50, 53, 57, 149.
Montégut, 48, 50, 102, 103.
— (Arnaud de), 48.
Montels, 95, 102, 103, 113.
Montesquieu-Volvestre, 47, 85, 86, 94, 95, 97, 98.
Montesquiou (Arsieu de), 37.
— (seigneur de), 57, 58.
— Lasse, 57.
Montfa, 88, 115.
Montferrat (maison de), 154.
— (Guillaume, marquis de), 146, 147, 153.
— (marquise de), Marie de Foix, 77, 146, 147, 153.
Montferrier, 47.
Montfort (Amaury de), 23, 26.
— (Jacques de Foix, comte de), 153.
— (comté de), en Bretagne, 153.
— (Simon de), 23, 24, 25, 26, 28, 125, 126, 127.
— en-Chalosse, 47.

Montgailhard, 27, 88, 113.
— (châtellenie de), 88, 113.
Montgauzy, 17, 25, 122.
Montgey, 25.
Montils-lès-Tours, 79.
Montlandier, 85, 49.
Montlaur, 86, 106, 49.
— (Azémar de), 50.
— (seigneur de), 48.
Montoulieu, 86, 106, 107.
Montpensier, 26.
Montréal, 16, 27, 38, 110.
Montserrat (Notre-Dame de), 77.
Morlaas, 35, 48, 149.
Moros, 54.
Moulins, 27, 127.
Muret, 12, 19, 25, 47, 60, 95, 96, 97, 98, 126.
— (château de), 126.

N

Nailloux, 47, 95.
Nancy, 74.
Naples (Ferdinand, roi de), 151, 153.
— (reine de), 146, 155.
— (roi de), 148, 151, 153.
— (royaume de), 151.
— (siège de), 155.
Narbonnais, 25, 140.
— (château), à Toulouse, 60, 137.
Narbonne, 7, 8, 13, 15, 33, 119, 130.
— (archevêque de), 26, 27, 127.
— (Aymeri de), 8, 9, 120.
— (— IV de) 31, 66, 67.
— (comte de), 120.
— (duc de), 9, 120.
— (duché de), 26.
— (Ermengarde de), 28, 31, 36, 129, 132.
— (Guillaume de), 67.
— Jean de Foix (vicomte de), 83, 146, 151, 155.

Narbonne (Matran de), 9, 33.
— (Mengard de), voir Ermengarde.
— (archevêque de), Pierre, 127.
— (roi de), Matran, 9, 33.
— (vicomtes de), 24, 66, 67, 83, 88, 140, 146, 151, 155.
— (vicomté), 72.
Narosse, 50.
Navailles (Géraude de), 63, 138.
— (seigneur de), 65.
Navarre, 67, 71, 76, 77, 78, 79, 83, 134, 143, 144, 145.
— (Agnès de), 51, 52, 53.
— (Blanche de), 76, 143, 144.
— (Catherine, reine de), voir Catherine de Foix.
— (Eléonore, infante de), voir Eléonore de Navarre.
— (Jacques de Foix, infant de), voir ce nom.
— (Jean, roi de), voir Jean, roi d'Aragon et de Navarre.
— (Jeanne, infante de), voir Jeanne de Navarre.
— (Marie, infante de), 66, 140.
— (prince de), voir Viane (prince de).
— (reines de), voir Catherine de Foix et Eléonore de Navarre.
— (rois de), 35, 51, 52, 53, 66, 77, 83, 89, 131, 132, 140, 143, 144, 145, 150.
— (royaume de), 83, 143, 144.
Nay, 48.
Nazaire (saint) (église de) à Foix, 4, 17, 120, 121.
Nébouzan, 32, 76.
Négreplisse (seigneur de), 137.
Nemours (duc de), 146.
Nérac, 57, 58.
Néron, 4, 120.
Nescus, 95, 102, 103, 113.
Nesles (Raoul de Clermont, seigneur de), 39.
Niaux, 87, 111, 112.
Nîmes, 8, 68.
Normandie, 46, 76, 135, 146.

Normandie (duc de), 14.
— (duchesse de), 52, 136.
— (Robert de), 14.
— (sénéchal de), 80.

O

Odet de Foix, 155.
Ole (docteur d'), 147.
Oloron, 48.
Orabalh (Orval), 78.
Orange (Oranitensis), 8,
— (prince d'), 68, 141.
Orcis, 2.
Orgeix, 87, 107.
Orléans, 30.
— (duc d'), 83, 146.
— (Marie d'), 146.
Orionde (reine), 9.
Orlu, 87, 107.
Ornolac, 87, 112.
Orthez, 48, 51, 53, 62, 63, 70, 131.
— (château d'), 62, 144.
— (couvent d'), 145.
Orus, 87, 110, 111.
Orval (vicomte d'), (Orabalh), 78.
Osserain-Rivareyte, 33.
Ostochi, 2.
Othe, 31.
Ourdenac, 86, 106, 107.
Ournac, 87, 111.

P

Pailhas, 57, 76.
— (comte de), 24, 56, 77, 127, 137.
— (comté de), 56, 85, 98.
— (Roger de), 127.
— (Valence-de-), 76.
Pailhès, 94, 102, 103, 104.

Palou, 77.
Pamiers, 3, 12, 16, 23, 42, 44, 47, 48, 49, 60, 68, 73, 88, 89, 90, 96, 97, 98, 99, 100, 102, 116, 117, 121, 132, 137, 141.
— (abbaye de), 18, 90, 93, 123.
— (armoiries de), 89.
— (banlieue de), 103.
— (château de), 18, 61.
— (diocèse de), 86, 92, 93. 94.
— (évêques de), 90, 103.
— (paréage de), 18, 92, 93, 103, 123.
— (présidial de), 104.
— (quartiers de), 89.
— (Saint-Antonin de), 18, 90, 122, 123.
Pampelune, 79, 147, 150.
Pardeilhan, 58.
— (seigneur de), 57.
Paréage de Pamiers, *voir* Pamiers (paréage de).
Paris, 19. 22, 26, 28, 31, 34, 51, 52, 53, 54, 64, 65, 66, 67, 69, 72, 86, 125, 129, 131, 136, 139, 141, 152, 155.
— (Jacobins de), 44.
— (Parlement de), 27, 39, 43, 68, 84, 128, 141, 155.
— (traité de) en 1229, 98.
Parpentir, 19.
Parthenay (seigneur de), 45.
Pas-de-la-Barre, 20, 37, 100.
Pas-de-las-Latras, 3.
Pascal II, pape, 18.
Pastoureaux (les), 30, 128.
Pau, 48, 49, 146, 154.
Paul (saint), 4.
— II, pape, 149.
Pavie, 146, 147, 149, 152.
Pech (le), 87, 109.
Penna (évêque de), 148.
Pépin, roi, 32, 130.
Périgord (Elie, comte de), 42, 65, 133.
— (Rosamburge de), 65, 66.
Perles, 10, 20, 87, 107.
— (château de), 124.

Perles-et-Castelet, 107.
Perpet (*Perpetuus*), 2.
Perpignan, 41, 64, 67, 71, 117, 141.
Pertusais, 24.
Petit Mesqui, 61.
Peyre, 40.
Peyrehorade, 71.
Pharamond (*Fermont*), 6.
Phœbus, *voir* François, Gaston.
— (Bâtard de Gaston), 62.
Philippe d'Artois, 41.
— I, roi de France, 7, 13, 14, 15, 16, 122.
— II, Auguste —, 7, 21, 26, 125.
— III, le Hardi —, 7, 29, 37, 38, 40, 41, 84, 85, 90, 92, 132.
— IV, le Bel —, 7, 38, 39, 40, 41, 43, 54, 56, 90, 93, 103, 133, 139.
— V, le Long —, 45, 46.
— VI —, 47, 50, 51, 96, 134, 135.
— de Brézé, 80.
—, femme d'Arnaud d'Espagne, 32, 129.
— femme de Raymond-Roger comte de Foix, 21, 24, 125, 126, 129.
— Albert, 77.
— d'Evreux, roi de Navarre, 52.
Picardie, 40, 46, 135.
Pie II, pape, 84.
Pierre (saint), 4, 120.
— II, roi d'Aragon, 22, 24, 25, 125, 126.
— III, —, 37, 41.
— abbé de Boulbonne, 127.
— archevêque de Narbonne, 26, 128.
—, cardinal de Foix, le jeune, 146, 147, 149, 150, 153, 154, 155.
—, —, le vieux, 65, 68, 140, 141, 146.
— évêque de Girone, 11, 12, 53, 92, 120.
— comte d'Ampurias et de Ribargorça, 42, 133.
— Bernard, 15.
— Faget, 50.

12

Pierre-Fite, 85, 98.
— Pertuse, 24.
— Raymond de Comminges, 70.
— Roger, 42.
— — de Mirepoix, 23.
— II de Grailly, 65, 66, 139.
— de Lara, 24.
— de Laroque, 49.
— de Lautrec, 74, 75.
— de Luna, 67, 69. 141.
— de Montlezun, 49.
— de Suberville, 147.
— de Villars, 38.
Pise, 148.
Place (quartier de la) à Pamiers, 89.
Plaigne, 86, 98.
Plaisance, 43.
Planissolles, 10.
Plantagenet, 29.
Plas-de-Sérou (*Esplas*), 88.
Podaguais, 11, 120.
Poitiers, 53.
— (Alphonse de), 29, 30.
Poitou, 45.
Pons de Villemur, 48, 50.
Pont (Louise du), 154.
— (seigneur du), 154.
Pont-l'Abbé (seigneur de), 154.
Pontenas, 58.
— (seigneur de), 58, 137.
Pontoise, 44, 134.
Port (col de), 99.
— de-la-Mer, 8.
— Vieil, 95, 98.
Portèil (col de), 85, 98.
Potamianais, 12.
Pouille, 15.
Prades, 86, 87, 98, 99, 108.
— (comte de), 77.
— d'Alion, 108.
— (châtellenie de), 101.
Pradières, 86, 107.
Prayols, 10, 86, 107.
Préchacq, 48.
Prêcheurs (frères), 22.
Preixac (Gaillard de), 49.
Preixan, 27.

Prémontrés, 96, 115.
Provence, 18, 25, 28, 125.
— (basse), 123.
— (marquis de), 120.
Prusse, 52, 66, 135, 136.
Puch-Pauli, 44, 64, 65, 134, 139.
Puch-de-Pelleport, 117.
Pujo-le-Plan, 50.
Pujols (les), 50, 102.
Puy (Amiel du), 17.
Puylaurens, 69.
Puymorens (port de), 84, 85, 96, 97, 198.
Puyvert, 86, 95, 96, 98, 99.
Pyrénées, 76, 94, 95, 97, 98, 99, 100, 101.

Q

Quérigut, 23, 99.
Quettehou, 46.
Quié, 87, 105, 112.
— (châtellenie de), 87, 110, 111, 112.

R

Rabastens, 57, 61, 138.
Rabat, 73, 87, 111, 112.
— (famille de), 73.
— (seigneurs de), 44, 52, 73, 136.
Rabenac, 59.
Ramefort, 73.
— (seigneur de), 73.
Raoul, roi de France, 7.
— de Clermont, 39.
Ratier de Landorde, 60.
Raton de —, 60, 137.
Ravenne, 146.
Raymond (saint), évêque de Balbastro, 17.

Raymond de Carcassonne et de Barcelone, 11, 12, 120.
— de Cardonne, 28.
— de Laguerre, 67.
— de Marestang, 49.
— de Toulouse, 5, 12, 13, 15, 24, 29, 126, 127.
— I, comte de Toulouse, 29.
— II, — 29.
— III, — 29, 30.
— IV, — 29, 30.
— V, — 30.
— VI, — 25.
— VII, — 24, 29.
— Béranger III, comte de Barcelone, 18, 19, 124.
— Roger, comte de Foix, 21, 22, 23, 24, 25, 124, 125, 126.
— Trencavel, vicomte de Béziers, 19, 23, 124, 125, 126.
Razès, 8, 86, 92, 95, 99.
Reffes, 42.
Reims, 147.
Renaud de Barbazan, 60.
Rengard, 120.
Réole (la), 39.
Revel, 57, 61.
Revolhedo, 78, 79.
Ribagorça, 42.
Richard-Cœur-de-Lion, 21, 22.
Richemont, 14, 115.
Rieutort, 85, 99, 100, 104.
Rieux, 147.
— (diocèse de), 92, 93, 94, 96, 102, 113.
— (jugerie de), 92, 102, 113.
— de-Pelleport, 88, 117.
Rimont, 96, 115.
Rivemale, 88, 114.
Rivemont, 14.
Rives (las), 117.
Rivière, 58.
— (Castelnau-de-), 40.
— (sénéchal de), 58, 137.
Roanès (Castel-Vieilh-de-), voir Castel-Vieilh-de-Roanès.
Robert, fondateur des Templiers, 19, 54, 123.

Robert I, comte d'Artois, 39, 41.
— II, — 38, 40, 41, 42, 132, 133.
— II, comte de Flandre, 14.
— III, — 39, 133.
— I, roi de France, 7, 10.
— de Foix, évêque de Lavaur, 44, 134.
— Guiscard, 15.
— de Normandie, 14.
Rodrigue de Villandrando, 68, 70.
Roffes, 42.
Roger, fils d'Aymeri de Narbonne, 9.
— d'Aspet, 58.
— I, comte de Carcassonne, 10, 11, 12, 13, 91, 92, 119, 120, 121.
— de Comminges, 32, 125, 127, 134.
— de Foix, 123.
— I, comte de Foix, 15, 17, 18, 92, 122, 123.
— II — 12, 15, 16, 17, 18, 28, 29, 91, 92, 123, 124.
— III — 15, 16, 18, 19, 20.
— IV — 23, 30, 31, 95.
Roger-Bernard I, vicomte de Castelbon, 44, 57, 63, 66, 134.
— II —, 63, 66, 137, 138.
Roger-Bernard I, comte de Foix, 16, 18, 19, 20, 21, 124.
— II le Grand — 21, 23, 24, 25, 29, 30, 126, 127, 128, 129.
— le Gros — 18, 19, 124, 125.
— le Preux —, 128, 129.
— III, — 31, 32, 33, 34, 35, 36, 37, 38, 39, 40, 41, 42, 84, 89, 90, 104, 130, 131, 132, 133, 134.
— Pierre de Mirepoix, voir Pierre-Roger de Mirepoix.
— Raymond, voir Raymond-Roger.
— Tibaud, 123.
Rome, 2, 3, 8, 22, 65, 84, 140, 149, 151, 152, 153.
— (église de), 24, 65, 140.

— 180 —

Rome (empereur de), 4, 119, 120.
Romengoux, quartier de Pamiers, 89.
Roncevaux, 145.
Rondel de Faixas, 48, 49.
Roquefixade, 99.
Roquefort (Aymeri de), 49, 50.
— (Guillaume-Unaut de), 49, 50.
— (château de) sur la Garonne, 40, 70.
— en-Marsan, 40, 48.
Rosamburge de Périgord, 65, 66.
Rosas, 42.
Rostrenan (seigneur de), 154.
Rouault (Joachim), 76.
Rouergue, 29.
Roussillon, 8, 41, 117.
— (comte de), 120.
Routiers, 70, 140.
Rouzaud, 102, 103.
Rouze, 99.

S

Sabarat, 88, 115.
Sabart, 112.
Sabartès, *voir* Savartès.
Sabenac, 87, 108, 109.
Saint-Amadou, 102.
Saint-Ange (cardinal de), 25, 127.
Saint-Antonin (abbaye de), à Pamiers, 18, 90, 122, 123.
— (paréage de), *voir* paréage de Pamiers.
Saint-Bauzeil, 103.
Saint-Celsi (Bertrand de), 18, 49.
Saint-Cyrac, 10.
Saint-Cyragou, 10.
Saint-Ebordy (*fontevrault*), 29.
Saint-Ebrard (*Id.*), 29.
Saint-Félix de Rieutort, 102.
Saint-Gaudens, 57, 60, 70, 73.
Saint-Gein (*Saint-Genès*), 40.
Saint-Genès (La Bastide de), 40.

Saint-Gilles, 15.
Saint-Girons, 32, 76, 96, 100, 103, 114, 115.
Saint-Jacques à Paris, 44.
Saint-Jacques de Compostelle ou de Galice, 67, 140.
Saint-Jean de Jérusalem (ordre de), 30, 47.
Saint-Jean-de-Verges, 3, 14, 26, 86, 100, 107, 117, 127.
— (église de), 3.
Saint-Julien (église de), à Tours, 79.
Saint-Georges (seigneur de), 140.
Saint-Martin (église de) à Tours, 83.
— à Vernajoul, 2, 11.
— (hôpital de) à Cadilhac, 74.
— Curton, 58.
— de-Caralp, 11, 86, 106, 107.
— d'Oydes, 102, 103.
Saint-Michel, 102, 103.
Saint-Palais, 33, 78.
Saint-Pandelon, 78.
Saint-Paul-de-Jarrat, 73, 87, 113, 120.
— (châtellenie de), 87, 11.
— (seigneur de), 73.
Saint-Paulet, 87, 113.
Saint-Pierre (église de) à Rome, 6, 152.
— de-Cruses, 5, 6.
— de-Rasa, 6.
— de-Rivière, 86, 107, 120.
— de-la-Court (abbaye de), 5, 6.
Saint-Quircq, 88, 116.
Saint-Sernin, 85, 99.
Saint-Sever, 50, 58, 69, 70, 73.
Saint-Vaast-de la-Hougue, 46.
Saint-Victor, 102, 103.
Saint-Ybars, 88, 116.
— (châtellenie de), 88, 116.
Sainte-Croix, 50.
— de-Volvestre, 100, 103.
Sainte-Gabelle, *voir* Cintegabelle.
Sainte-Marie-du-Peuple (église de) à Rome, 152, 153.
Sainte-Suzanne-de-Lézat, 88, 116.

Sainte-Suzanne (hôpital de) à Puymorens, 87, 107.
Saintrailles (seigneur de), 56, 57,
— (Fortic de), 58, 137.
— d'Astarac, 56.
Saisset (Bernard), 90, 93, 103.
Saixac, 25.
Saladin, 21, 125.
Salat, 70, 94, 101.
Saleix, 87, 111.
Salies-du-Salat, 90.
Salles-sur-l'Hers, 97.
Saluces (maison de), 154.
— (marquis de), 154.
San-Féliu-de-Llobrégat, 34.
Sancerre (Louis de), 65, 139.
Sanconac, *voir* Senconac.
Sandaix, 49.
— (Bertrand de), 48, 49.
Sandei (Felinus), 148.
Sans Gaixia de Aura, 78.
— de Manas, 49.
Saquet (Bernard), 48.
— (Bertrand), 50.
Saraverre (Menaud de), 50.
Sardaigne, 66, 67, 140.
— (seigneur de), 67.
Sardes (les), 66, 67, 140.
Sarrasins, 8, 9, 21, 30, 31, 32, 34, 52, 54, 129, 130, 131, 135, 136.
Sarraute, 43.
Saurat, 87, 98, 111, 112.
— (port de), 85, 99.
Sausel, 87, 111.
Saut (terre de), 86, 99.
Sauveterre-de-Béarn, 62, 138.
Savartès (*Sabartes*), 4, 11.
— (viguerie de), 120.
Savelli (Jean-Baptiste), 152.
Saverdun, 19, 49, 85, 88, 89, 93, 96, 99, 102, 116.
— (Bernard de Durfort de), 49.
— (châtellenie de), 88, 116.
Savignac, 10, 20, 87, 107, 124.
Savone, 29.
Scomer, 112.

Sédirac (seigneur de), 48, 49.
Ségura, 102.
Seignaux, 86, 107.
Selonnet (prieur de), *voir* Honorat Bonet.
Sem, 87, 111.
Sempsac (seigneur de), 58.
Sencirac (*Saint-Cyrac*), 10.
Senconac, 87, 109.
Senlis, 40.
Sensacq, 58.
Sentenac-de-Vicdessos, 87, 110, 111.
Sentouil, *voir* Centule.
Serrata, 43.
Serres, 14, 20, 86, 107, 121.
Sers, 88.
Séville, 51.
Sévérac (seigneur de), 137.
Sforza (François), 147.
Sicarde, comtesse de Foix, 16.
Sicile, 41.
— (couronne de), 64.
— (Marie, reine de), 64, 137.
— (roi de), 41, 71.
Siciliennes (Vêpres), 41.
Sieuras, 88, 115.
Sigebert, roi de France, 6.
Sigismond, empereur d'Allemagne, 67.
Siguer, 87, 110, 112.
Simiel de Campagna, 58.
Simon Brise-Tête, 27, 38, 128.
— de Montfort, *voir* Montfort (Simon de).
Sinsat, 87, 109.
Sixte IV, pape, 149.
— Quint, pape, 149.
Sobira (*Surba*), 87, 112.
Somerset, 73.
Sompuy (château de), 37.
Son (château de), (*de Sono, So, Usson*), 86, 96, 99, 100.
Sorgeat, 87, 107.
Soula, 10.
Soulcen, 95.
Soule (Mauléon de), 71.
Sourtadel, 87, 108, 109.

Squivat, *voir* Esquivat.
Stéphanie, comtesse de Foix, 16, 18.
Suberville (Pierre de), 147.
Suc, 87, 111.
— et-Sentenac, 111.
Suilhac, 87, 112.
Surba (*Sobira*), 87, 112.
Susauvillet, 147.

T

Tabascan, 95.
Tafalla, 145.
Talbot (*Talabot*), 73.
Talleyrand-Périgord (Elie VII, comte de), 42, 65, 133.
Tarascon-sur-Ariège, 10, 14, 42, 73, 87, 89, 99, 102, 106, 111, 112, 133.
— (châtellenie de), 87, 112.
Tarbes, 57, 58.
— (évêque de), 152.
Tarn, 25.
Tarragone, 8.
Tartares (les), 31.
Tartas, 50, 69.
— (comte de), 50.
Tartein, 88, 114.
Templiers, 19, 21, 54, 55, 123, 136.
— (crimes et procès des), 54, 55, 136.
Terrasse (la), 88.
Terre du Maréchal (Mirepoix), 28.
Terre-Sainte, 15, 21, 29, 34, 38, 121, 123, 128.
Terride (Bertrand de), 58, 137.
Teste-de-Buch (la), 44.
Théaude de Valpergue, bailli de Lyon, 76.
Théodebert, 6.
Théodoric, *voir* Thierry.
Théodobald, 6.

Thèze, 48, 49.
Thierry I, 6.
— II, 6.
— III, 6.
— IV, 6.
Thomas, 8.
Thouars, 85, 100.
Tibaud (Roger), 123.
Tignac, 87, 108.
Torsonus (*Torsons*), 9, 29, 120.
Tos (ruisseau de), 99, 100.
Touget, 67, 140.
Toulouse, 2, 3, 5, 8, 9, 25, 29, 30, 37, 43, 53, 56, 60, 61, 62, 68, 71, 85, 90, 93, 96, 113, 125, 127, 136, 137, 146.
— (comtesse de), 5, 6, 9, 12, 13, 15, 24, 25, 26, 29, 30, 84, 100, 104, 120, 125, 126, 127.
— (comté de), 24, 26, 29, 126.
— (diocèse de), 86, 92, 93.
— (évêques de), 17, 26, 27, 125, 126, 127.
— Foulque, (évêque de), 26, 126, 127.
— (Jeanne de), 29.
— (parlement de), 85, 92, 94.
— (province de), 92, 93.
— Raymond (comte de), *voir* les différents Raymond, comtes de Toulouse.
— (sénéchal de), 37, 38, 84, 132.
— (sénéchaussée de), 44, 134.
Tour (la) (*la Tor*), 47, 85, 97.
— (Lambert de la), 26, 127.
Touraine, 2, 3, 74.
Tournay, 40, 46, 47, 48, 135.
— (*Tornassen*), (Guillaume, évêque de), 26, 27, 127.
Tours, 74, 83.
— (archevêques de), 2, 3, 120, 121.
— (église Saint-Martin à), 83.
Touyre (le), 101.
Tramesaigues (*Estremas Aigas*), 96, 97, 100.
Trau (syndic de la), 58, 137.
Trémoulet, 102.

Trencavel (Raymond), vicomte de Béziers, 19, 23, 124, 125, 126.
Trenquabailh (*Trencavel*).
Tripoli, 31.
Tudéla, 145.
Tunisie, 63.
Turcs (les), 21, 30, 119, 130, 131.
Turey (Lambert de), 27.
Tursac (seigneur de), 137
Turto, 58.

U

Unac, 87, 108, 109.
Unjat, 88, 114.
Unzent, 88, 116.
Urbain II, pape, 14, 122.
Urgel, 8, 85.
— (comtes d'), 28, 69, 120, 128, 141.
Urs, 87, 108, 109.
Usson (château d'), *voir* Son (château de).
Uven, 50.
Uxoyre, 141.
Uzès, 8.

V

Valence, 8.
— -sur-Baïse, 57.
— -de-Pailhas, 76.
Valette (Jean), 68, 144.
Valnègre *(Valnera)*, 88, 116.
Valogne, 46.
Valois (Charles, comte de), 39, 41.
Valpergue (Théaude de), 76.
Vannes (évêque de), 149.
Vaquier (Guillaume), 50.
Varilhes, 3, 25, 48, 73, 88, 97, 100, 102, 117, 121.
Varilhes (châtellenie de), 88, 117.

Vaychis, 87, 108.
Vèbre *(Bèbre)*, 20, 87, 108.
Venaissin (comtat), 68, 141.
Vendôme, 83.
Verdun *(Berdu)*, 10, 87, 109.
Verfeil, 60.
Vergonhat, 58.
Vermandois, 14.
Vernajoul, 11, 86, 107.
Vernaux, 87, 100.
Vernet (le), 88, 116.
Verniolle, 88, 117.
Versièje, *voir* Vixiège.
Viane (Charles, prince de), 76, 77, 78, 143, 144.
Viane (Gaston, prince de), 83, 145, 149, 155.
Viane (Madeleine de France, princesse de), 79, 83, 145, 150, 151.
Vic-d'Alzone, 34, 35, 63, 72, 131.
— (seigneur de), 138.
Vicdessos, 27, 87, 95, 97, 98, 102, 110, 111, 112.
— (châtellenie de), 87, 109, 110.
Vic-Fezensac, 39.
Vich, 34.
Vienne en Dauphiné, 8.
— en Autriche, 22.
— (dauphin de), 52, 136.
— (Jean de), 63.
— (Géraud de), 8.
— (prince de), *voir* Viane.
Viguerie des Allemans (la), 92, 103.
Villandran (*Villandrando*), 70.
Villandrando (Rodrigue de), 68, 70.
Villars (Pierre de), 38.
Villefranche-de-Lauragais, 47, 57, 95.
Villemur (Pons de) 48, 50.
— (comte de), 98.
— (vicomte de), 155.
— (vicomté de), 68, 72, 141.
Villenave, 50.
Villeneuve, 48.
— (Bernard de), 49.
— quartier de Pamiers, 89.

Villeneuve-Durfort, 116.
— d'Ampurias, 90.
— de-Marsan, 40.
— du-Bosc, 86, 106, 107.
— du-Paréage, 102, 103.
Villepeyrouse, 3.
Vilon, *voir* Bouillon (Godefroy de).
Vixiège (*Versièje, Bessiga*), 86, 95, 100.
Volp, 11, 95, 100.
Volusien (saint), 1, 2, 3, 4, 10, 11, 14, 17, 18, 20, 120, 121, 122, 123, 124.
Volusien (abbaye de Saint-) à Foix, 19, 20, 75.
Volvestre, 11, 50, 85, 100, 125.
Vorse (duc) (*Borso*), 148.

X

Xaintrailles, 57.

Y

Yssiulador, 96, 100.
Yvain, bâtard de Gaston Phœbus, 62.

CHRONOLOGIE DES COMTES DE FOIX JUSQU'A GASTON IV

Nous donnons cette double liste, afin de montrer les erreurs chronologiques commises par Esquerrier et par Miègeville et de faciliter, d'après les données de l'*Histoire de Languedoc*, la correction des dates inexactes.

N. B. — *Les numéros, placés à la suite de chaque comte sur la liste d'Esquerrier, renvoient aux notes rectificatives que nous avons ajoutées, dans la chronique, principalement au commencement et à la fin de chaque règne.*

D'APRÈS ESQUERRIER		D'APRÈS DOM VAISSÈTE	
Bernard 1062	(1)	Bernard-Roger	1012
Roger I 1096	(2)	Roger I........	1038
Roger II 1111	(3)	Pierre	1064
Roger-Bernard I, le Gros. 1144	(4)	Roger II	1070
Raymond-Roger 1188	(5)	Roger III	1125

(1) P. 13, *n*. 3.
(2) P. 15, *n*. 4.
Esquerrier, dans la nomenclature des premiers comtes, trompé par le nom de Roger, commun à trois princes ou joint à d'autres noms, a confondu, les uns avec les autres, ces divers Rogers. Entre Bernard et Roger-Bernard III, il a supprimé deux comtes : Pierre et Roger IV ; en revanche, il a créé un Roger-Bernard de plus.
(3) P. 18, *n*. 1 et 6 ; p. 19, *n*. 2.
(4) P. 19, *n*. 6.
(5) P. 24, *n*. 2.

Roger-Bernard II, le Grand	1223 (1)	Roger-Bernard I............	1149
Roger III	1251 (2)	Raymond-Roger	1188
Roger-Bernard III	1255 (3)	Roger-Bernard II, le Grand	1223
Roger-Bernard IV.......	1262 (4)	Roger IV	1241
Gaston I	1306 (5)	Roger-Bernard III	1265
Gaston II	1316 (6)	Gaston I	1302
Gaston III, Phœbus......	1344 (7)	Gaston II	1315
Mathieu de Castelbon...	1390 (8)	Gaston III, Phœbus........	1343
Archambaud de Grailly..	1399 (9)	Mathieu de Castelbon	1391
Jean I de Grailly	1413 (10)	Archambaud de Grailly ...	1398
Gaston IV de Grailly ...	1436 (11)	Jean de Grailly	1412
		Gaston IV de Grailly	1436

(1) P. 28, n. 6.
(2) P. 31, n. 1 et 2 ; p. 32, n. 6.
(3) P. 31, n. 2 ; p. 36, n. 4 ; p. 42, n. 3.
(4) P. 31, n. 2.
(5) P. 42, n. 3 ; p. 44, n. 5.
(6) P. 44, n. 5.
(7) P. 52, n. 2.
(8) P. 62, n. 7.
(9) P. 62, n. 7.
(10) P. 66, n. 1.
(11) Gaston IV mourut en juillet 1472.

FAC-SIMILE D'UNE CHARTE SIGNÉE PAR ESQUERRIER

PIÈCES JUSTIFICATIVES

I

TRANSCRIPTION DE LA PIÈCE DONNÉE EN FAC-SIMILÉ,

Assignation à comparaître adressée par Arnaud Esquerrier, trésorier général du Comté de Foix, aux consuls et habitants des paroisses de Serres et de Bénac, pour faire la déclaration de leurs redevances et obligations envers le comte de Foix (1).

Foix, 11 mai 1446.

Arnaud Esquerrier, notari thessaurer general del comtat de Foixs et comissari per la egregia et poderoza dona Madona Leonor, infanta de Navarra, comtessa de Foixs et de Biguorra, loctenent general per Mossenhor lo comte de Foixs en totas sas terras et senhorias, specialment deputat à reformar los dreytz, cesses, oblias, fius, quartz, quintz, albergas, marcesquas, bladars, sivadars, gueytz, manobras, agries et autras causas contengudas en ladita comicio, de laqual per la prolicitat leyxam assi enserir per la present, als castelas et bayles de Foixs, de Mongalhart et à totz autres deldit comtat, et noremens à cascun servent comtal que sus so sera requerit, salut. Cum, à causa de nostra dita comicio et reformacio, nos ayam ad informar, ab los

---

(1) Une assignation du même genre, adressée aux habitants de Saint-Pierre-de-Pierre et de Saint-Martin-de-Caralp et conçue en termes identiques, est aussi conservée aux Archives de l'Ariège ; elle porte également la signature d'Arnaud Esquerrier. Ces documents contemporains permettent d'établir la véritable orthographe du nom du chroniqueur.

cossols et singulars de la peropia de Avenac (1) et de Serras, dels dreytz et emolumens à mon Senhor lo comte apertinens en los dits locxs et peropias de Serras et de Avenac, per so vos mandam que, à la instancia del discret procuraire de mondit Senhor lo comte, citetz los dits cossols et singulars peropians de Avenac et de Serras; quar nos, per tenor de las presens, los ajornam à divendres primier venent, per hora de tercia, personalment comparesquan per davant nos et en nostre ostal per fer testimoni de bertat bonament et deguda, cum sera de dreyt et de razo. Dadas à Foixs, lo XI jorn de may, l'an MIIII°XLVI.

A. ESQUERRIER,
Thessaurer reformador.

De mandament deldit mossenhor comissari.

J. DUSSHO.

Pièce en papier, jointe au registre de réformation du Comté de Foix de 1446-1447, qui se trouve aux Archives de l'Ariège; original, au dos, empreinte de sceau plaqué en cire rouge.

II

Gaston IV, comte de Foix, donne ordre au trésorier du Comté de Foix de payer à l'abbé et au monastère de Lézat chaque année, à la fête de saint Pierre et saint Paul, 25 sous de Morlas, dont les comtes de Foix étaient redevables en vertu d'un paréage. Ces 25 sous étaient à prendre sur l'albergue annuelle que les habitants de Lézat devaient au comte.

Mazères, 8 mai 1436.

Gaston, per la gracie de Diu, comte de Foix, bescomte de Bearn et comte de Begorre, à nostre thesaurer deudit comtat de Foix, que ara es o per temps sira, salut. A nostre noticie es bengut per part de l'abat de Lezat que el, en nom de luy et deu monester de Lezat, segont lo pariadge que es entre nostres predecessors comtes de Foix et lor, cascun an, lo jorn de la feste de sant Pey et sant Paul, los devem dar bint et cinq sols de Morlaas, cascun an, per tenor deudit pariadge. Per so, nos bolem et bos mandam que d'assi en avant, à la dite feste, en nom de nos, paguetz et deliuretz audit abat, en nom que dessus, los bint et cinq sols de Morlaas, de l'argent de l'aubergue que prenem

---

(1) *Avenac*, Bénac, *Serras*, Serres, communes du canton de Foix.

audit loc de Lezat, sens sperar autre mandament. Car retenen une begade tant solament *vidimus* de las presens ab reconeixence de cada pague, bos ac faram alogar en bostres condes et dedusiram de bostre recepte. En testimoni de las quoaus causes avem autregyades las presentz de nostre saget sagerades. Dades à Mazeres, lo VIII jorns de may, l'an mil quoatre centz trente et sieys.

GASTON.

Traces de sceau sur queue de parchemin.

Sur le repli de cette charte.

Anno Domini M° IIII° XLV et X^a die mensis januarii, honorabilis et discretus vir Arnaldus Squarrerrii, thesaurarius generalis illustrissimi domini comitis Fuxi, retineri fecit *vidimus* presentium per magistrum Miquaellem del Bernis, notarium et procuratorem preffati domini comitis Fuxi. Et dictum *vidimus* fuit sigillatum sigillo curie et in forma antentica positum ad eternam rey memoriam, ad requestam et prossequtionem magistri Vitalis Rycardi, Reverendi in Christo Patris et domini G. (1) monasterii de Lesato abbatis.

III

Arnaud Esquerrier, trésorier du comte de Foix, ordonne aux consuls de Lézat de payer au monastère de cette ville de la part du comte de Foix, chaque année, à la fête de saint Pierre et saint Paul, 25 sous Morlas, à prendre sur l'albergue due au comte.

Foix, 29 septembre 1450.

Arnaud Esquerrier, thesaurer de Mossenhor lo comte de Foix et de Begora en son dit comtat de Foix, als cossols et bonas gens del loc de Lezat, salut. Cum mon dit Senhor lo Comte aia, et sos predecessors, ordenat et mandat esser deliurat cascun an, à la festa de sent Peyre et de sent Paul, per alberga al honorable monester de Lezat pagadora al Reverent Payre en Diu Mossen l'abat deldit monester, la soma de XXV sols de Morlaas, los cals mondit Senhor manda que, de l'argent de l'albergua que bos, ditz cossols et singulars, fets cascun an à la festa de Pascas, sia pagat, per so, nos, bolentz optemperar lo mandament de mon dit Senhor, mandam à vos, ditz cossols et singulars, que d'assi abant al dit Mossen l'abat de Lezat paguets et deliurets cascun an los

---

(1) Guillaume VII, Guillaume Rigaud, abbé de Lézat de 1429 à 1450.

ditz XXV sols de Morlaas al dit Mossen l'abat o à son procuraire, sens esperar autre mandament. Car mostran copia de la present et reconexensa deldit Mossen l'abat o de son certan procuraire, nos ac tendrem per recebut et à bos per descargatz à defalcacion de major soma per l'alberga que, cascun an, fets al dit Mossenhor lo comte. Et per so que de las ditas causas susditas demore en ferm, abem autreiat la present signada de nostra ma et sagerada de nostre sagel appendent.

A Foix, lo XXIX del mes de setembre, l'an mil IIII^c sinquanta.

A. Esquerrier,
Thessaurer.

ADDITIONS ET CORRECTIONS

Page 4, ligne 4, supprimez *foc*.
Id, note 2, id.
Page 5, ligne 5, au lieu de *forts, maisous, homes*, lisez *fort et maisous, tres homes*.
Page 6, note 4, au lieu de *E. 39*, lisez *E. 391*.
Page 10, note 3, ligne 1, au lieu de *qu'elle*, lisez *quelle*.
Page 21, note 1, ligne 1, au lieu de *Roger-Bernard II*, lisez *Roger-Bernard I*.
Page 26, note 4, au lieu de *Mathieu de Montmorency*, lisez *Mathieu de Marly*.
Page 37 note 3, avant-dernière ligne, au lieu de *rène*, lisez *règne*.
Page 40, note 1, ligne 4, au lieu de *Ludgun*, lisez *Lugdun*.
Page 42, ligne 12, au lieu de *agolost*, lisez *agost*.
Page 43, ligne 3, au lieu de *gendarmas*, lisez *gens d'armas*.
Page 47, note 4, avant-dernière ligne, au lieu de *celle-ci*, lisez *celui-ci*.
Page 48, à la suite de la note 1 ajoutez :
De nouvelles recherches aux archives des Basses-Pyrénées nous ont permis de retrouver un autre texte de cette liste, dans l'inventaire des archives de Foix dressé par Michel du Bernis. La copie de ce dernier présente avec celle d'Esquerrier quelques variantes orthographiques. Nous renvoyons, pour plus de détails, à la publication que nous comptons faire de cette partie de l'inventaire de Michel du Bernis.
Page 49, note, ligne 1, au lieu de *Miossens-Bastanous*, lisez *Miossens, Basses-Pyrénées*.
Page 54, ligne 18, au lieu de *o eils*, lisez *oeils*.
Page 55, note 5, supprimez la fin de la note et remplacez-la par : *Mahomeria signifie mosquée*.

Page 57, note 3, ligne 10, au lieu de *Castelbajac de Firmarcon*, lisez *de Castelbajac, de Fimarcon*.

Id, note 3, avant-dernière ligne, au lieu de *Xaintrailles*, lisez *Saintrailles*.

Page 59, note 1, ligne 7, au lieu de *Bonnet*, lisez *Bonet* et, au lieu de *Lelonnet*, lisez *Selonnet*.

Page 70, ligne 16, au lieu de *myausan*, lisez *myansan*.

Page 73, note 1, ligne 1, au lieu de *Mauléon*, lisez *Malléou*.

Page 83, note 2, ligne 4, au lieu de *1473*, lisez *1472*.

Page 85, lignes 17-18, au lieu de *Caujac Calers*, lisez *Caujac et Calers*.

Page 87, ligne 27, au lieu de *Carpédor*, lisez *Carpidor*.

Page 88, ligne 7, au lieu de *los Barrs*, lisez *los Barris*, mettez après ce mot (1bis) et en note :

(1bis) *Los Barris*, c'est une erreur du scribe : il faut *los Ferris*, voir page 114, et non *los Bans* comme dans A. Garrigou, *Etudes sur le Pays de Foix*, page 326.

Page 90, note 1, ligne 4, au lieu : de *MCCLCCCV*, lisez, *MCCLXXXV*.

Page 99, ligne 28, au lieu de *Bruygante*, lisez, *Bruyante*.

Page 100, ligne 14, au lieu de *point de repaire*, lisez, *point de repère*.

Page 114, ligne 13, *Bolasteich*, mettez après ce mot (1bis) et en note :

(1bis) Dans Esquerrier et dans Olhagaray on trouve *Galasteuch*, ce qui est une erreur.

Page 114, ligne 19, au lieu de *Cavasltelhas*, lisez *Cavastelhas*.

Page 116, ligne 5, au lieu de las *Fizos*, lisez *las Fizas*.

Page 116, ligne 16, au lieu de *000*, lisez page *114*.

Page 116, ligne 17, au lieu de *ce*, lisez *de*.

Page 116, après *Canté*, ligne 20, ajoutez cette ligne avec une note : *Justiniac*, Justiniac, C. (2bis) :

(2bis) Olhagaray ne comprend Justiniac ni dans la chatellenie de Saverdun ni dans aucune autre; cependant Esquerrier (*Voir p. 88*), mentionne cette localité comme dépendant de cette seigneurie. Lors du dénombrement de 1672, les délégués de Saverdun désignent cette localité comme faisant partie de leur chatellenie. (Cf. Barrière-Flavy, *Dénombrement du Comté de Foix en 1672*, p. 119.) Dans la statistique des juridictions secondaires du Comté de Foix en 1765, Justiniac figure comme possédant une juridiction seigneuriale (Duclos, *Histoire des Ariégeois*, t. VII, page 436.)

Page 154, note 6, au lieu de : *Marthe*, lisez *Mathe*.

FOIX, IMPRIMERIE ET LIBRAIRIE GADRAT AINÉ, RUE DE LA BISTOUR.

www.ingramcontent.com/pod-product-compliance
Lightning Source LLC
Chambersburg PA
CBHW051917160426
43198CB00012B/1928